Teubner – Für Köche, die es wissen wollen

DAS TEUBNER-BUCH DER

Antipasti

Snacks und Tapas

DAS TEUBNER-BUCH DER

Antipasti

Snacks und Tapas

**Wissen, Information
und Know-how,
Warenkunde, Küchenpraxis
und Rezepte**

Inhalt

6 **Warenkunde**

8 **Olivenöl**

Wo es herkommt, wie es hergestellt wird und worauf man beim Einkauf achten sollte. Außerdem viele interessante Informationen zum Thema »Essig« und Wissenswertes über die Vielfalt italienischer Salate.

14 **Tomaten und Knoblauch**

Produktkunde zu den beiden wichtigsten Zutaten, die man für die Zubereitung von Antipasti und anderen mediterranen Vorspeisen und Snacks braucht. Interessantes über Peperoni, Auberginen und Fenchel.

18 **Kräuter – der Duft des Südens**

Infos zu den beliebtesten mediterranen Kräutern: Oregano, Thymian, Rosmarin, Salbei und Basilikum. Außerdem: Wissenswertes zu Garnelen und Muscheln sowie Wurst und Schinken, den wichtigsten Zutaten auf dem Antipasti- oder Tapas-Teller.

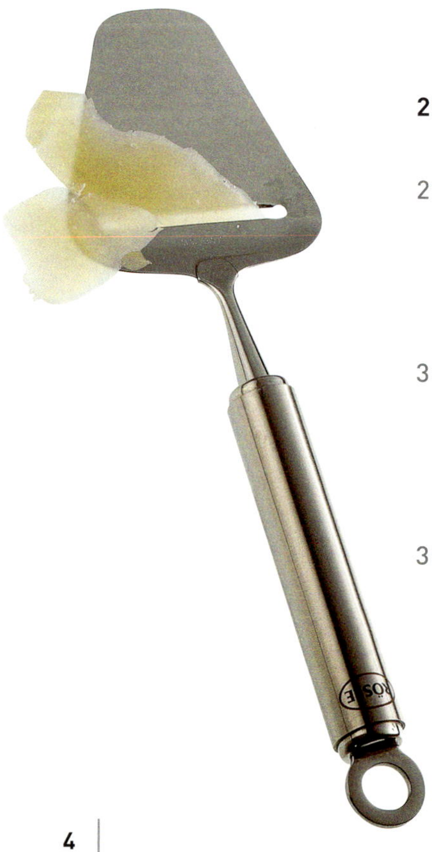

24 **Küchenpraxis**

26 **Salatsaucen und Garnituren**

Grundrezepte für Antipasti, Snacks und Tapas Schritt für Schritt in Text und Bild. Saucen für Salate und Tipps zum Garnieren sowie Küchenpraxis zum Garen von Gemüse.

30 **Antipasti – mariniert und eingelegt**

Viele Anregungen zur Zubereitung verschiedener Antipasti. Wertvolle Tipps zur Herstellung von Tapas und Sushi sowie »Fische garen« Step by Step.

38 **Fingerfood gut vorbereiten**

Überblick über das wichtigste Zubehör für die Zubereitung von Fingerfood-Varianten, viele Infos zu Zutaten und zum richtigen Servieren von Fingerfood.

40 **Rezepte**

40 Italienische Antipasti

Beliebte italienische Vorspeisen von Crostini über marinierte Paprika, Caprese und Carpaccio bis zu Vitello tonnato. Originalrezepte zum Nachkochen.

84 Spanische Tapas

Leckere spanische Snacks und Zwischengerichte, warm oder kalt serviert, mit Gemüse, Muscheln, Sardellen, dem berühmten Stockfisch und natürlich Eiern.

124 Asiatische Vorspeisen

Rezepte für Sushi, Saté, Tofu und mehr, als Vorspeise oder Snack, Bekanntes und Ausgefallenes nach Originalrezepten.

166 Vegetarische Snacks

Kleine Gerichte ohne Fleisch, zum Beispiel aus der griechischen und der französischen Küche. Von Feta über Avocados bis zu gefüllten Crêpes und warmen Gemüsequiches.

206 Snacks mit Fisch und Meeresfrüchten

Köstliche Kleinigkeiten mit Fisch und Meeresfrüchten. Rezepte aus den verschiedensten Regionen der Erde: gratinierte Austern, Jakobsmuscheln, Muschel-Burger oder Mousse vom Räucherlachs.

244 Snacks mit Fleisch

Herzhaftes als Vorspeise oder kleines Zwischengericht. Klassische und moderne Rezepte wie zum Beispiel: Dolmeh, Fleischröllchen mit Tomatensauce, lauwarmer Rindfleischsalat oder gefüllte Champignons.

276 Fingerfood

Ideal für Feste mit vielen Gästen: raffinierte Kleinigkeiten, die sich gut vorbereiten lassen wie gegrillte Spießchen, Teigtaschen, Mini-Pizzen oder kleine Zwiebelkuchen.

314 Glossar

316 Register

320 Impressum

Wenn nicht anders angegeben, sind die Rezepte grundsätzlich für 4 Portionen berechnet.

Warenkunde
Zutaten

Produktinformationen über die wichtigsten Zutaten für die Zubereitung von Antipasti, Snacks, Tapas, Sushi und Fingerfood. Interessantes zu Olivenöl, Essig, Salaten und mediterranen Kräutern sowie Wissenswertes über italienische und spanische Schinkenspezialitäten.

Olivenöl – Herstellung und Qualität

Zum Ernten von Oliven braucht man oft eine hohe Leiter. Vor allem, wenn die Früchte an großen, alten Bäumen hängen.

Kleine Oliven, wie beispielsweise die italienischen Taggiasca-Oliven, haben ein besonders mild-fruchtiges Aroma. Im vollreifen Zustand sind sie rötlich-schwarz.

In einem Netz aufgefangen werden die Oliven, die hier mit Stangen aus Kastanienholz von den Bäumen geschlagen werden. Dabei muss man allerdings sehr vorsichtig sein.

Möglichst unverletzt sollten Oliven sein, um eine optimale Ölqualität zu liefern. Geerntet werden sie meist vor der Vollreife, des Geschmacks wegen.

Herkunft

Ohne Olivenöl wären viele Gerichte der Mittelmeer- und anderer Länderküchen nicht denkbar. Dank seines Aromas prägt es den Charakter dieser Gerichte ganz entscheidend. Aber Olivenöl ist nicht gleich Olivenöl! Je nachdem aus welchen Sorten es hergestellt wird und in welchem Land und welcher Gegend die Oliven wachsen, variiert der Geschmack des Öls. Auch Bodenbeschaffenheit, die Entfernung der Bäume zum Meer, ihr Alter sowie der Erntezeitpunkt sind wichtige Kriterien für die Aromaentwicklung des Öls.

Von den europäischen Mittelmeerländern ist Spanien der Hauptproduzent für Olivenöl. Dennoch ist italienisches Olivenöl zweifellos das bekanntere. Das liegt sicherlich daran, dass Italiens Olivenöle von allen europäischen Olivenölen die unterschiedlichsten Geschmacksvarianten aufweisen. Insgesamt sind die Öle des Nordens milder und heller als die kräftiger schmeckenden und dunkleren Öle des Südens.

Spanisches Olivenöl stammt überwiegend aus Andalusien, aber auch in Katalonien (in den Provinzen Lérida und Tarragona) wird hervorragendes Olivenöl erzeugt.

Der Anteil französischer Olivenöle innerhalb der EU ist sehr gering. Doch wird Olivenöl aus der Provence in Kennerkreisen aufgrund seines Dufts nach Lavendel und Kräutern besonders geschätzt.

Griechenland, genauer gesagt Kreta, ist die eigentliche Wiege der Olivenkultur. Hauptanbaugebiete sind heute der Peloponnes (Kalamata, Patras) aber auch die Gegend um Delphi sowie die Inseln Lesbos, Korfu und natürlich Kreta.

Klassifizierung

Handelsüblich für die beste Ölqualität ist die EU-Bezeichnung »natives Olivenöl extra« (italienisch: Olio extravergine d'oliva; spanisch: Aceite de oliva virgen extra; französisch: Huile d'olive vierge extra; griechisch/englisch: Extra virgin olive oil). Olivenöl dieser Klassifikation darf nicht mehr als 1, ab dem 1. 11. 2003 sogar nur 0,8 Prozent freie Fettsäuren (Ölsäure) enthalten. Es muss durch kalte Pressung ohne chemische Zusätze aus einwandfreien Oliven gewonnen werden. Geschmack, Geruch und Farbe müssen fehlerfrei sein. »Natives Olivenöl« muss naturbelassen sein und darf maximal 2 Prozent Ölsäure enthalten. Steht nur die Bezeichnung »Olivenöl« auf dem Etikett, so handelt es sich in der Regel um eine Mischung aus raffiniertem und nativem Öl mit einem Anteil an Ölsäure von maximal 1,5 Prozent, ab dem 1. 11. 2003 nur 1 Prozent.

Die Oliven samt Kernen werden von Mühlsteinen aus Granit zermahlen. Der Brei wird etwa 3 cm dick auf Matten gestrichen.

Lage um Lage schichtet man die Matten aus Kokosfasern mitsamt dem Olivenbrei übereinander, wobei dazwischen immer wieder Metallplatten für Stabilität sorgen.

Schon durch das Eigengewicht beginnt das Öl herauszutropfen. Dieses erste Öl, das so genannte Tropföl, ist das wertvollste und teuerste aller Olivenöle.

Gelbgrün und zähflüssig ist das Ergebnis der Pressung des Olivenbreis und der anschließenden Zentrifugierung, durch die sich Öl und Wasser erst trennen.

Ernte und Ölgewinnung

Für beste Qualitäten werden die Oliven handgepflückt und handverlesen. Geschmacksfanatiker verzichten sogar auf das Waschen, was aber nur bei ungespritzten Oliven in Frage kommt. Schonend ist auch die Ernte mit dem Kamm oder einer Art Schere, bei der die Oliven vom Zweig gestreift werden. Zuweilen schlägt man auch die Früchte mit Stangen von den Bäumen, was sehr viel Geschicklichkeit erfordert, da weder Zweige noch Oliven verletzt werden dürfen.

Sind die Oliven erst vom Baum herunter, müssen sie schnell, binnen dreier Tage, weiterverarbeitet werden – wie oben zu sehen ist. Für die traditionellen Ölmühlen ist dies oft ein Problem, wenn ihre Kapazitäten nicht ausreichen. Moderne Ölmühlen dagegen können leicht größere Mengen Oliven pressen.

Spinnwebartig ausgespannte Nylonnetze fangen die geernteten Oliven knapp über dem Boden auf, damit die Früchte möglichst unverletzt bleiben. Spannend herauszufinden, welches der so unterschiedlichen Olivenöle einem nun selbst am besten schmeckt.

Essigsorten – von Obst- bis Balsamessig

Aceto Balsamico di Modena riserva mit 6 % Säure (vorne), Weißweinessig im Eichenfass gereift mit 7,1 % Säure (hinten); Barrique-Weinessig mit 7,45 % Säure (links).

Die Verwendung von Essig zum Haltbarmachen und Aromatisieren von Speisen hat eine lange Tradition. Schon Ägypter, Griechen und Römer kannten und schätzten ihn als Würz- und Konservierungsmittel – wie auch zum Behandeln von Wunden. In der Küche braucht man die Säure des Essigs bis heute nicht allein für Salate, sondern genauso für in Essig eingelegtes Gemüse und zum Marinieren von Fleisch oder Fisch. Unabdingbar ist Essig – oder Zitronensaft – als saure Komponente für süß-sauer eingelegte Früchte wie auch für süß-saure Saucen.

So entsteht Essig

Essig entsteht, sehr vereinfacht gesagt, wenn eine alkoholhaltige Flüssigkeit mit Luft in Berührung kommt. Bakterien aus der Luft, so genannte Acetobacter, setzen sich an der Oberfläche der leicht alkoholischen Flüssigkeit fest und vermehren sich. Daraus wird dann die Kahmhaut oder Essigmutter. Bleibt Essig offen stehen, geht dieser biochemische Prozess weiter, vor allem wenn der Essig einen relativ niedrigen Säuregrad hat. Dann wird die Essigsäure selbst wieder umgewandelt und zerstört. Das erklärt, warum milde Essigsorten mit bis zu 5 Prozent Säure weniger lange haltbar sind als etwa Weinessige mit einem Säuregehalt von 6 bis 7 Prozent.

Obstessige

Diverse Obstessige spielen in der Küche eine Rolle. Sie sind relativ teuer, da ihre Herstellung etwas aufwändiger ist als die von Weinessig. Die Früchte müssen zuerst zu Obstwein vergoren werden, bevor sich daraus Essig herstellen lässt. Obstessige sind in der Regel relativ mild und weisen einen Säuregehalt von 4 bis 5 Prozent auf. Sie verfeinern, sparsam dosiert, Saucen und schmecken zu gegrilltem Fleisch oder zu Fisch. Auch Salaten geben sie zusätzlichen Geschmack. So passt etwa ein Himbeeressig vorzüglich zu bitterem Blattsalat wie Radicchio.

Weinessige

Weinessig wird häufig bevorzugt zum Kochen verwendet. Bei italienischen Weinessigen, deren Säuregehalt gesetzlich auf mindestens 6 Prozent festgelegt ist, unterscheidet man zwischen »aceto di vino rosso« und »aceto di vino bianco«. Letzteren veredelt man oft noch weiter zu »aceto aromatico«, und zwar durch die Zugabe von frischen Kräutern oder Gewürzen. Zusätzliches Aroma bringen beispielsweise Dill, Estragon und Lorbeer, aber auch Basilikum, Peperoncini oder Knoblauch.

Aceto balsamico

Ein Weinessig besonderer Art ist der »aceto balsamico«, ein italienischer Balsamessig, der sich großer Beliebtheit erfreut. Hergestellt wird er vor allem in der Gegend um Modena und in Kalabrien. Grundlage ist ein gekochter, stark zuckerhaltiger Traubenmost. Allerdings gibt es hier große Qualitätsunterschiede: Ein »echter« Balsamico, der aber noch lange kein Tradizionale ist, hat mehrere – mindestens jedoch 3 – Jahre Reifezeit hinter sich und erzielt darum am Markt einen entsprechenden Preis: mit zunehmendem Alter wird er immer besser – und teurer. Bei billigen Balsamessigen dagegen handelt es sich um mit Zuckercouleur gefärbte und mit Aromastoffen versehene Produkte.

Der »alte« Balsamico

Der beste, berühmteste und teuerste unter den Essigen ist der »Aceto Balsamico Tradizionale di Modena«. Er ist fast schon kein Essig mehr, jedenfalls nicht im herkömmlichen Sinne, sondern eher ein Gewürz. Er hat eine sirupähnliche Konsistenz und einen unvergleichlich milden, süßsauren Geschmack. Einem Tradizionale darf nichts zugesetzt werden. Seine tiefdunkle Farbe und seinen Geschmack gewinnt er durch einen natürlichen Reifeprozess in verschiedenen Fässern mit rechteckigen »Belüftungsluken«.

Die Herstellung erfolgt im Spätherbst, wenn die Trebbiano-Traube den höchsten Zuckergehalt hat. Dann wird sie von Hand gelesen und in die Acetaie, die Essig-Manufakturen, rund um Modena gebracht. Dort presst man die Trauben zunächst zu Most, der dann im Freien in großen Behältern über offenem Feuer rund 20 Stunden lang eingekocht wird, um alle Bakterien und Pilzsporen unschädlich zu machen, die den späteren Reifeprozess beeinträchtigen könnten. Dabei reduzieren die Hersteller den Most in der Regel um ein bis zwei Drittel und füllen ihn, sobald er abgekühlt ist, in spezielle Fässer.

Das Aroma mit seinem ausgeprägten Charakter gewinnt der Tradizionale durch die langsame Reifung in Fässern unterschiedlicher Größe und Holzart. In einer Acetaia stehen jeweils 5 Fässer als Batterie, von denen es unzählige gibt, zusammen. Das größte Fass, in das der junge Most zunächst gefüllt wird, fasst etwa 60 l und ist aus Eiche. Nach und nach wird der Most im Lauf der Jahre in kleinere Fässer umgefüllt. Wichtig ist dabei, dass der Most immer atmen kann, denn nur durch Sauerstoffkontakt und natürliche Temperaturschwankungen wird die Umwandlung des Mostes in Essig in Gang gesetzt. Was nun wann genau passiert, ist streng gehütetes Geheimnis der »Maestri acetii« – der Essigmeister. Das Umfüllen, »travasi«, das von Oktober bis März stattfindet, zählt zu den schwierigsten Aufgaben. Dabei wird ein Fass nie bis zur Neige geleert, immer verbleibt ein Rest des alten Essigs darin, der den »jüngeren« günstig beeinflussen soll.

Verwendung und Preis: Diese langjährige Prozedur hat ihren Preis. So muss man für 100 ml eines 12 Jahre alten Balsamicos gut 40 bis 45 Euro rechnen, ein 25 Jahre alter kostet knapp das Doppelte. Doch es reicht schon eine geringe Menge von dem edlen Essig aus, um Salat oder Fleisch zu aromatisieren. Gekochten Gerichten wird ein Aceto Balsamico Tradizionale erst zum Schluss zugefügt, damit sein exquisites Aroma keinen Schaden nimmt.

Über 90 Prüfungen muss Essig bestehen, bevor er sich »Aceto Balsamico Tradizionale di Modena« nennen darf. Angeboten wird er in 0,1-l-Fläschchen.

Aus den Fässern werden regelmäßig Proben entnommen, um den Reifeprozess des Tradizionale zu überwachen. Dies erfordert viel Fingerspitzengefühl und Erfahrung.

Jahrelang reift der Tradizionale in solchen Batterien aus je 5 in Größe und Holzart verschiedenen Fässern, damit er die für ihn erforderliche Qualität erreichen kann.

Salate aus Italien

Wichtig ist, dass Salate frisch und knackig sind. In der Auswahl richtet man sich am besten nach dem saisonalen Angebot. Übrigens werden in Italien viele Sorten nicht nur roh verzehrt, manche, etwa Radicchio, schmecken auch gebraten oder gegrillt ganz ausgezeichnet.

Lattichsalate

Aufgrund ihrer empfindlichen Blattstruktur halten sich die zur Lattichfamilie gehörenden Blatt- und Pflücksalate wie Eichblattsalat, Lollo rossa oder bionda nicht sehr lange. Etwas robuster ist Eissalat, der im Gemüsefach des Kühlschranks ein paar Tage aufbewahrt werden kann – am besten in angefeuchtetes Küchenpapier, dann in Folie verpackt. So halten sich auch andere Salate gut.

Zichoriengewächse

Angehörige der Zichorienfamilie zeichnen sich alle durch eine gewisse bittere Note aus, die mal mehr, mal weniger ausgeprägt zum Vorschein kommt. Zu dieser Gruppe von Salaten zählt einmal die Endivie mit ihrem Verwandten, dem Frisée. Dazu gehören aber auch die verschiedenen Radicchio-Sorten sowie Blattzichorien wie Catalogna oder die verwandten Puntarelle.

Löwenzahn, Rucola & Co.

Leicht bitter ist auch Löwenzahn, den man im Frühjahr, wenn seine Blätter noch zart sind, auf ungedüngten Wiesen in genügendem Abstand zu viel befahrenen Straßen selbst sammeln kann. Man isst ihn pur oder gemischt mit anderen Salatsorten. »Solo« sind die würzig-scharfen Blätter des Rucola manchem dann doch zu intensiv. Aber in Maßen verwendet, bringt die auch außerhalb Italiens wieder sehr in Mode gekommene Rauke vielen Gerichten zusätzliche Würze. Hierzulande noch weitgehend unbekannt sind dagegen die jungen Triebe des Hopfens, die vor dem Genuss grundsätzlich blanchiert werden.

Einige Radicchiosorten: 1 Radicchio di Chioggia: bildet feste, runde Köpfe aus; ganzjährig in Weiß und Rot erhältlich. **2** Radicchio di Treviso: lange, geschlossene, schmale Köpfe. **3** Radicchio di Chioggia: rot-weiß gesprenkelt. **4** Rossa di Verona: längliche, kleine Köpfe.

Radicchio Lucia – kegelförmig, rot-weiß gesprenkelte Blätter.

Radicchio di Treviso – weiße Mittelrippen, keine festen Köpfe.

Glatte Endivie – platte Rosette. Blätter halten sich recht lange.

Roter Eichblattsalat – schmackhaft, aber ziemlich empfindlich.

Grüner Cicorino – leicht bittere Rosettenzichorie.

Kopfsalat – fester Kopf mit kräftigen Außenblättern.

Frisée mit gelbem Herz – halbkugelige Rosette.

Bataviasalat – geschmacklich zwischen Kopf- und Eissalat.

Roter Cicorino – bitter, fast noch beliebter als der grüne.

Roter Kopfsalat – seine Blätter sind zarter als die des grünen.

Grüner Frisée – leicht bitter wie die Endiviensalate.

Catalogna – bittere Blattzichorie, löwenzahnartige Blätter.

Lollo bionda – zarte, krause Blätter, schmecken leicht bitter.

Löwenzahn – würzige, spitz zulaufende, mäßig gezahnte Blätter.

Romana – grüne, runde, kräftige Außenblätter, innen gelb.

Grüner Eissalat – feste Köpfe, fleischige, knackige Blätter.

Lollo rossa – außer in der Farbe wie Lollo bionda.

Wilde Rauke – lange schmale Blätter, scharf und intensiv.

Romana – ovale Sorte. Derber, aber haltbarer als Kopfsalat.

Roter Eissalat – hält lange frisch, fast wie grüner im Geschmack.

Junge Hopfentriebe – werden blanchiert verwendet (z. B. für Risotti).

Ölrauke – runde, zarte Blätter. Aromatische Würzpflanze.

Tomaten und Knoblauch

Tomaten

Die ersten Kulturformen der von den Azteken »tomatl« genannten Frucht stammen vermutlich aus Zentralamerika. Von dort kamen sie mit den spanischen Eroberern nach Europa. Zwar erwähnten italienische Kochbücher »pomo d'oro«, den Goldapfel, bereits im 16. Jahrhundert, doch waren die ersten Zubereitungsarten noch wenig abwechslungsreich – so wurde empfohlen, die Früchte zu salzen, zu pfeffern und in Öl zu braten.

Allgemein begegnete man der für giftig gehaltenen Frucht eines Nachtschattengewächses eher mit Skepsis und baute es, wenn überhaupt, als Zierpflanze an. Diese Einstellung änderte sich in Europa erst 200 Jahre später. Seither halten Tomaten seit Jahren unangefochten die Spitzenposition unter den Gemüsesorten und werden in den unterschiedlichsten Sorten, Formen und Farben gezüchtet.

Die Sorten

Wenn es um die Verwendung von Tomaten in der Küche geht, wissen vor allem italienische Köchinnen und Köche sehr genau, was sie wollen. Denn nicht jede Sorte ist für alle Verwendungszwecke gleich gut geeignet. Möchte man aus Tomaten eine Sauce zubereiten, müssen es hocharomatische, ausgereifte Früchte sein, sonst bringt die Sauce ein Übermaß an Säure mit, die sich auch mit Zuckerzugaben nicht kaschieren lässt.

Was die Sorte angeht, so greift man für Saucen am besten zu den länglichen Flaschentomaten, auch Eiertomaten genannt. Sie bringen das gewünschte Aroma mit und besitzen darüber hinaus im Verhältnis zum Fruchtfleisch recht wenig von der Flüssigkeit, welche im Innern der Frucht die Samen umgibt. Den gleichen Vorteil bieten übrigens auch »pomodorini«, die kleinen runden Tomaten, die man in Süditalien besonders schätzt. Ist das Angebot an Tomaten auf dem Markt oder im Supermarkt unbefriedigend, sollte man für Saucen im Zweifelsfall auf konservierte Früchte ausweichen, von denen der Handel eine große Auswahl unterschiedlicher Produkte von akzeptabler Qualität bietet.

Konservierte Tomaten

Damit man außerhalb der Saison nicht auf Tomaten verzichten muss, wurden verschiedene Methoden entwickelt, die prallen roten Früchte haltbar zu machen. Ganz grob lassen sich zwei Verfahren unterscheiden: Einkochen und Trocknen. Noch heute legen sich viele süditalienische Hausfrauen für den Winter einen Vorrat an eingemachten Tomaten an: Geschälte Flaschentomaten werden, oft sofort gewürzt und mit Basilikum aromatisiert, dicht an dicht in Gläser geschichtet und eingekocht. Kommerziell werden nach ähnlichem Prinzip »pelati« in Dosen hergestellt – ganze, geschälte Früchte, erhitzt im eigenen Saft.

Strauchtomaten sind saftig und bergen viele Kerne im Inneren, weshalb sie sich für Salate eignen und weniger zum Kochen.

Flaschentomaten sind ideal für Saucen. Die abgebildete Sorte »San Marzano« wird überwiegend für die Herstellung von »pomodori pelati«, Dosentomaten, verwendet.

Gelbe, pflaumenförmige Cocktailtomaten sind im Vergleich zu ihren kleinen roten Verwandten eher selten zu finden. Italien ist eines der Hauptanbaugebiete.

»Pomodorini«, Tomätchen, heißen die kleinen, dickschaligen Tomaten. An den Stängeln zusammengebunden, werden sie für den Vorrat luftig aufgehängt.

In Dosen, aber auch in Päckchen wird »polpa di pomodoro«, gewürfeltes Tomatenfruchtfleisch, angeboten. Wird dieses noch passiert, erhält man »passata di pomodoro«, eine dickflüssige, homogene Sauce.

Konzentrierte Würze dagegen erhalten Tomaten durchs Trocknen. Für »pomodori secchi« werden halbierte oder geviertelte, gesalzene Flaschentomaten an der Sonne getrocknet, bis sie alle Flüssigkeit verloren haben und dadurch extrem lange haltbar sind. Sie werden, eingeweicht und in Öl eingelegt, als Antipasto serviert, oder man aromatisiert Saucen damit.

Trocknet man Tomatenpüree, erhält man »concentrato di pomodoro«, Tomatenmark, das, einfach, doppelt oder dreifach konzentriert, in kleinen Dosen oder in Tuben in den Handel kommt. Eine sizilianische Spezialität ist »estratto«, sechsfach konzentriertes, gesalzenes Tomatenmark: eine dicke, sehr intensive dunkelrote Paste, die mit Basilikum oder Lorbeer gewürzt und mit Olivenöl angemacht wird.

Knoblauch

Botanisch zählt Knoblauch (Allium sativum), zu den Liliengewächsen, kulinarisch zu den wichtigsten Aromen der südeuropäischen Küchen. Ihm begegnet man auf Schritt und Tritt. Zwar gehört Knoblauch nicht gerade in jedes südlich gewürzte Gericht, aber doch in viele.

Roh verzehrt, schmeckt er am stärksten – eine so genannte »Knoblauchfahne« ist unweigerlich die Folge. Angeblich schafft hier ein Glas Milch oder Rotwein Abhilfe. Manche schwören auch auf das Essen von ganzen Nelkenköpfen. Weniger aufdringlich ist sein Aroma, wenn man beispielsweise eine Salatschüssel mit einer halbierten Knoblauchzehe ausreibt.

Knoblauch gilt als sehr gesund, da er neben schwefelhaltigem ätherischem Öl die Vitamine A, B und C sowie antibakteriell wirkende Stoffe enthält. Zudem stärkt Knoblauch die Herzkranzgefäße, senkt die Blutfettwerte und entgiftet.

Knoblauch wird meist geschält, der Keim braucht nur bei älteren Exemplaren entfernt zu werden. Je nach gewünschter Geschmacksintensität verarbeitet man die Zehe dann weiter. Am stärksten vor schmeckt Knoblauch fein gehackt und roh oder nur kurz angeschwitzt. Durch längere Garzeiten wird er milder. Hat man sehr viele Zehen zu verarbeiten, drückt man sie am besten mit der breiten Messerklinge flach. Oder benutzt eine Knoblauchpresse – allerdings nicht immer die beste Methode, da der Knoblauch dabei so fein zerquetscht wird, dass er zu verbrennen droht. Überhaupt empfiehlt es sich, hier aufzupassen. Knoblauch darf nicht zu dunkel bräunen, da er sonst einen unangenehmen Geschmack entwickelt. Noch ein Tipp zum Schluss: Zerkleinerter Knoblauch sollte ein paar Minuten offen ruhen, bevor er weiterverwendet wird. Nur so können sich seine gesundheitsfördernden Öle entfalten.

Cuore di bue, Ochsenherz, heißt die stark gerippte Tomate in Italien. Dort wird sie noch unreif, sogar noch grün für Salate verwendet.

Junger, frischer Knoblauch ist getrocknetem möglichst vorzuziehen, denn er ist deutlich zarter und milder im Geschmack als der getrocknete.

Getrockneter Knoblauch ist im Gemüsehandel das ganze Jahr über erhältlich. Man hat ihn immer griffbereit und muss nicht auf pulverisierten ausweichen.

Getrocknet und zu Zöpfen geflochten – so kommt der Knoblauch nach der Ernte auf den Markt. Das Gute: Er hält sich in dieser Form einige Monate.

Von mild bis pikant und würzig

Milder Gemüsepaprika: grün, dünnwandig und zart, ideal zum Füllen.

Zitronengelber Gemüsepaprika: längliche Schoten, die es in milder und schärferer Variante gibt.

Grüne Peperoni sind unreife Schoten und werden bei uns häufig als Pizzabelag geschätzt.

Rote Peperoni variieren in ihrer Schärfe. Italienische Peperoncini sind meist angenehm scharf.

Eine große Geschmacksvielfalt bieten die Gemüsesorten, die auf dieser Seite vorgestellt werden. Allein die erste Gemüsefamilie weist schon eine Spanne von süßlich bis höllisch scharf auf.

Paprika und Peperoni

Wie die meisten anderen Früchte von Nachtschattengewächsen, so gelangten auch die der Capsicum-Familie erst nach der Entdeckung der Neuen Welt nach Europa, und wie seine Verwandten machte auch der Paprika zunächst als Zierpflanze Karriere. Erst im 19. Jahrhundert begann man, die Schoten in Italien auch kulinarisch zu schätzen. Rezepte für gefüllte Paprikaschoten, Peperonata und delikate Antipasti mit eingelegtem Paprika zeigen, mit welchem Erfolg man in Italien die ehemals fremden Früchte in den Speiseplan zu integrieren wusste. In Italien heißen die größeren Gemüsepaprika »peperoni« und die kleineren Gewürzpaprika oder Chilischoten »peperoncini«.

Peperoni werden in den unterschiedlichsten Formen, Farben und Schärfegraden auf den Märkten im In- und Ausland angeboten. So gibt es blockförmige, süßlich-mild schmeckende Sorten, etwa die »quadrato d'Asti« aus dem Piemont oder die dickfleischige »carnoso di cuneo«, die in der Lombardei auch »quadrato di Voghera« heißt. Sie werden in grün, rot oder gelb angeboten, wobei die grünen keine besondere Sorte, sondern lediglich unausgereifte Schoten sind. Besonders gut sind die »quadrati« zum Füllen geeignet. Länglicher, aber ebenfalls eckig ist »lungo Marconi«, die grün oder rot in den Handel kommt. Schmale, spitz zulaufende Schoten schließlich heißen ihrer Form wegen »corni di bue«, Stierhörner. Manche Sorten davon können reichlich scharf schmecken. Im Zweifelsfall sollte man eine Pfefferschote vor der Verwendung vorsichtig probieren.

Auch Peperoncini, die vor allem in Süditalien angebaut und gern verwendet werden, gibt es in verschiedenen Formen: längliche, spitze, rote oder grüne Schoten, die »a sigaretta« heißen, kleine runde rote, die man »peperoncini a cerasella«, Kirsch-Peperoncini, nennt, sowie kleine konische, die man getrocknet zu »pepe di Cayenna«, Cayennepfeffer, vermahlt.

Auberginen: prall und schön

Die Aubergine ist genau wie die Peperoni und die Tomate ein Nachtschattengewächs. Sie stammt jedoch ausnahmsweise nicht aus Amerika, sondern aus Indien. Die Araber brachten sie bereits im 13. Jahrhundert in den Mittelmeerraum, doch war sie vielerorts wegen der im

Auberginen: Sie wachsen aus 3 bis 5 cm großen, meist hellvioletten Blüten.

An jedem Blütenstand bilden sich 1 oder 2 Früchte, die je nach Sorte unterschiedlichst aussehen.

Gemüsefenchel kann je nach Sorte fast kugelig sein, doch gibt es auch schmale, längliche Formen.

Wilder Fenchel hat langgestreckte Knollen mit viel Grün, das wie die Samen als Gewürz dient.

Fruchtfleisch enthaltenen Bitterstoffe nicht allzu beliebt, worauf der italienische Name »melanzana« hindeutet, der sich von »mela insana«, ungesunder Apfel, ableitet. Irgendwann einmal kam jedoch ein findiger Kopf auf die Idee mit dem Salz: Man bestreut in Stücke geschnittene Auberginen damit und lässt sie, mit einem Teller beschwert, ungefähr 1/2 Stunde stehen. So entzieht man dem Fruchtfleisch überschüssiges Wasser – und die Bitterstoffe gleich mit. Die Früchte schmecken dann nicht nur besser, sie sind zudem auch leichter bekömmlich, denn sie saugen sich später bei der Zubereitung nicht so voll Öl.

Neu gezüchtete Auberginensorten können zwar fast oder völlig frei von Bitterstoffen sein, doch empfiehlt sich die Vorbehandlung von Auberginen aus dem letztgenannten Grund nach wie vor. Ein besonders köstliches Auberginengericht kennt man in Kalabrien: »polpa di melanzane«. Das ist ein Püree von im Ofen oder auf dem Holzkohlengrill weich gegartem Auberginenfruchtfleisch, das man mit Salz, klein geschnittenen Basilikumblättchen und Knoblauch nach Belieben würzt und mit so viel Olivenöl verrührt, bis sich eine Paste von mayonnaiseartiger Konsistenz ergibt. Auch wenn die »polpa« wenig vielversprechend aussehen mag: Als Antipasto auf frischem Weißbrot ist sie ebenso unübertroffen wie zu Fischgerichten. Ähnliche Rezepte bieten übrigens auch die türkische, griechische und gesamte arabische Küche.

Fenchel: wild und gezüchtet

Aus dem Mittelmeerraum und Vorderasien stammend, ist die Wildform des Fenchels heute noch in seiner ursprünglichen Heimat zu finden; vor allem im Süden und besonders auf Sizilien kann man die hoch aufschießenden, Trockenheit gegenüber recht unempfindlichen Pflanzen mit den großen gelben Blütendolden nahezu überall entdecken.

In Italien nennt man ihn »finocchio selvatico« oder auch «finocchiella«. Er schmeckt würziger und intensiver als kultivierter Gemüsefenchel, der einfach »finocchio« heißt. Von beiden werden sowohl die weiße Knolle als auch die grünen, fedrigen Blättchen und die aromatischen Samen in der Küche verwendet. Die Knollen des Gemüsefenchels sind unabdingbarer Bestandteil des berühmten »pinzimonio«, aber sie werden auch geschmort, gratiniert oder, wie in einem Rezept aus Sizilien, das scherzhaft »pisci di terra«, Landfische, heißt, zunächst al dente gekocht, geviertelt, dann in Ei gewendet, mit Mehl bestäubt und goldgelb frittiert.

Kräuter – der Duft des Südens

Oregano

Das Kraut mit den eiförmigen Blättern hat einen ausgeprägten Geruch, schmeckt würzig und etwas scharf. In Südeuropa beheimatet, wächst Oregano in allen trockenen und warmen Lagen wild, er wird in Italien jedoch auch kultiviert. Sein Aroma passt zu gebratenem oder gegrilltem Kalb- oder Schweinefleisch, er gehört aber auch in die »pizzaiola«, eine Sauce, vornehmlich aus Tomaten, Knoblauch und Oregano, die zu Fisch und gebratenem Fleisch serviert wird. Er lässt sich sehr gut trocknen, sein Aroma wird dadurch noch intensiver.

Thymian

Der mehrjährige, bis zu 40 cm hoch wachsende Strauch hat kleine elliptische Blätter. Thymian zeichnet sich durch einen sehr würzigen Geschmack aus, der hervorragend zu Knoblauch, Tomaten, Paprika oder Zucchini passt. Aber auch Hülsenfrüchte und Kartoffeln profitieren von seinem kräftigen Aroma. Außerdem ist er ein idealer Partner für Schmorfleisch, Lamm oder Wild wie überhaupt für Gegrilltes. Im Unterschied zu manch anderen Kräutern wird sein Geschmack durch Hitzeeinwirkung nicht in Mitleidenschaft gezogen, darum kann Thymian während der gesamten Koch- oder Bratzeit mitgegart werden. Häufig geschieht dies in Form von ganzen Zweigen, die man dann vor dem Servieren wieder entfernt. Getrockneter Thymian ist wesentlich intensiver als frischer.

Rosmarin

Neben Petersilie dürfte er wohl das in der Mittelmeerküche am meisten verwendete Kraut sein. Rosmarin ist eine im Mittelmeerraum heimische Staude, die wild bis zu 2 m hoch werden kann. Seine wie Tannennadeln aussehenden, lederartigen dunkelgrünen Blätter sind sehr aromatisch und haben einen herb-bitteren, weihrauch- und kampferähnlichen Geschmack, weshalb sie in der Küche relativ sparsam verwendet werden. Frisch lassen sich die Nadeln leicht klein schneiden. In der Regel verwendet man aber ganze Zweige, die mitgegart und vor dem Servieren wieder entfernt werden. Rosmarin eignet sich sehr gut als würziger Begleiter von hellem Fleisch oder mediterranem Gemüse wie etwa Tomaten oder Auberginen; ebenso passt er zu Pastagerichten oder weißen Bohnen. Er wird aber auch für Marinaden verwendet. Beim Grillen sorgen ein paar Rosmarinzweige in der Glut für ein prächtiges Aroma.

Oregano in voller Blüte – jetzt ist der richtige Zeitpunkt für die Ernte gekommen. Man verwendet ihn sowohl frisch als auch getrocknet.

Thymian, auf dem Feld getrocknet. Meist erntet man ihn kurz vor der Blüte, dann ist er am aromatischsten. Trocknen lässt Thymian sich in ganzen Zweigen, von denen man die Blättchen abstreift.

Rosmarin, in Töpfen kultiviert. In Ligurien haben sich einige Betriebe auf die Anzucht von Küchenkräutern guter Qualität im Freilandbau spezialisiert.

Estragon

Das Kraut mit den ungefiederten schmalen, bis zu 6 cm langen Blättern und dem recht eigenständigen Aroma wird vor allem frisch verwendet. Beim Trocknen verliert sich das flüchtige Aroma und so auch der würzig-erfrischende Geschmack. Charakteristisch ist dieser etwa für die Sauce béarnaise. Man verwendet Estragon aber auch für Salate, allerdings wohl dosiert. Er passt genauso zu Eiern, Geflügel oder Fisch. In Butter geschwenkt, verfeinert er mit seinem frischen Geschmack zudem Gegrilltes. Ebenfalls beliebt ist in Italiens Küchen Estragonessig: Ein paar Stängel auf 1/2 l Weißweinessig genügen. Estragon wird nicht zuletzt aufgrund seiner verdauungsfördernden Wirkung geschätzt.

Salbei

Die Heimat des immergrünen, bis zu 80 cm hoch werdenden Halbstrauchs liegt in den Mittelmeerländern. Dort ist Salbei ein unverzichtbares Würzkraut und entsprechend weit verbreitet. Die filzigen, stark behaarten grünen bis silbergrauen Blätter werden meist frisch verwendet, da Salbei winterhart ist. Salbei passt zu hellen Fleischsorten wie Huhn oder Schwein. Sein Aroma entfaltet sich am besten durch Mitkochen oder durch Mitbraten in Fett. Man kann Salbei auch trocknen, die bessere Methode der Konservierung ist das Einfrieren. Dafür die Salbeiblätter zwischen dick mit Olivenöl bestrichene Alufolie legen, so bleiben sie geschmeidig und können einzeln abgelöst werden.

Basilikum

Das aus Vorderindien stammende Kraut mit dem unglaublich intensiven Aroma hat sich einen festen Platz in der italienischen Küche erobert. Am bekanntesten ist die großblättrige Sorte Auch rotes und grünes Buschbasilikum, unten rechts im Bild, ist häufig anzutreffen. Basilikum entfaltet seinen Duft und Geschmack vor allem frisch und wird in erster Linie auch so verwendet. Das im Handel befindliche getrocknete Kraut ist geschmacklich kein Ersatz. Man kann Basilikum konservieren, indem trockene, ungewaschene Blätter in Olivenöl eingelegt werden. Ansonsten kauft man am besten Topfware. So halten die kälteempfindlichen Pflanzen auch im Winter einige Tage oder Wochen im Zimmer. Weil beim Kochen oder Braten das Aroma der zarten Blätter enorm leidet, gibt man Basilikum in aller Regel erst ins fertige Gericht.

→ Tipp

Damit Kräuter ihr Aroma bis zur Verwendung behalten, sollte man sie sachgemäß ernten. Dabei ist es wichtig, immer ganze Triebe oder Triebspitzen abzuschneiden und nicht nur einzelne Blätter. Dies kann geschehen, sobald der Morgentau verdunstet ist und sich die Blüten geöffnet haben.

Estragon ist ein typisches Einzelkraut mit einem sehr eigenständigen Aroma, das sich in größeren Mengen lediglich mit Zwiebeln und Schalotten verträgt.

Wenn der Salbei blüht, ist es für die Ernte schon fast zu spät, kurz vor der Blüte ist er am würzigsten. Die knorrigen Salbeistöcke bringen das ganze Jahr über aromatische Blätter hervor.

Grünes Buschbasilikum. Diese kleinblättrige, dekorative Sorte hat ein gutes, kräftiges Aroma und ist eine prima Alternative zu der großblättrigen Basilikumsorte.

Garnelen
und Muscheln

Sägegarnelen werden nicht mit Schleppnetzen, sondern mit Handnetzen und in Reusen gefangen und sind daher recht teuer.

Garnelenschwänze, roh und ungeschält: So sind sie küchenfertig vorbereitet und lassen sich für viele Zubereitungsarten bestens verwenden.

Heuschreckenkrebse kann man leicht an ihrem langen, fast gleichmäßig breiten Körper und den beiden schwarzen Flecken auf den Schwanzflossen erkennen.

Jakobsmuscheln haben ein aromatisches, zartes Muskelfleisch, das nach Belieben besonders apart in der tieferen Schalenhälfte serviert wird.

Garnelen und Muscheln werden in allen Küchen der Welt nach entsprechenden Rezepturen zubereitet. Damit die beliebten Meeresfrüchte auch in ausreichender Menge angeboten werden können, stammen die meisten von ihnen aus Zuchtanlagen im Meer. Im Folgenden werden die bei uns gängisten Garnelen- und Muschelarten vorgestellt.

Garnelen

Garnelen sind weltweit in den Meeren zu finden. Ingesamt unterscheidet man zwischen 2000 und 3000 Arten. Normalerweise werden Garnelen frisch und tiefgefroren nach Größen gehandelt und nicht nach Arten. Frische, rohe Garnelen erkennt man an ihrer durchschimmernd gräulichen, gelegentlich rosa Farbe. In dieser Form werden sie jedoch nur selten angeboten. Meist sind sie bereits kräftig rosa gefärbt, weil sie direkt nach dem Fang schon gegart wurden.

Furchengarnelen: Sie gehören zu den Spitzenreitern in Größe und Geschmack. Da die Tiere vergleichsweise einfach in einer Tiefe von »nur« 40 m gefangen werden können und darüber hinaus eine hervorragende Fleischqualität aufweisen, ist es kein Wunder, dass die Bestände abgenommen haben. In Italien versucht man sich deshalb in der Garnelenzucht.

Nordseegarnelen: Sie gehören zur Gruppe der Sandgarnelen und dürfen als einzige Garnelenart offiziell »Nordseekrabben« genannt werden, obwohl sie nichts mit Krabben zu tun haben. Wirklich frische Nordseekrabben gibt es meist nur direkt vom Kutter.

Sägegarnelen: Diese Garnelenart ist mit maximal 11 cm Länge relativ klein. Sägegarnelen gehören zu den besonderen Delikatessen der Mittelmeer- und südlichen Atlantikküsten Europas. Die beste Zubereitung ist das kurze (etwa 5 Minuten) Garen in Salzwasser.

Schiffskielgarnelen: Bei uns werden sie überwiegend ohne Kopf mit Schale als »Tiger Prawns« angeboten. Schiffskielgarnelen gehören zu den größten Garnelen, sie können bis zu 34 cm lang werden und finden sich in asiatischen Gewässern.

Tiefseegarnelen: Sie werden auch als Grönland- oder Nordmeergarnelen angeboten und sind eine Spezialität des europäischen Nordmeers. Tiefseegarnelen werden bis zu 16 cm lang und haben eine durchschimmernde rosa Farbe.

Strahlige Venusmuscheln werden in Italien häufig nur einfach »vongole« genannt. Sie werden zu Pasta (Linguine) gegessen.

Kreuzmuster-Teppichmuscheln, eine Venusmuschelart, werden in Frankreich und in Italien nicht nur gegart, sondern auch gerne roh gegessen.

Mittelmeer-Dreiecksmuscheln sind mit ihren höchstens 3,5 cm Schalenlänge eher kleine Delikatessen. Sie werden roh verzehrt oder in Suppen mitgegart.

Miesmuscheln sind in Italien meist unter dem Namen »cozze« bekannt. In Latium, Ligurien und der Toskana nennt man sie auch »muscoli« oder »datteri neri«.

Muscheln

Bei der Zubereitung von Muschelgerichten sollten unbedingt einige Regeln beachtet werden: Rohe Muscheln müssen immer geschlossen sein. Beim Kochen müssen sich die Muschlen öffnen. Und: Muscheln müssen unbedingt frisch verzehrt werden. Ist die Frische nicht gewährleistet, sollte man die Muscheln besser nicht essen.

Austern: Kulinarisch nehmen Austern einen herausragenden Platz ein – sie lassen Feinschmeckerherzen höher schlagen. Ihr Fleisch ist in eine gewölbte Schale gebettet, die durch eine flachere abgeschlossen wird. Angeboten werden sie von September bis April, sortiert nach Herkunft und Größe. Wildfänge unterscheiden sich durch einen intensiveren Geschmack von den Zuchtaustern. Austern werden meist roh verzehrt, können aber auch pochiert, gebraten und gebacken werden.

Miesmuscheln: Sie gehören zu den weit verbreiteten und sehr beliebten Muschelarten. Sie werden in Europa überwiegend in Spanien und den Niederlanden im großen Stil gezüchtet. Miesmuscheln werden fast ausschließlich gegart verzehrt, in Salaten, Suppen, frittiert oder paniert und am Spieß gebraten. Verwandt mit den Miesmuscheln, aber aufgrund ihres feinen Geschmacks noch höher geschätzt, sind die Meerdatteln. Da diese Muscheln sich in Felsen bohren, aus denen sie herausgebrochen werden müssen, ist ihre »Ernte« entsprechend aufwändig und ihr Preis hoch.

Schwertmuscheln: Die lang gestreckten, stabförmigen Muscheln sind für kulinarische Überraschungen gut. Allerdings muss man sie vor der Verwendung gründlich säubern, da sich die Tiere in den Sandboden bohren und sehr sandig sein können. In einigen europäischen Meeren sind die kleine und die große Schwertmuschel zu finden. Eine Unterart der großen Schwertmuschel, die im Mittelmeer vorkommt, kann auch roh gegessen werden – eine italienische Spezialität.

Venusmuscheln: Mehr als 500 verschiedene Arten bilden die Gruppe der Venusmuscheln. Im Mittelmeer reichlich vorhanden ist die Strahlige Venusmuschel, die hauptsächlich in Italien als »Vongola« gehandelt wird. In Frankreich (Bretagne) hingegen gilt die Kreuzmuster-Teppichmuschel, die »Palourde croisé«, als die feinste und beliebteste Venusmuschelart. Mit etwas Wein, Knoblauch, Lorbeerblatt und Pfeffer gedünstet, kommt ihr Wohlgeschmack gut zur Geltung. Kreuzmuster-Teppichmuscheln werden auch oft roh gegessen.

Prosciutto und Serrano-Schinken

Wie Schinken generell, so stammen auch die luftgetrockneten aus der Hinterkeule des Schweins. Mit ihrem zarten, unvergleichlichen Aroma haben diese Schinkenspezialitäten aus Italien und Spanien zu Recht Weltruhm erlangt. Die Schinken werden eingesalzen und anschließend mehrere Monate, manchmal sogar bis zu zwei Jahren, an der Luft getrocknet. Nach dieser Prozedur – italienisch »prosciugare« – sind sie auch benannt. Außerhalb Italiens dürften jene aus Parma und San Daniele wohl die bekanntesten sein, außerhalb Spaniens ist sicherlich der Jamón serrano der populärste.

Salz macht haltbar

Luftgetrocknete Schinken werden immer nach einem ähnlichem Prinzip hergestellt: Das Salz entzieht dem Fleisch genügend Feuchtigkeit, um es haltbar zu machen, und das langsame Trocknen an der Luft bringt den erwünschten milden Geschmack. Kurz gesagt: Die ideale Methode, um das Fleisch von Hausschweinen auch in südlichen, warmen Ländern über einen längeren Zeitraum hin genießen zu können. Und doch ist den Erfindern dieses »Dauerfleischs« noch mehr gelungen: nämlich die Verwandlung von Schweinekeulen in besondere und unnachahmliche Delikatessen. Geräuchert werden die Schinken in aller Regel nicht.

Parma-Schinken

Die Produktion von Parma-Schinken gestaltet sich langwierig und aufwändig. Nur die Schweine bestimmter Regionen dürfen dafür verwendet werden, und sie müssen speziell aufgezogen sein – teilweise füttert man sie mit der bei der Parmesanproduktion anfallenden Molke. Bei der Schlachtung müssen sie über 10 Monate alt sein und mindestens 140 kg wiegen. Das »Consorzio del Prosciutto di Parma« überwacht die Qualität genau. Nur jene Schinken bekommen nach der Kontrolle durch extra bestellte Inspektoren das begehrte Siegel, die fünfzackige Herzogskrone von Parma, die exakt nach Vorschrift produziert wurden. Danach muss ein Schinken von 7 bis 9 kg mindestens 10 Monate reifen, schwere Schinken dagegen 1 Jahr, wobei die Trocknungsphase in speziellen Hallen bis zu 2 Jahren dauern kann. Während der Reife muss ein Schinken aufwändig bearbeitet werden. Nach 7 bis 8 Monaten – und einem Gewichtsverlust von etwa 25 Prozent – wird er auf der Fleischseite meist mit gewürztem Schweinefett eingerieben, um eine weitere Austrocknung zu vermeiden. Außerdem wird sein Zustand von Fachleuten immer wieder kontrolliert.

Seit dem letzten Jahrhundert ist der Ruhm des Parma-Schinkens immer weiter über die Landesgrenzen hinaus gedrungen, es stieg die Nachfrage und damit auch der »Etikettenschwindel«. Darum schlossen sich 1963 zunächst 23 Erzeuger zu jenem Konsortium zusammen. Später wurde die Produktion von

Parma-Schinken per Gesetz geregelt. Es gibt ihn heute in zwei Versionen: zum einen ohne Knochen in unterschiedlichen Formen, zum andern mit Knochen, der am Kniegelenk gestutzt wird, wodurch der Schinken sein typisch rundliches Aussehen erhält. Mit rund 20 g Kochsalz pro kg Schinken ist der Prosciutto di Parma vergleichsweise mild gesalzen. Daher, vom entsprechenden Futter der Schweine – man sagt, die Molke wäre für seine leicht süße Note verantwortlich – sowie durch die unterschiedlich lange Reifezeit erhalten diese Schinken ihr eigenes Aroma. Verständlich, dass eine so aufwändige und langwierige Herstellung nicht zu einem billigen Produkt führen kann. Dafür schmeckt ein Original Parma, so um die 18 Monate gereift, dann aber auch perfekt.

San-Daniele-Schinken

Was den Aufwand der Herstellung betrifft, steht der gitarrenförmige Schinken aus Friaul, der »Prosciutto di San Daniele«, dem Parma in nichts nach – ebensowenig wie in Aroma oder Geschmack. Dünn aufgeschnitten und pur oder mit Grissini und eventuell einem Glas Tocai oder Prosecco serviert, gilt er mit seiner zarten Konsistenz und dem charakteristischen Aroma manchem Kenner gar als der noch feinere. Man begegnet ihm in dem malerisch auf einem Felsen gelegenen Schinkenstädtchen San Daniele del Friuli in unzähligen Läden auf Schritt und Tritt. Er wird vor dem Trocknen ebenso eingesalzen wie Parmaschinken, bekommt aber durch das Pressen zwischen zwei Holzbrettern nicht nur seine charakteristische flache Form, sondern wird dadurch auch dünner und braucht darum noch weniger Salz. Auch die Produktion des San-Daniele-Schinkens ist streng und per Gesetz reglementiert. Ernährung, Alter, Gewicht und Schlachtform der Schweine sind genau vorgeschrieben. Ein Konsortium verleiht den Schinken nach einer optimalen Reifezeit von 14 bis 16 Monaten das entsprechende Gütezeichen. Früher war ausschließlich das besondere Mikroklima während des Trocknens, natürlich bedingt durch das Aufeinandertreffen der kalten Nordwinde mit der feuchteren Adrialuft, für das herrliche Aroma dieses Prosciutto verantwortlich – die markanten Trockenhäuser mit ihren hohen, schmalen Fenstern, durch die der kühle Bora-Wind streicht, stehen im Norden des Orts. Heute dagegen, wohl nicht zuletzt der großen Nachfrage und der besseren Kontrollierbarkeit wegen, wird der Wechsel von trockener und feuchter Luft auch künstlich in speziellen Klimakammern erzeugt, in denen der San Daniele zum Reifen aufgehängt wird.

Serrano-Schinken

Der luftgetrocknete Schinken »Jamón serrano« aus Spanien ist sehr gefragt. Er zählt neben den italienischen Schinken aus Parma oder San Daniele zu den besten der Welt. Man unterscheidet den Jamón serrano – serrano bedeutet »in Bergluft getrocknet« –, der von weißen Schweinen stammt, und den noch teureren Jamón ibérico. Die Schinken dafür liefern die schwarzen Schweine, die kleinen Cerdos ibericos, die sich auf Weiden von Gräsern, Kräutern bis hin zu den nahrhaften Eicheln im Herbst ernähren. Ihre Keulen werden in einer Höhe von mindestens 700 Meter über dem Meeresspiege l 6 Tage in Meersalz gepökelt. Die weitere Reifung in frischer Bergluft dauert nochmals 9 bis 16 Monate, je nach Lebendgewicht des Schweins. Über eine gleichbleibende Qualität des Schinkens, vor allem was die Reifezeit angeht, wacht in Spanien das »Consorcio del Jamón Serrano Español«.

In dünne Scheiben geschnitten, wird der Serrano-Schinken als Tapa zu Weißbrot und Sherry genossen. Seine Knochen sind sehr begehrt zum Mitkochen in Eintöpfen, um diesen ein kräftig-würziges Aroma zu verleihen.

Gekochten Schinken gibt es in vielen verschiedenen Sorten. Er stammt aus der Hinterkeule des Schweins.

Würste wie die kleine Salami und die Jabugo-Wurst haben in Spanien genauso Tradition wie die Schinken.

Genau wie Schinken reifen auch die meisten spanischen Würste in der Bergregion, allerdings kürzer.

In diesem Bild sind (von links) Espetec, Palacias, Embutidas und Fuet Extra, sin Pimienta, abgebildet.

Küchenpraxis Grundrezepte

Die wichtigsten Informationen für die Zubereitung von raffinierten Kleinigkeiten aus aller Welt werden hier in zahlreichen Stepfotos gezeigt: Mayonnaise und Vinaigrette herstellen, garnieren, Gemüse und Fisch richtig garen, Antipasti marinieren und vieles mehr.

Salatsaucen und Garnituren

a **Mayonnaise:** 3 Eigelbe mit etwas Senf, Salz, weißem Pfeffer, Zitronensaft verrühren.

b **Von 1/2 l Öl** (Olivenöl oder neutrales Öl) etwa 1/3 tropfenweise unterrühren.

c **Die restlichen** 2/3 des Öls in dünnem Strahl zugießen. Dabei ständig weiterrühren.

d **Zum Schluss** 1 EL warmes Wasser unterrühren, bis die Mayonnaise halbfest ist.

→ Tipp

»Express«-Mayonnaise aus ganzen Eiern gelingt nur im Mixer – aber in Sekundenschnelle: 2 Eier auf niedrigster Stufe im Mixer mit 1 TL Salz, 1/2 TL frisch gemahlenem weißem Pfeffer und 1 TL Essig oder Zitronensaft mischen. Den Mixer weiterlaufen lassen und 350 ml Öl in kräftigem Strahl dazugießen. Die Mayonnaise bis zum Gebrauch fest verschlossen und kühl aufbewahren.

Mayonnaise

Eine der berühmtesten Salatsaucen ist sicherlich die Mayonnaise. Sie lässt sich relativ einfach selbst herstellen, wenn man einige Regeln beachtet. Oberstes Gebot ist die Verwendung frischer Eier von bester Qualität. Und für die Herstellung gilt, egal ob man die Sauce im Mixer zubereitet oder von Hand rührt, dass alle Zutaten dieselbe (nicht zu niedrige) Temperatur aufweisen müssen. Nur so ist gewährleistet, dass Eigelb und Öl gut binden und eine feincremige, stabile Emulsion entsteht. Wird sie zu dick, kann sie mit etwas Zitronensaft oder Essig wieder ein wenig verdünnt werden. Mit einer guten Portion Knoblauch lässt sich das Grundrezept zur Knoblauchsauce, mit Kräutern, Sardellenfilets, Kapern und Gurken zur Remouladensauce, mit etwas Weinbrand, Cumberlandsauce, Tabasco und Tomatenketchup zu einer Cocktailsauce abwandeln.

Vinaigrette

Die Vinaigrette ist in der Zubereitung unkomplizierter. Wichtig ist hierbei, erst Essig und Gewürze gründlich zu verrühren, bis sich alle Salz- und/oder Zuckerkristalle gänzlich aufgelöst haben, und dann erst das Öl unterzuschlagen. Nur so lässt sich eine gleichmäßige Würzung erzielen. Zusätzliche Zutaten wie Kräuter, Zwiebeln oder Ei werden zuletzt untergemischt.

a **Vinaigrette zubereiten:** 2 EL Essig, 1 TL mittelscharfen Senf, 1/4 TL Salz und Pfeffer verrühren, bis sich das Salz gelöst hat.

b **Nach und nach** mit dem Schneebesen 6 EL Öl so unterrühren, dass es sich fein verteilt und eine Emulsion entsteht.

c **Die fertige Vinaigrette** kann nach Belieben weiter verfeinert werden – etwa mit Kräutern oder Zwiebelwürfelchen.

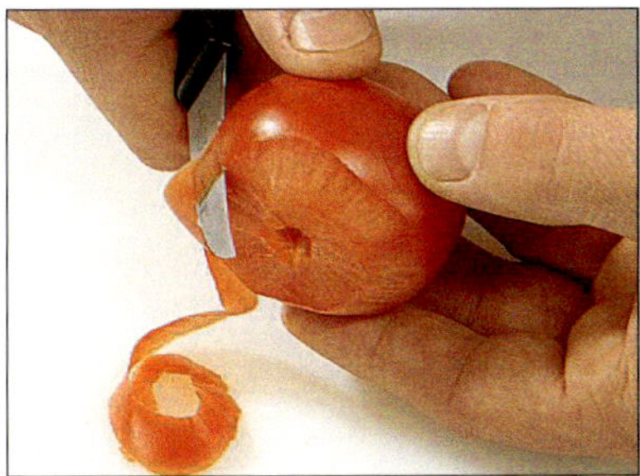

a **Für eine Tomatenrose** die Frucht in einem breiten Streifen abschälen. Je länger der Streifen wird, desto besser.

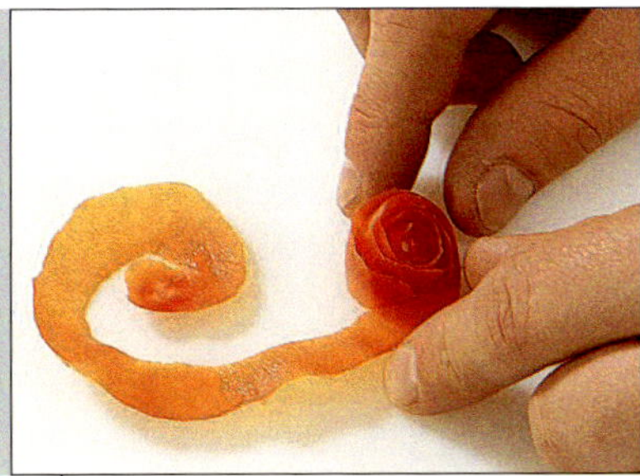

b **Den Streifen** ganz eng so aufrollen, dass die glänzende Schalenseite nach außen weist. Zu einer Rose zurechtrücken.

c **Tomatenrosen** und eine Knospe. Letztere besteht aus Stücken, die keilförmig aus einer Fruchthälfte herausgeschnitten wurden.

Garnituren

Was die Sauce für den Geschmack, ist die Garnitur für das Aussehen. Oft genügt bereits ein Bestreuen mit gehackten Kräutern, um einen Salat oder Snack noch appetitlicher zu machen. Und wer seinen Gästen etwas Besonderes servieren will, sollte sich einmal an Gemüseschnitzereien versuchen – damit reizvolle Akzente zu setzen ist einfacher, als man denkt!

a **Radieschengarnitur:** Radieschen am Grün festhalten, Wurzel entfernen, Oberseite in der Mitte kreuzweise einkerben.

b **»Lampions«**: Aus dem Radieschen rundum keilförmige Stücke herausschneiden, so dass nur schmale Stege stehen bleiben.

c **Der Kontrast** zwischen roter Schale und weißem Inneren ist es, der geschnitzte Radieschen zum Blickfang werden lässt.

a **Garnituren aus Frühlingszwiebel:** Den festen Teil einer Frühlingszwiebel mehrfach kreuzweise einschneiden.

b **Die fertig zugeschnittenen Stücke** kurz in Eiswasser legen. Dadurch biegen sich die eingeschnittenen Stängel nach außen.

c **Knospen und Büschel** aus Frühlingszwiebeln: Sowohl der weiße Teil mit den Wurzeln als auch der grüne lassen sich verwenden.

Gemüse richtig garen

Kochen in viel Salzwasser: Dies eignet sich z. B. für Brokkoli, um die zarte Struktur der Röschen zu schonen und gleichzeitig die härteren Stiele zu garen.

a **Kochen in wenig Flüssigkeit:** Zerkleinertes Gemüse mit wenig Flüssigkeit aufkochen.

b **Zugedeckt bei geringer Hitze** kochen. Besonders geeignet für kleine Mengen.

Der richtige Umgang mit Gemüse ist bei der Zubereitung von Antipasti und Snacks sehr wichtig. Garmethode und Garzeit sind abhängig von der Gemüseart. Wichtig ist, dass immer auf die Besonderheiten eines jeden Gemüses Rücksicht genommen wird, um seine Form, sein Aroma, seinen typischen Gschmack und möglichst viele Inhaltsstoffe zu erhalten.

Kochen in viel Wasser

Kochen heißt Garen in Flüssigkeit, und damit ist vor allem Wasser gemeint. Sobald Blasen aufsteigen und die Flüssigkeit sprudelt, beginnt der Kochvorgang. Das Garen in viel siedender Flüssigkeit garantiert, dass die Wärmeverteilung gleichmäßig ist und das Gemüse an allen Stellen zur gleichen Zeit gar wird. Eine große Wassermenge gibt außerdem genügend Raum für empfindliche Gemüsearten, wie es beispielsweise Artischocken sind. Grünes Gemüse, wie etwa Brokkoli, gart man in reichlich kochendem Salzwasser bei offenem Topf, damit die enthaltenen Säuren mit dem Dampf entweichen können. Sie würden sonst mit dem grünen Farbstoff der Blätter, dem Chlorophyll, reagieren und das Gemüse grau färben.

Kochen in wenig Flüssigkeit

Diese Methode im geschlossenen Topf ist auch unter dem Begriff »dünsten« bekannt. Sie schont die Nährstoffe und das Aroma bleibt weitestgehend erhalten. Sie wird vor allem bei zerkleinertem Gemüse, wie zum Beispiel Möhren und Kohlrabi, angewandt. Bei Spinat reicht schon die Abtropfflüssigkeit vom Waschen, so wenig Flüssigkeit wird benötigt. Wenn statt Salzwasser Würzsud, Brühe oder Fond verwendet wird, ergibt die Garflüssigkeit eine extraktreiche Basis für Saucen.

Garen im Dampf

Empfindliches Gemüse wird am besten im Siebeinsatz über kochendem Salzwasser bei geschlossenem Topf schonend gegart. Das gilt für alles Zarte mit Garzeiten von bis zu 10 Minuten. Bei grünem Gemüse muss man allerdings einen Farbverlust in Kauf nehmen. Eine schnellere Methode ist das Dämpfen mit Druck im Schnellkochtopf. Hier wird der

a **Dampfdrucktopf:** Nur etwa 2 Tassen Flüssigkeit in den Dampfdrucktopf füllen.

b **Gemüse** mit gleicher Garzeit in einen oder mehrere Siebeinsätze legen.

c **Deckel** auflegen und einrasten lassen. Auf Schonstufe erhitzen. Garzeit kontrollieren.

d **Vor dem Öffnen** den Dampf vollständig entweichen lassen, bis der Druck gefallen ist.

Siedepunkt des Wassers auf über 100 °C erhöht und die Garzeit erheblich verkürzt. Die Gebrauchsanleitung muss genau eingehalten werden. Da die Töpfe nur bis zu dem angegebenen Punkt gefüllt werden dürfen, darf man stark quellende und schäumende Gemüsearten wie Hülsenfrüchte höchstens bis zur Hälfte einfüllen. Gemüse von gleicher Größe auswählen oder in gleich große Stücke zerkleinern. Die Garzeit einhalten und bei empfindlichem Gemüse den Topf nicht unter kaltem Wasser abkühlen lassen, sondern nach verkürzter Garzeit abwarten, bis der Druck fällt und sich das Ventil öffnen lässt.

Blanchieren

Beim Blanchieren wird geputztes Gemüse für einige Sekunden bis zu 2 Minuten in viel sprudelnd kochendes Wasser getaucht. Anschließend wird es herausgehoben und sofort in Eiswasser abgekühlt. Blanchieren dient zum einen als eigentliche Garmethode für ganz zartes Gemüse, wie etwa Zuckerschoten, zum anderen ist es eine Vorbehandlung für die weitere Zubereitung und Lagerung, wie Frittieren und Einfrieren. Aber auch Tomaten und Mandeln werden blanchiert, damit sie anschließend besonders leicht gehäutet werden können. Zu sperrige Gemüseblätter, beispielsweise von Kohl, Sauerampfer oder Spinat, werden durch das Blanchieren geschmeidig gemacht, gleichzeitig wird ihnen ein Teil ihres Wassergehalts entzogen. Durch den Hitzeschock beim Blanchieren werden Enzyme im Inneren des Gemüses inaktiviert, die sonst unerwünschte Prozesse, wie Farb- und Aromaveränderungen, in Gang setzen würden. Das rasche Abkühlen in eiskaltem Wasser ist wichtig, da es eine mögliche Bakterienvermehrung unterbindet und ein Nachgaren durch Eigenwärme verhindert sowie Farbe, Konsistenz und Aroma stabilisiert.

a **Blanchieren:** Gemüse kurz in sprudelnd kochendem Wasser garen, dann rausheben.

b **Das Gemüse** sofort in eine große mit Eiswasser gefüllte Schüssel geben.

Steinpilze in Olivenöl. Junge Pilze, in Essig gekocht und mit Olivenöl aufgefüllt.

Zwiebeln in Aceto balsamico. Kleine Zwiebeln, gegart und mariniert mit Balsamessig.

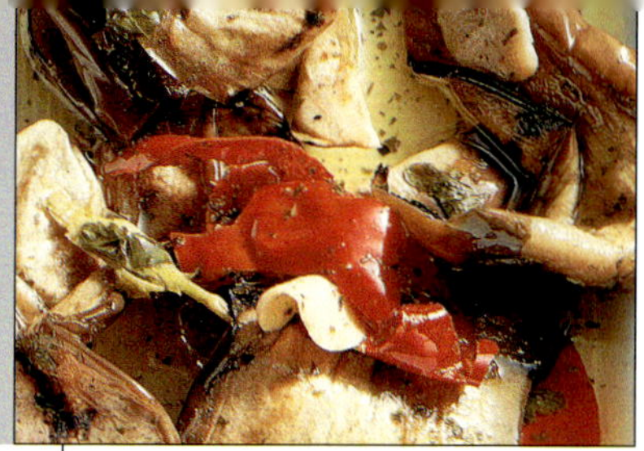

Gegrillte Auberginen. Auberginen in Öl und Essig, mit Peperoncini, Knoblauch, Petersilie.

Gegrillte Champignons. Pilze in Olivenöl, gewürzt mit Kräutern, Salz, Pfeffer, Knoblauch.

Kleine weiße Cannellini-Bohnen in einer milden, feinwürzigen Tomatensauce.

Marinierte Sepiolini werden vor dem Einlegen in Olivenöl gekocht. Mit Knoblauch und Kräutern.

Funghi di muschio sott'olio. In Essig gekochte Pilze, mit Salz in Olivenöl eingelegt.

Gegrillte Zucchinischeiben in Olivenöl und Essig. Mit Peperoncini, Kräutern, Knoblauch, Salz.

Peperoni in Bagna cauda. Gemüsepaprika, mariniert in Öl, Essig, Milch, Sardellen und Knoblauch.

Gekochte Garnelen in Olivenöl, würzig eingelegt mit Petersilie und gehacktem Knoblauch.

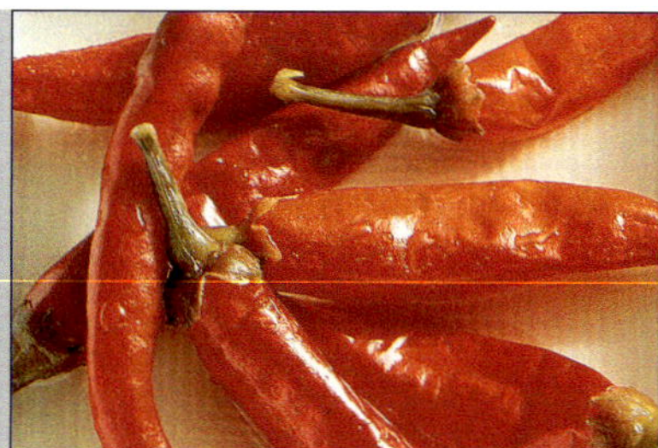

In Weinessig eingelegte Peperoni, Gemüsepaprika, mit Salz, 1 Prise Zucker, Zitronensäure.

Ausgelöste Miesmuscheln in Olivenöl, mit Salz, Pfeffer und 1 Prise Paprikapulver gewürzt.

Carciofi grigliati. Artischocken, gekocht, gegrillt, mit Peperoncini, Essig, Petersilie, Knoblauch.

Große weiße Bohnen, pikant eingelegt in Öl, mit Tomaten, Knoblauch, Petersilie, Salz und Pfeffer.

Sonnengetrocknete Tomaten, in Olivenöl eingelegt, mit Kräutern und Knoblauch.

Antipasti – mariniert & eingelegt

Ob eingelegte Paprika oder Pilze, marinierte Muscheln oder Tintenfische – die kleinen Leckerbissen kommen in Italien zu verschiedenen Gelegenheiten auf den Tisch. Eingelegt sind sie entweder in Öl, dann werden sie »sott'oli« – wörtlich: unter Öl – genannt. Manchmal dominiert aber auch Essig, in diesem Fall spricht man von »sott'aceti« – in Essig Eingelegtem. Hinzu kommen vielfach Kräuter und Knoblauch, vielleicht auch mal Kapern oder Sardellen.

Köstliche Antipasti

Man reicht die würzig eingelegten oder marinierten Häppchen entweder solo oder kombiniert mit anderen Antipasti. Sauer und vor allem süß-sauer Eingelegtes – etwa Mostarda – essen die Italiener gerne zu gekochtem oder gepökeltem Fleisch. Eine Reihe italienischer Firmen hat sich auf die Herstellung eingelegter Antipasti spezialisiert und liefert hervorragende Qualitäten. Allerdings sollte man darauf achten, dass man beim Einkauf keine Billigware erwischt, denn minderwertiges Olivenöl und schlechter Essig beeinträchtigen auch die besten Zutaten.

Sott'oli – in Öl Eingelegtes

Das Einlegen in Olivenöl bekommt manchen Lebensmitteln ausgezeichnet, da ihr Geschmack mit dem eines feinen Olivenöls gut harmoniert. Hervorragend etwa schmecken kleine Artischocken in Öl, ebenso gegrillte Zucchini oder Auberginen. Und Steinpilze in Öl oder die kleinen »chiodini«, junge Hallimaschhüte, gewürzt mit Knoblauch und Petersilie, sind eine Delikatesse für sich. Es empfiehlt sich, von diesen Köstlichkeiten stets einen kleinen Vorrat im Haus zu haben. Wer dabei in puncto Qualität sichergehen will, der legt sich seine Sott'oli selbst ein, zumal dies recht einfach ist und weder eines großen zeitlichen noch finanziellen Aufwands bedarf. Für die Steinpilze in Öl benötigt man auf 1 kg kleine, junge Pilze 1 l Weißweinessig, in dem die geputzten, aber nicht gewaschenen Pilze einige Minuten gekocht werden – dadurch bleiben sie länger haltbar. Anschließend gießt man den Essig ab und lässt die Pilze, in ein Tuch eingeschlagen, abkühlen. Die Steinpilze füllt man dann trocken in ein geeignetes Glas, fügt 1 TL Pfefferkörner hinzu, 2 Lorbeerblätter sowie etwas Salz und bedeckt alles mit nativem Olivenöl extra. So halten sich die Pilze monatelang. Nach dieser Methode können übrigens auch andere Pilzarten oder Gemüse konserviert werden.

Sott'aceti – in Essig Eingelegtes

Die Herstellung von Sott'aceti ist eine etwas andere. Hier wird das Gemüse zunächst in Salzwasser blanchiert – es sollte dabei noch Biss behalten – und dann erst mit einem Essigsud übergossen. Man benötigt für 1 kg Gemüse etwa1/2 l Essig, wobei in der Regel Weißweinessig verwendet wird. Mit ihrer pikanten Note ergeben die Sott'aceti eine gelungene Beilage zu Antipasti oder zu kaltem Fleisch. Schinken mit sehr feinem Aroma wie Parma, San Daniele oder Culatello ergänzen sie weniger gut, da ihre Säure den exquisiten Geschmack überdecken würde. Als Antipasto gerühmt werden auch »cipolle in agrodolce«, süß-saure Zwiebeln, die zunächst blanchiert und dann geschält werden, bevor man sie in einem schweren Topf in Butter und Wasser etwa 20 Minuten gart. Sind sie weich, fügt man auf 1 kg Zwiebelchen etwa 1 EL Essig, eventuell Aceto Balsamico di Modena oder einen anderen guten Essig, hinzu, außerdem 2 gestrichene TL Zucker, Salz sowie frisch gemahlenen Pfeffer. Nun die Zwiebeln noch etwa 1 Stunde köcheln lassen, bis sie goldbraun sind. Man kann sie allerdings nicht sehr lange aufbewahren. Wer dies wünscht, sollte sie zusätzlich sterilisieren.

Grüne Olivenpaste. Aus entsteinten, pürierten grünen Oliven, vermischt mit Salz, Pfeffer und Öl.

Schwarze Olivenpaste. Aus entsteinten schwarzen Oliven, püriert mit Sardellen, Pfeffer und Olivenöl.

Spanische Happen selbst gemacht

Wo sie ursprünglich wohl herkommen, die kleinen Leckerbissen, die man in Spanien gern vor dem Essen zum Aperitif oder auch als leichten Imbiss genießt? Für solch kulinarisch interessante, gut gewürzte Appetithappen sind viele Küchen rund ums Mittelmeer bekannt. Aber in kaum einem Land geht die Leidenschaft so weit wie hier, wo die kleinen Köstlichkeiten gar in speziellen Bars – so genannten Tapa-Bars – gegessen werden. Zu einem Schluck Sherry vielleicht, zu gut gekühltem Wein der Region oder, warum auch nicht, zu einem Bier. Entstanden ist der Tapa-Brauch wohl aus der Sitte, den Gästen in der Bar einen essbaren »Deckel«, etwa in Form einer Scheibe chorizo (Wurst) oder jamón (Schinken), für ihr Glas anzubieten, um das Getränk darin vor lästigen Fliegen zu schützen.

Köstliche Häppchen

Heute warten die Tapa-Bars von San Sebastian bis Sevilla, von Barcelona bis Burgos, von Madrid bis Malaga mit einer immensen Vielfalt kulinarischer Überraschungen auf. Dabei sind viele Bars für eine besondere Spezialität berühmt. Und so geht man dann von einer Bar zur anderen, trinkt ein Gläschen, probiert sich durch und verwöhnt dabei den Gaumen.

Tapas-Ideen

Die Palette an Tapas ist riesig: Sie reicht von ganz einfachen Dingen wie gerösteten Brotwürfeln – »migas« –, Salzmandeln, Oliven, ein paar Scheiben Käse oder luftgetrocknetem Schinken bis hin zu aufwändigeren Zubereitungen.

Kleine Spieße: Häufig gibt es so genannte »cosas de picar«, Dinge zum Aufspießen. Darum sollte, wer eine Tapas-Party veranstalten will, unbedingt an Zahnstocher zum Aufspießen von Käsestückchen oder eingelegten Oliven denken. Letztere sind besonders einfach. Hier das Rezept: Man verrührt dafür je 1/2 TL zerriebene Koriander- und Fenchel-

Oliven und Käse sind ein schlichtes Beispiel für die beliebten Tapas. Die Oliven werden zuvor in Olivenöl, Kräutern und Knoblauch mariniert.

Geröstete Mandeln im salzig-scharfen Mantel. Die beliebten Salzmandeln sind eine wunderbare Knabberei in der Bar. Sie sind zu Hause schnell gemacht und passen zum Glas Wein.

Frisches herzhaftes Landbrot mit einem Belag aus Käse, Schinken oder auch Fisch, in kleine Stückchen geschnitten, ist ein köstliches Appetithäppchen.

samen, 2 fein gewürfelte Knoblauchzehen, 2 EL gehackte Kräuter (Rosmarin, Thymian und Petersilie) mit 1 EL Sherryessig und 2 EL Olivenöl, lässt die Oliven (250 g) darin einige Tage ziehen – fertig.

Salzmandeln: Und auch Salzmandeln sind schnell gemacht. Man erhitzt 4 EL Olivenöl mit 20 g Butter und röstet 200 g gehäutete Mandeln darin goldgelb. Anschließend wendet man sie in mit Cayennepfeffer aromatisiertem grobem Meersalz und lässt sie abkühlen.

Weitere Tapas: Unumstritten verstehen es die Spanier aufs Beste, aus schlichten Zutaten Köstliches zu zaubern. Gewöhnliche Kartoffeln verwandeln sie durch Ausbacken in Öl in die geschätzten pikanten »patatas bravas«. Oder sie werden, in Kombination mit Ei, zu der in ganz Spanien gleichermaßen beliebten Tortilla verbacken. Eine Art Omelett, das dann, abgekühlt und in Stücke geschnitten, als Tapa serviert wird. Oder man denke nur an die Vielzahl der »pinchos«, meist gegrillte Spießchen mit Fleisch oder Innereien. Insbesondere an den Küsten fällt die Auswahl an Tapas mit »pescado y mariscos« – Fisch und Meeresfrüchten – besonders groß aus. Da gibt es etwa »mejillones«, Muscheln, in Weißweinsud, »chipirones a la plancha«, kleine Tintenfische vom Grill, oder auch die gern in den typischen braunen Steingutschälchen servierten Garnelen in Knoblauchsauce, »gambas al ajillo«, um nur einige zu nennen. Und wer jetzt Appetit bekommen hat, der bestellt am besten in der Bar gleich eine »racion«, das ist mehr als eine doppelte Portion und stillt sogar den etwas größeren Hunger.

Oliven in jeder Form sind für die Küche Spaniens unentbehrlich. Aus ihnen gewinnt man besonders feine, aromatische Öle, die dann als Basis für Saucen und Marinaden dienen. Die Früchte selbst liebt man, etwa pikant eingelegt, zum Aperitif.

In großer Auswahl werden fertig hergestellte Tapas in Gläsern oder lose auf den Märkten in Spanien angeboten. Eine Vielfalt, die inspiriert.

Marinierte Paprikaschoten, »Pimentos en adobo«, sind viel mehr als nur Tapas – sie schmecken (wie viele andere Tapas auch) hervorragend als Beilage zu gegrilltem Fleisch oder Fisch.

Langusten und andere Meerestiere finden in der spanischen Küche vielseitige Verwendung. Natürlich auch als kleine Vorspeise bzw. Zwischenmahlzeit.

Sushi-Vielfalt

Reishäppchen aus Japan

Fisch und Reis sind seit jeher die stärksten Eckpfeiler japanischer Kochkunst. Und Sushi – sie werden definiert als »Gesäuerter Reis mit Fisch und Meeresfrüchten« – sind genau nichts weiter als die Kombination dieser beiden Grundzutaten. Es gibt unzählige Variationen von Sushi in Japan. Am bekanntesten sind in Europa die Nigiri-Sushi, die handgeformten Häppchen, und die Nori-Maki-Sushi, mit Hilfe einer Bambusmatte in Nori-Blätter gerollter Sushi-Reis mit Fisch oder Ähnlichem. Alle Zutaten und Geräte, die man für die Zubereitung von Sushi benötigt, erhält man im Asienladen.

Spezieller Reis

Grundlegende Zutat für alle Arten von Sushi ist ein spezieller japanischer Rundkornreis. Italienische oder andere Rundkornreissorten eignen sich in diesem Fall nicht. Mancher »Itamae« – das ist ein Meister der Sushi-Zubereitung – lässt sich gar eine individuelle Sushi-Reis-Mischung von seinem Reishändler zusammenstellen – aus frischem und länger gelagertem und daher trockenerem Reis, um ein optimales Ergebnis zu erzielen. Doch das sind schon die höheren Sushi-Weihen.

Das Vermengen des gekochten Reises mit einem Gemisch aus japanischem hellem Reisessig, Salz und Zucker, je nach Sushi-Art und persönlichem Geschmack in unterschiedlichen Anteilen, ist für die Zubereitung von Sushi ein Muss. Nach der Überlieferung rührt die Essigzugabe im Reis daher, dass in früheren Zeiten roher Fisch zum Aufbewahren in gekochtem, mit Essig beträufeltem Reis gelagert wurde – so hielt er sich besser. Und in Notzeiten wurde der saure Reis dann einfach mitgegessen.

Nigiri-Sushi: Die Auflage in die linke, die nussgroße Reisportion in die rechte Hand nehmen.

Etwas Wasabi (japanischen Meerrettich) auf der Auflage verteilen, den Reis dabei in der rechten Hand halten.

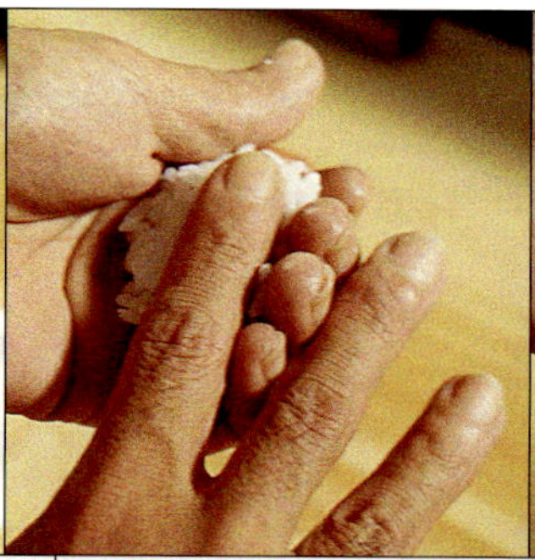

Reis drauflegen, mit dem rechten Zeigefinger gegen die Auflage drücken. Mit links an den Seiten zusammendrücken.

Die Enden des Sushis mit Daumen und Zeigefinger etwas abrunden, die Finger dabei wiederholt anfeuchten.

Das Sushi umdrehen – die Auflage zeigt jetzt nach oben – und mit Sojasauce, Wasabi und Gari servieren.

Sushi-Vielfalt

Im Lauf der Zeit entwickelten sich die unterschiedlichsten Arten von Sushi, gerollt oder bepackt, mit Fischauflage, Seafood oder einer Gemüsefüllung. Bei den Maki-Sushi wird der Reis eng in Noriblätter gerollt und umschließt dabei eine würzige Füllung. Und »Nigiri-Sushi« sind längliche, von Hand geformte Reisklößchen mit einer Auflage aus rohem oder mariniertem Fisch.

Spezielle Zutaten und Geräte: Zu sämtlichen Sushi-Variationen gehören unbedingt dunkle Sojasauce als Dip und Wasabi, japanischer grüner Meerrettich, sowie dünne Scheibchen eingelegter Ingwer. Um die Sojasauce zum Hineintunken der Sushi noch etwas milder zu machen, kann man sie im Verhältnis 10:1 mit Wasser vermischen, einmal aufkochen und abkühlen lassen. Zusätzlich garniert werden die Sushi kaum, aber desto stilvoller arrangiert. Das passende Getränk zu diesem japanischen Snack ist natürlich ebenfalls japanisch: grüner Tee.

Genau wie die speziellen Zutaten erhält man auch spezielle Gerätschaften zur Zubereitung der Sushi im Asienladen: Fächer, Bambusrollmatten und Körbchen.

Grundrezept für Sushi-Reis

300 g japanischer Rundkornreis

360 ml Wasser, 4 EL Reisessig (Mirin)

1 1/2 TL Zucker, 1 1/2 TL Salz

1. Reis in einem Sieb unter fließendem Wasser waschen, bis das Wasser klar abläuft. 1 Stunde abtropfen lassen. Wasser und Reis im geschlossenen Topf zum Kochen bringen. Hitze reduzieren, Deckel auflegen, Reis bei geringer Hitze 15 Minuten garen. Vom Herd nehmen, 2 Lagen Küchenpapier zwischen Topf und Deckel klemmen und den Reis noch 10 bis 15 Minuten stehen lassen.

2. Inzwischen Essig, Zucker und Salz verrühren und leicht erwärmen, bis sich der Zucker gelöst hat. Reis in ein flaches hölzernes Gefäß füllen. Nach und nach mit einem Holzspatel die Essigmischung unterarbeiten, dabei nicht rühren, sondern wie mit einem Pflug abwechselnd nach rechts und links »einschneiden«. Bis zur Verwendung mit einem feuchten Tuch abdecken.

Maki-Sushi: Noriblatt auf die Matte legen, Reis draufgeben, Füllung in die Mitte legen.

Etwas gekochten Reis auf dem freien Rand als »Klebstoff« zerdrücken. Noriblatt mit der Bambusmatte aufrollen.

Gleichmäßig bis zum oberen Rand weiterrollen. Die Bambusmatte herausziehen und die Rolle auf den »Klebestreifen« drücken.

Die Rolle in die Bambusmatte wickeln, gleichmäßig auf vier Seiten flach drücken, so wird sie leicht rechteckig.

Die Matte entfernen. Die Rolle mit einem scharfen Messer in 4 bis 6 Stücke schneiden.

Fische und Co. optimal garen

Einkauf und Garmethoden

Frische und beste Qualität sind für die gute Fisch- und Meeresfrüchteküche ebenso Voraussetzung wie das Wissen um die richtigen Handgriffe bei der Zubereitung der empfindlichen Produkte. Das fängt beim Einkauf an und hört beim Garen auf. Es gilt, Haut, Augen, Flossen und Geruch beim Kauf und vor der Verarbeitung kritisch zu prüfen. Das fachgerechte Ausnehmen sowie das Zerlegen, Schuppen und Filetieren frischer Fische ist für die Zubereitung von großer Bedeutung, müssen doch die unterschiedlichen Arten wie Aal, Rundfisch oder Plattfisch je nach ihren speziellen Anforderungen unterschiedlich behandelt werden. Auch Hummer, Langusten, Krebse, Garnelen, Austern, Muscheln und Schnecken verlangen nach der für sie optimalen Garmethode.

Pochieren: beste Garmethode für ganze Fische mit Haut. Pochieren bedeutet langsames Garziehen in viel Flüssigkeit (Fischfond, Court- bouillon oder Salzwasser) bei Temperaturen unterhalb des Siedepunktes. Salz ist wichtig, damit Fische und Meeresfrüchte nicht auslaugen. Um den Garpunkt genau abzupassen, gilt die Faustregel: Kleine Fische in heiße, große in kalte Flüssigkeit setzen und diese langsam bei geringer Hitze erwärmen, nie kochen.

Kochen: Dies ist die Garmethode, die am häufigsten bei Meeresfrüchten angewendet wird, weil Fisch so gut wie nie richtig kochen darf, sondern nur gar ziehen. Ob im Salzwasser oder in einer Court-bouillon (gewürzter Sud), darin werden alle Krustentiere, vom Hummer bis zu den Garnelen, und alle Schaltiere (Muscheln und Schnecken) gegart.

Dünsten: bedeutet das Garen im eigenen Saft, meist unter Zugabe von wenig Fett und Flüssigkeit, bei mäßiger Temperatur. Hier wirkt die Hitze gleich von zwei Seiten: Von unten gart der Fisch in dem sich bildenden Fond, und von oben kommt der Dampf, der sich in dem geschlossenen Topf bildet. Das Ergebnis ist zarter, aromatischer Fisch.

Dämpfen: Geeignet für ganze Fische, die weniger als 1 kg wiegen, und für Fischfilets, wenn ihr purer Geschmack erhalten bleiben soll. Die Chinesen haben diese Methode perfektioniert: Ihr einfacher, aber genialer Dämpftopf besteht aus einzelnen Bambuskörben, in denen, übereinander gestapelt, mehrere Fische gleichzeitig garen. Bei uns kann ein Siebeinsatz, der in einen Topf mit siedendem Wasser eingehängt wird, als Dämpftopf dienen.

Schmoren: Eine Kombination aus Braten und Dünsten. Die Fischstücke (selten Meeresfrüchte) werden zuerst rundum angebraten. Dann erst wird die Flüssigkeit zugegossen und alles im geschlossenen oder offenen Topf geschmort. Der Schmorfond ist die Basis für die Sauce. Zum Schmoren eignen sich Fische mit festem Fleisch oder solche mit hohem Fettgehalt.

Braten in der Pfanne: Zum Braten eignen sich Fische, die nicht mehr als 400 g auf die Waage bringen. Beim Braten treffen zwei Gegensätze aufeinander: das empfindliche Produkt Fisch einerseits und die starke Hitze in der Pfanne andererseits. Doch diese Garmethode bekommt dem Fisch sehr gut – vorausgesetzt, man versteht es, den Fisch genau auf den Punkt zu garen. Durch die starke Hitze schließen sich die Poren des Fischs, und unter der schützenden Kruste bleibt das Fleisch schön saftig.

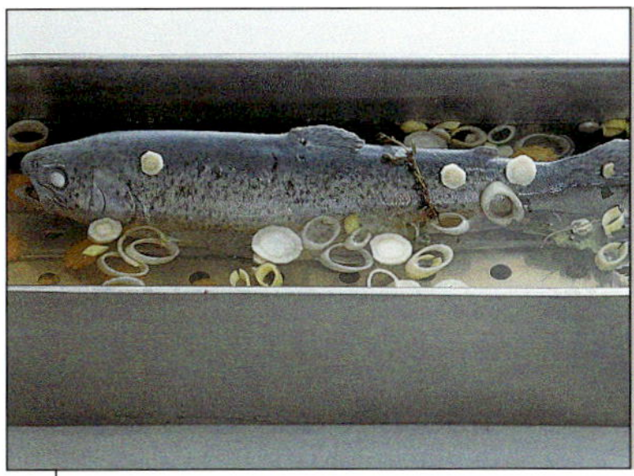

Pochieren: Das langsame Garen unter dem Siedepunkt ist die beste Garmethode für ganze Fische mit Haut.

Kochen: Garen in reichlich kochender Flüssigkeit bietet sich am häufigsten für die Zubereitung von Meeresfrüchten an.

Dünsten: Das Garen im eigenen Saft, meist unter Zugabe von wenig Fett und Flüssigkeit, ist eine sehr schonende Garmethode.

Dämpfen: eine ideale Garmethode für ganze Fische oder Fischstücke, die weniger als 1 kg wiegen.

Schmoren: Die Kombination aus Braten und Dünsten ist besonders geeignet für fette und festfleischige Fische.

Braten in der Pfanne: Zum Braten eignen sich alle Fische, die nicht mehr als 400 g auf die Waage bringen.

Aus dem Ofen: Garmethode, die für ganze Fische, Filets und Scheiben geeignet ist. Das Aroma entfaltet sich besonders gut.

Grillen: Die älteste Garmethode ist auch für Fische eine gute Möglichkeit. Egal, ob auf dem Holzkohlen- oder Elektrogrill.

Frittieren: Nur mit einer schützenden Hülle sollten Fisch und Meeresfrüchte frittiert werden, damit sie innen saftig bleiben.

Aus dem Ofen: Eine Garmethode, die für ganze Fische, Filets und Scheiben geeignet ist. Sie müssen durch Abdecken oder Beschöpfen mit Flüssigkeit vor der direkten Strahlungshitze geschützt werden.

In Papier oder Folie: Das Einhüllen in Papier oder in Folie schafft ideale Bedingungen, damit der Fisch im eigenen Saft garen kann. Das Aroma bleibt dabei voll erhalten. Ebenso verhält es sich beim Garen unter einer Salzkruste. Wenn der Fisch in Teig gewickelt wird, dann ist auch noch die Hülle essbar.

Grillen: Ob über Holzkohle oder unter dem Elektrogrill, durch die starke Strahlungshitze gerinnt das Eiweiß in den äußeren Schichten und bildet einen Schutz, unter dem Saft, Aroma und Nährstoffe eingeschlossen bleiben. Voraussetzung ist jedoch, dass der Grill voll erhitzt ist, bevor der Fisch darauf platziert wird.

Frittieren: Nur mit einer schützenden Hülle sollten Fisch und Meeresfrüchte frittiert werden, damit sich schnell eine Kruste bildet, die das Fleisch saftig hält. Die Backtemperatur liegt zwischen 160 und 180 °C. Große Fischstücke sollten bei niedrigerer Temperatur gegart werden, kleinere bei hoher.

Das wichtigste Zubehör für die Zubereitung von Fingerfood: Mini-Muffinform (**1**), Sushimatte (**2**), Souffléformen (**3**), Quicheformen (**4**), Ausstechformen (**5**), Kugelausstecher (**6**), Zestenreißer (**7**) sowie Metall- und Holzspießchen (**8**), um Käsewürfel, Gemüsestücke oder Fleischbällchen zu kombinieren oder auf einem Untergrund zu fixieren. Unverzichtbar sind auch kleine Backförmchen für Tortelettes, Petits fours und Brioches (**9**). Gebackene Unterlagen lassen sich entweder fertig kaufen und belegen, wie etwa Cracker (**10**) oder Minizwieback (**11**), oder aber im Voraus herstellen und – tiefgekühlt – aufbewahren, so etwa die Filoteigschälchen (**12**), die Mürbteig-Minitorteletts (**13**) oder auch die Minipastetenförmchen aus Blätterteig (**14**).

Fingerfood gut vorbereiten

Fingerfood liegt im Trend: Die kleinen Leckereien, die man einfach so aus der Hand isst, dürfen bei keinem Empfang, bei keiner Vernissage mehr fehlen. Aber auch zu Hause sind sie der Renner auf jeder Party, zumal sie, optisch attraktiv garniert und arrangiert, schon beim Hinsehen Appetit machen. Genau überlegen sollte man sich allerdings, was man seinen Gästen servieren will. Weniger problematisch ist die Vorbereitung kalter Köstlichkeiten, diese müssen vor dem Servieren zuweilen nur noch entsprechend gekühlt werden. Anders sieht's dagegen aus, wenn man warme Leckerbissen – frisch aus dem Topf, aus dem Ofen oder vom Grill – reichen will. Denn diese sollten dann auch wirklich warm serviert werden, was ein gewisses Maß an Planung und entweder schnelles Servieren oder ausreichende Warmhaltemöglichkeiten erfordert. Die süßen Kleinigkeiten sind in dieser Hinsicht wiederum weniger schwierig, da sie sich in aller Regel gut einige Stunden im Voraus herstellen lassen. Zum Servieren von Fingerfood gibt es mehrere Möglichkeiten: Man richtet die Häppchen entweder auf einem Buffet – und dann auf Platten oder Tellern – an, oder aber man macht immer wieder mit schön arrangierten Tabletts die Runde.

Die Garnitur ist das A und O, denn das Auge isst mit. Dies gilt für Fingerfood ganz besonders, sollen die leckeren Häppchen doch auch optisch eine gute Figur machen. Für eine wirkungsvolle Garnitur braucht es häufig nicht viel: Oft reichen schon ein Zweiglein glatte Petersilie, in lange Stücke geschnittene Schnittlauchhalme oder ein paar Oliven, Kapernfrüchte und Cocktailtomaten, um Farbtupfer auf Schnittchen und Canapés zu zaubern. Und ein Löffelchen Kaviar oder ein halbiertes Wachtelei bringt noch das gewisse Etwas.

Zutaten

Was die Zutaten für die kleinen Köstlichkeiten anbelangt – so gilt hier wie eigentlich für alle Gerichte: Qualität und Frische sind oberstes Gebot! Vor allem bei Fisch und Meeresfrüchten dürfen keinerlei Kompromisse eingegangen werden. Ist ein erforderliches Produkt nicht in der gewünschten Qualität erhältlich, so ersetzt man es am besten durch ein anderes (frisches), hier sind Kreativität und Fantasie gefragt! Übrigens: Manchmal ist tiefgekühlte Ware eine bessere Lösung als vermeintlich frische. Sie hat darüber hinaus den Vorteil, dass man Tiefgekühltes schon lange vorher einkaufen und anschließend bis zur Verwendung im Tiefkühlgerät aufbewahren kann.

Formen

Damit die kleinen Leckerbissen mit den Fingern verzehrt werden können, sollten sie die richtige Größe haben. Mundgerechte Häppchen kann man durch Zerteilen größerer Einheiten erhalten. Besonders attraktiv sind jedoch Häppchen, die gleich in Portionsgröße zubereitet werden, etwa kleine gefüllte Torteletts oder Schälchen. Hat man einmal die entsprechenden Formen (siehe im Bild links), ist dies kein Problem. Wem das Selberbacken zu aufwändig ist, der kann auf im Handel erhältliche »Unterlagen« wie Cracker, Minizwieback oder Pumpernickeltaler ausweichen.

Italienische Antipasti

Köstliche Vorspeisen wie in der Vitrine beim »Italiener« können mit Hilfe der im folgenden Kapitel beschriebenen Originalrezepte leicht selbst zubereitet werden: Probieren Sie Antipasti von Bruschette über Crostini und Caprese bis hin zu in Essig und Öl mariniertem Gemüse.

Brot mit Öl und Aroma

Wenn Brot und Öl aufeinander treffen und mit Knoblauch und Tomaten, Oliven oder Kräutern aromatisiert werden, entstehen köstlichste Verbindungen. Das beweisen viele Vorspeisen mit Brot, die in Italien eine ganze Gruppe unter den Antipasti ausmachen. Eines haben sie fast alle gemeinsam: einen pikanten Belag auf krosser Unterlage. Eigentlich werden die Brotscheiben über einer Holzkohleglut geröstet, ersatzweise können sie aber auch im Ofen oder im Toaster gebräunt werden. Als Auflage kommen bei der rustikalen »bruschetta« neben Öl die unterschiedlichsten Produkte in Frage: Oliven, Ricotta, Gemüse oder auch Kräuter. In der Toskana nennt man diese ursprünglich aus Rom stammende, heute in ganz Mittelitalien verbreitete Vorspeise »fettunta« und isst sie entweder nur mit bestem Olivenöl beträufelt oder mit einer würzig-aromatischen Kräuter-Knoblauch-Mischung bestrichen.

Bruschette mit Tomaten

400 g Tomatenfruchtfleisch
2 Knoblauchzehen, geschält
1 Bund Basilikum
Salz
frisch gemahlener schwarzer Pfeffer
2 bis 3 EL natives Olivenöl extra
12 Scheiben italienisches Weißbrot, etwa aus der Toskana

1. Das Tomatenfruchtfleisch klein würfeln. Den Knoblauch schälen und fein hacken. Vom Basilikum die Blätter abzupfen, einige beiseite legen und die übrigen in Streifen schneiden.

2. Alles mit Salz, Pfeffer und Olivenöl mischen. Die Brotscheiben bei 250 °C im vorgeheizten Ofen etwa 4 Minuten rösten.

3. Die Brotscheiben aus dem Ofen nehmen und die Tomatenmischung darauf verteilen. Zum Schluss mit Basilikum garnieren und die Bruschette sofort servieren.

Variante: Wer den Geschmack von Kapern liebt, fügt noch 2 TL der würzigen Knospen in Salz hinzu, allerdings klein gehackt. In diesem Fall mit dem Salz aufpassen.

Salsa al dragoncello

50 g Weißbrot, in dünnen Scheiben
1/8 l natives Olivenöl extra
3 Knoblauchzehen
2 EL gehackter Estragon
2 EL Rotweinessig
1 TL Aceto balsamico
Salz, frisch gemahlener Pfeffer

1. Das Brot in ein Gefäß legen und mit dem Olivenöl übergießen. Den Knoblauch schälen, fein hacken, mit dem Estragon vermischen und über das Brot streuen.

2. Das Gefäß mit Folie verschließen und alles 1 bis 2 Stunden durchziehen lassen. Mit Essig, Salz und Pfeffer würzen, mit dem Mixstab pürieren und die Sauce bei Bedarf mit Fleischbrühe oder Fischfond verdünnen.

Variante: Diese würzige Sauce mit Estragon passt gut zu Fisch oder gekochtem Fleisch, etwa »bollito misto«. Wer mag, kann die Brotscheiben auch unpüriert mit dem Olivenöl und der Kräutermischung als Antipasto servieren.

Bruschette mit Tomaten – statt den gehackten Knoblauch mit den Tomaten zu vermischen, kann man das frisch geröstete Brot auch mit einer halben Knoblauchzehe einreiben und dann die Tomatenwürfelchen darauf verteilen.

Crostini mit Käse, Milz- und Olivenpaste

Die Milz mit einem Messer an der schmalen Seite einschneiden, ohne die untere Haut zu durchtrennen.

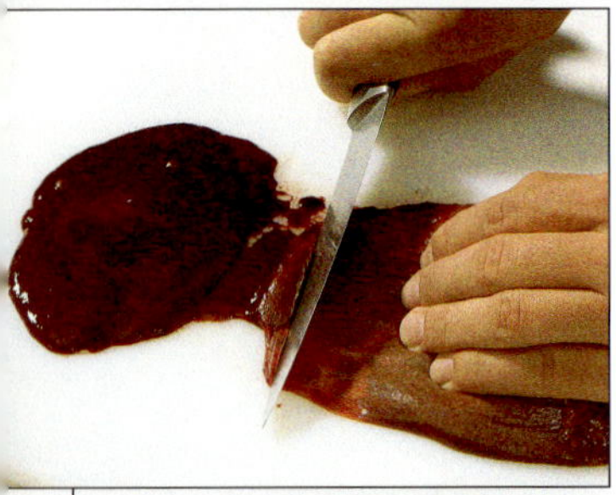

Die weiche Milzmasse mit der stumpfen Seite der Messerklinge vorsichtig aus der Haut schieben.

Grundlage für die feinen toskanischen Brothäppchen ist italienisches Weißbrot, das möglichst kein Salz enthält – Kapern, Sardellen und Oliven sind meist salzig genug. Die Brotscheiben röstet man im Toaster oder 4 Minuten im 250 °C heißen Ofen.

Crostini mit Milzpaste

300 g Kalbsmilz, 90 g weiße Zwiebeln

70 g Möhre, 1 Knoblauchzehe, 60 g Stangensellerie

5 EL Olivenöl, Salz, frisch gemahlener Pfeffer

1/8 l Weißwein

20 g Kapern, 3 Sardellenfilets, beides in Salz eingelegt

3 EL gehackte Kräuter (Petersilie, Salbei, Rosmarin)

Außerdem:

8 Sardellenfilets

8 Scheiben geröstetes Weißbrot

1. Die Milz vorbereiten, wie in den Bildern links gezeigt. Zwiebeln, Möhre und Knoblauch schälen. Sellerie putzen, eventuell vorhandene Fäden abziehen. Alles Gemüse feinst würfeln.

2. Olivenöl erhitzen und das Gemüse darin unter Rühren anschwitzen. Die Milzmasse zufügen, salzen, pfeffern und bei reduzierter Hitze unter ständigem Rühren 10 Minuten braten. Den Wein angießen und alles 10 bis 15 Minuten weiterköcheln lassen.

3. Inzwischen Kapern und Sardellen unter fließendem kaltem Wasser abspülen, dann abtropfen lassen. Beides unter die Milzmasse mischen und 2 bis 3 Minuten weiterköcheln lassen, bis sich die Sardellenfilets aufgelöst haben. Die Kräuter einrühren und die Masse mit Salz und Pfeffer abschmecken. Die Milzmasse auf den gerösteten Brotscheiben verteilen und mit je einem abgespülten Sardellenfilet garnieren.

Crostini mit Ziegenkäse und Gurke

200 g Salatgurke

1 TL Weißweinessig, frisch gemahlener Pfeffer

Salz, 2 EL Sonnenblumenöl

250 g italienischer Ziegenfrischkäse

2 EL Olivenöl

1 EL Schnittlauchröllchen

Außerdem:

8 Scheiben geröstetes Weißbrot, Schnittlauchspitzen

1. Die Salatgurke schälen, längs halbieren, die Kerne entfernen und die Gurke sehr fein würfeln. Essig, Pfeffer, Salz und Sonnenblumenöl zu einer Vinaigrette verrühren.

2. Die Gurke untermischen und 15 Minuten marinieren, dann in ein Sieb schütten und gut abtropfen lassen. Inzwischen den Ziegenkäse mit Olivenöl und Schnittlauch in einer Schüssel gut verrühren, salzen und pfeffern.

3. Den Käse auf den Brotscheiben verteilen, mit den marinierten Gurkenwürfeln bestreuen und mit Schnittlauchspitzen garnieren.

Crostini mit Olivenpaste

250 g schwarze Oliven

10 g Kapern, in Salz eingelegt

2 Sardellenfilets, in Salz eingelegt

1 roter Peperoncino

1/2 TL grob geschnittene Oreganoblättchen

60 ml Olivenöl

frisch gemahlener schwarzer Pfeffer

Salz nach Belieben

Außerdem:

8 Scheiben geröstetes Weißbrot

1. Die Oliven abtropfen lassen und entsteinen. Die Kapern und die Sardellen unter kaltem Wasser abspülen und abtropfen lassen.

2. Peperoncino halbieren, Samen und Scheidewände entfernen. Oliven, Kapern, Sardellen, Peperoncino und Oregano im Mixer fein pürieren, dabei das Öl in dünnem Strahl zugießen.

3. Alles so lange mixen, bis eine streichfähige Masse entsteht. Würzen und auf die Brotscheiben streichen.

Crostini mit Geflügelleber gehören zu den Klassikern unter den toskanischen Brotvorspeisen. Große, fleischige grüne oder schwarze Oliven bilden die ideale Ergänzung dazu.

Noch mehr Crostini

Paprika-Tunfisch-Crostini

2 rote Paprikaschoten

60 g Frühlingszwiebeln

1 Dose Tunfisch im eigenen Saft (185 g Abtropfgewicht)

2 TL Kapern

3 TL Zitronensaft

2 EL Olivenöl

Salz, frisch gemahlener schwarzer Pfeffer

Cayennepfeffer

Außerdem:

16 dünne Scheiben Baguette

1. Paprikaschoten bei 220 °C im vorgeheizten Ofen backen, bis die Haut Blasen wirft. Herausnehmen, unter ein feuchtes Tuch oder in eine Plastiktüte legen und »schwitzen« lassen. Die Schoten häuten, halbieren, Stielansätze, Samen und Scheidewände entfernen und das Fruchtfleisch in feine Würfel schneiden.

2. Frühlingszwiebeln waschen, putzen und fein hacken. Den Tunfisch abtropfen lassen und mit einer Gabel zerpflücken. Die Kapern abtropfen lassen und grob hacken. Paprika, Frühlingszwiebeln, Tunfisch, Kapern, Zitronensaft und Öl miteinander vermischen. Mit Salz, Pfeffer und Cayennepfeffer pikant würzen.

3. Die Brotscheiben im Toaster oder bei 220 °C im vorgeheizten Ofen rösten. Die Tunfischmischung darauf verteilen, sofort servieren.

Variante: Die Crostini kann man auch warm servieren. Dafür jeweils noch eine Scheibe Mozzarella auf die Tunfisch-Paprika-Mischung legen und alles unter dem vorgeheizten Grill wie beschrieben überbacken.

Crostini mit Geflügelleber

Für die Lebermischung:

200 g Zwiebeln

16 EL Olivenöl

450 g Hühnerlebern

3 Tomaten

5 hart gekochte Eier

Salz, frisch gemahlener weißer Pfeffer

Außerdem:

1 hart gekochtes Ei

25 dünne Scheiben Baguette

gehackte Petersilie zum Bestreuen

1. Die Zwiebeln schälen und würfeln. 5 EL Olivenöl in einer Pfanne erhitzen, die Zwiebeln darin goldbraun braten, dann herausnehmen und auf Küchenpapier abtropfen lassen. Die Pfanne säubern.

2. Die Hühnerlebern unter fließendem kaltem Wasser waschen, dann trockentupfen und von allen Äderchen und Häutchen befreien. Die Lebern klein hacken. Weitere 5 EL Öl in der Pfanne erhitzen und die Lebern darin braten. Auf Küchenpapier abtropfen lassen.

3. Die Tomaten blanchieren, häuten, halbieren, Stielansätze und Samen entfernen und das Fruchtfleisch sehr klein würfeln. Die Eier schälen und hacken.

4. Die gehackte Leber, Zwiebeln, Tomaten und Eier gründlich miteinander mischen, salzen und pfeffern. Die restlichen 6 EL Olivenöl unter die Lebermasse rühren. Das hart gekochte Ei hacken. Die Brotscheiben goldbraun toasten und die Lebermischung darauf verteilen. Mit gehacktem Ei sowie Petersilie garnieren und servieren.

Bei den Paprika-Tunfisch-Crostini sorgen Kapern, Zitronensaft und ein Hauch Cayennepfeffer für eine angenehm pikante Note.

Marinierte Paprika und Peperoni

Das Rösten über der Flamme ist die einfachste Methode, die Haut von Paprikaschoten zu entfernen. Die Schoten werden langsam über der Flamme gedreht, bis die Haut überall schwarze Blasen wirft. Dann lässt man die Schoten in einer Plastiktüte »schwitzen« und reibt die verbrannte Haut unter fließendem kaltem Wasser ab.

»Peperoni« ist die italienische Bezeichnung für Gemüsepaprika, im Gegensatz zu »Peperoncini«, dem Gewürzpaprika oder Chili. Marinierte »Peperoni« oder Paprikaschoten passen zu vielen Gerichten und können auch als Snack serviert werden. Die Schoten werden gehäutet, bevor man sie serviert. Die gebräuchlichste Methode ist das Rösten, das ihnen das gewünschte Aroma verleiht und sie gleichzeitig gart. Die effektivste Variante dieser Methode ist das links oben abgebildete Rösten über der Flamme. Eine weitere ist das Braten im Ofen. Diese in der Bildfolge rechts beschriebene Methode ist weniger zeitaufwändig, wenn eine größere Menge von Schoten, egal welcher Größe und Form, vorbereitet werden soll. Große, dickwandige Paprikaschoten können in rohem Zustand auch mit dem Sparschäler von der Haut befreit werden.

Paprika mit Knoblauch

rote, grüne und gelbe Paprikaschoten (etwa 300 g)

1 bis 2 Knoblauchzehen

1 kleines Bund Thymian

20 ml Aceto balsamico

80 ml natives Olivenöl extra

Salz, frisch gemahlener Pfeffer

1. Die Paprikaschoten vorbereiten, wie in der Stepfolge auf Seite 49 beschrieben. Die Schotenhälften in große Stücke schneiden und in eine flache Schüssel legen.

2. Den Knoblauch schälen und in Scheiben schneiden, mit dem abgezupften Thymian, Essig, Öl, Salz und Pfeffer vermischen.

3. Die zerkleinerten Paprikaschoten mit der Knoblauchmischung übergießen und mindestens 30 Minuten ziehen lassen.

Peperoni in Öl

500 g frische Peperoni

2 Knoblauchzehen, geschält, in Scheiben geschnitten, 1 Rosmarinzweig

20 ml Aceto balsamico

1 TL Salz

60 ml natives Olivenöl extra

1. Zuerst die Peperoni häuten. Große Peperoni können auf dieselbe Weise gehäutet werden wie Gemüsepaprika (siehe rechts). Kleine Schoten in einer auf mittlere Temperatur erhitzten Pfanne rösten. Die Peperoni dabei wenden, bis sie mit braunen Bläschen überzogen sind, rasch in einem Frischhaltebeutel verschließen und 10 Minuten »schwitzen« lassen.

2. Die verkohlte Haut unter fließendem Wasser abreiben. Den Stiel zusammen mit einem kleinen Teil des Stielansatzes entfernen und die Schoten mit einem scharfen Messer längs, zur Spitze hin, aufschlitzen. Samen und Scheidewände herausschaben, noch vorhandene Samen unter fließendem Wasser entfernen.

3. Die Peperoni 2 bis 3 Stunden in leicht gesalzenes Wasser legen, gut abtropfen lassen, mit den restlichen Zutaten in eine Schüssel geben und über Nacht im Kühlschrank ziehen lassen.

Braten im Ofen: Die Paprikaschoten bei 220 °C im vorgeheizten Ofen backen, bis die Haut Blasen wirft und bräunt bzw. teilweise geschwärzt ist.

Die gebackenen Schoten in einer Plastiktüte oder unter einem Tuch mindestens 10 Minuten »schwitzen« lassen, anschließend die Haut von oben nach unten abziehen.

Die Früchte der Länge nach halbieren. Dabei aufpassen, dass das weiche Fruchtfleisch nicht zerdrückt wird. Stielansätze, Samen und Scheidewände entfernen.

Bohnen und Artischocken

Unter den Antipasti sind auch jene mit Gemüse eine Familie für sich. Mehr oder minder aufwändig wird es marktfrisch verarbeitet. Die einfachste Variante ist – wie schon beim Brot – die Kombination nur mit Olivenöl, »pinzimonio« genannt. Ein gutes Olivenöl ist auch beim marinierten Gemüse unerlässlich, zumal es nicht allein Geschmack bringt, sondern aufgrund seiner Zusammensetzung auch noch besonders gesund und leicht verdaulich ist. Es ist der hohe Anteil an einfach ungesättigten Fettsäuren (Ölsäure), der, gerade in Kombination mit Vitaminen, eine positive Wirkung auf den gesamten Stoffwechsel hat und unter anderem der Entstehung von Herz-Kreislauf-Erkrankungen vorbeugt.

Artischocken mit Tomaten

6 Artischocken mit Stiel (je etwa 180 g), Saft von 1/2 Zitrone

40 g Schalotten

60 ml natives Olivenöl extra

1/8 l Weißwein, je 1 Zweig Thymian und Rosmarin, 1 Lorbeerblatt

1 1/2 Knoblauchzehen, geschält

Salz, 5 weiße Pfefferkörner

2 EL Rotweinessig

1 TL Thymianblättchen

frisch gemahlener Pfeffer

300 g klein gewürfelte Tomaten

1. Zuerst die Artischocken vorbereiten, wie auf Seite 64 gezeigt. Die geputzten Artischocken längs halbieren, vom Heu befreien und mit Zitronensaft bepinseln. Die Schalotten schälen und fein würfeln.

2. In einem großen Topf 1 EL Öl erhitzen. Die Schalotten darin hell anschwitzen, mit dem Wein und 1 EL Zitronensaft ablöschen. 1,5 l Wasser zugießen, die Kräuterzweige und das Lorbeerblatt einlegen. Die halbe Knoblauchzehe, Salz und Pfefferkörner zufügen, alles zum Kochen bringen.

3. Die Artischockenhälften einlegen und in 10 bis 15 Minuten nicht zu weich garen, sie sollen noch Biss haben. Essig, 1 EL des Kochsuds, Thymianblättchen, Salz und Pfeffer vermischen. Die übrige Knoblauchzehe würfeln und mit dem restlichen Öl unterrühren.

4. Die abgetropften Artischockenhälften und die Tomaten in einer Form mit der Sauce übergießen und vor dem Servieren mindestens 1/2 Stunde ziehen lassen.

Bohnensalat mit Rosmarin

300 g getrocknete weiße Bohnenkerne, etwa Cannellini

Salz

1 TL rote und grüne Peperoncinistreifen, ohne Samen

1 TL fein geschnittene Rosmarinnadeln

30 ml Rotweinessig

frisch gemahlener weißer Pfeffer

1 Messerspitze sehr fein gehackter Knoblauch

80 ml natives Olivenöl extra

1. Die Bohnen über Nacht in kaltem Wasser einweichen, dann abgießen. In einem Topf mit frischem Wasser bedecken und das Wassser zum Kochen bringen.

2. Die Bohnen bei reduzierter Hitze in 1 knappen Stunde weich köcheln. Wenn sie fast fertig sind, leicht salzen. Abgießen, abtropfen lassen und in einer Schüssel mit Peperoncini und Rosmarin vermengen.

3. In einer kleinen Schüssel Essig, Salz, Pfeffer und Knoblauch mischen, das Öl mit dem Schneebesen einrühren und diese Sauce über die Bohnen gießen. Vor dem Servieren 1 Stunde durchziehen lassen.

Beim Pinzimonio werden Streifen von rohem Gemüse wie beispielsweise Fenchel, Stangensellerie, Möhren, Paprika, Chicorée und anderen Sorten in fruchtiges Olivenöl getaucht.

Salami ist in zahlreichen Varianten fester Bestandteil vieler Regionalküchen Italiens. Die Hartwurst wird häufig aus Schweinefleisch hergestellt und zu verschiedenen Mahlzeiten gereicht, überwiegend aber als Vorspeise zusammen mit anderen kalten Köstlichkeiten.

Vorspeisen mit Gemüse und Salami

Die Kunst der Zubereitung von Vorspeisen hat zweifellos zum Ruhm der italienischen Köchinnen und Köche beigetragen: In den Restaurants werden Antipasti einladend in Vitrinen präsentiert, auf Bestellung angerichtet und serviert. In den heimischen Küchen werden sie sorgfältig auf Tellern und Platten arrangiert. Sie sollen nicht sättigen, sondern den Appetit anregen und die Vorfreude auf das Menü steigern. Darum empfiehlt es sich, die Portionen nicht allzu großzügig zu bemessen. Dazu passt am besten italienisches Weißbrot.

Marinierte Zucchini

1 Stück rote Paprikaschote (nach Belieben)

1 Knoblauchzehe

200 g Zucchini

10 g Butter, Salz

frisch gemahlener Pfeffer

5 Minzeblätter, in Streifen

1/8 l natives Olivenöl extra

1. Das Stück Paprikaschote klein würfeln. Knoblauch schälen und sehr fein hacken. Die Zucchini von Stiel- und Blütenansatz befreien, mit dem Buntschneidemesser in 3 bis 4 mm dicke Scheiben schneiden. Die Butter zerlassen und die Zucchinischeiben darin kurz anbraten.

2. Die gebratenen Zucchinischeiben in einer flachen Form mit den Paprikawürfelchen mischen, salzen und pfeffern. Mit Knoblauch und Minzestreifen bestreuen, mit dem Öl begießen.

Marinierte Pilze

100 g kleine Champignons

10 g Butter

Außerdem:

500 g Tomaten

1 Knoblauchzehe

Salami und Artischockenherzen nach Belieben

schwarze Oliven nach Belieben

1. Die Champignons putzen, die Stiele etwas kürzen. Die Butter zerlassen und die Pilze darin anbraten, etwas salzen, abkühlen lassen und zu den Paprika mit Knoblauch (Seite 48) geben.

2. Die Tomaten waschen, vom Stielansatz befreien und in dickere Scheiben schneiden. 4 bis 5 Vorspeisenteller leicht mit einer angeschnittenen Knoblauchzehe ausreiben.

3. Von den marinierten Gemüsesorten etwas auf den Tellern anrichten. Die Tomatenscheiben und in Scheiben geschnittene Salami ebenfalls darauf anrichten. Anschließend die Tomaten und, falls gewünscht, die Artischocken nach Belieben mit der Paprikamarinade beträufeln. Die Oliven auf die Portionen verteilen.

Ein kräftiger italienischer Rotwein, beispielsweise ein Valtellina, ist zwar ein ungewöhnlicher, aber empfehlenswerter Begleiter zu den gemischten Vorspeisen. Der Wein wird im Veltlin aus der Nebbiolo-Traube (hier heißt sie Chiavennasca) gekeltert. Der Riserva reift 6 bis 7 Jahre im Holz, bevor man ihn auf Flaschen zieht.

Schalotten in Rotwein

Durch das Schmoren im Rotwein werden die Schalotten besonders mild – vom Zwiebelgeschmack bleibt nur noch ein Hauch zurück. Für diese feine Vorspeise sind Schalotten bester Qualität nötig. Sie dürfen auf keinen Fall eingeschrumpft sein und auch keine grünen Teile aufweisen. Sie sollten darüber hinaus möglichst gleich groß sein, damit sie auch gleichzeitig gar werden. Und wenn die aromatischen Schalotten wirklich unvergleichlich gut schmecken sollen, dann ist die Verwendung eines Weines von hervorragender Qualität unerlässlich.

Rotwein-Schalotten

400 g Schalotten, möglichst gleich groß

2 Thymianzweige

80 g Butter

1/4 l Geflügelfond (selbst gemacht oder aus dem Glas)

2 TL Zucker

1/2 l Rotwein

1/2 TL Salz

frisch gemahlener Pfeffer

Außerdem:

1 unbehandelte Zitrone

1/4 l Wasser

1 EL Zucker

Salbeiblättchen

1. Die Schalotten schälen. Die Thymianzweige waschen und trockenschütteln. Die Hälfte der Butter in einer entsprechend großen Kasserolle zerlassen und die Schalotten darin goldgelb anbraten. Den Fond aufgießen, den Zucker einstreuen und den Thymian einlegen.

2. Die Flüssigkeit bei starker Hitze kochen, bis sie vollständig verdampft ist. Den Rotwein angießen und auf etwa 1/4 einkochen lassen. Die Schalotten sollen weich sein.

3. Die Kasserolle vom Herd nehmen, die restliche Butter in Flöckchen zugeben und schmelzen lassen, die Schalotten darin wenden. Salzen und pfeffern.

4. Für die Garnitur Zesten aus der Zitronenschale schneiden. Dafür die Schale in Streifen abschälen und die innere weiße Haut ganz vorsichtig entfernen. Dafür die Schale mit der Außenhaut nach unten auf eine Arbeitsfläche legen und mit einem scharfen kleinen Messer das Weiße abschneiden. Die gesäuberte Schale in hauchdünne Streifen schneiden.

5. Das Wasser in einer kleinen Kasserolle mit dem Zucker aufkochen und die Zitronenzesten darin kurz blanchieren, sie sollen gerade weich werden. Die Schalotten auf Teller anrichten, mit den Zitronenzesten und den Salbeiblättchen garnieren und sofort servieren.

Die Rotwein-Schalotten sind als Beilage für feine Fleischgerichte gedacht, können aber auch als Zwischengericht serviert werden.

Eigentlich sind es zwei Gerichte, die »fagioli al fiasco« und die »peperoni alle acciughe«. Sie können natürlich auch getrennt voneinander serviert werden.

Bohnen aus der Chianti-Flasche

Aus der Toskana stammt das Rezept, bei dem die Bohnen in mehreren Stunden gar ziehen. Früher ließ man in kalten Winternächten das Feuer im Kamin nie ganz ausgehen und nutzte die Asche, um die Bohnen in der bauchigen, für das renommierte Anbaugebiet Chianti so typischen Flasche zu garen. Und wenn hier die Rede von Peperoni ist, dann sind nicht etwa die kleinen, scharfen Paprikaschoten gemeint, sondern die großen Gemüsepaprika, die in Italien Peperoni genannt werden.

Weiße Bohnen mit Peperoni

Für die Bohnen:

400 g weiße Bohnen, 3 Knoblauchzehen

2 bis 3 Salbeiblätter, 1 l lauwarme Fleischbrühe

4 EL Olivenöl, frisch gemahlener weißer Pfeffer

Für die Peperoni:

400 g Paprikaschoten, rot und gelb gemischt

100 g Tomaten, 2 Knoblauchzehen

4 gesalzene Sardellen (Acciughe), 4 EL Olivenöl

4 EL Fleischbrühe, Salz, frisch gemahlener Pfeffer

Außerdem:

1 leere Chianti-Flasche von 1 l Inhalt

je 2 bis 3 Salbei- und Basilikumblätter, gehackt

1. Die Bohnen über Nacht in kaltem Wasser einweichen lassen, dann abgießen und in die saubere Flasche füllen. Den Knoblauch schälen und mit den Salbeiblättern zugeben. Die Brühe aufgießen. Die Flaschenöffnung mit einem sauberen Leinentuch verschließen.

2. Einen großen Topf mit Wasser füllen und die Flasche hineinstellen, sie sollte etwa zu 3/4 ihrer Höhe im Wasser stehen. Langsam aufkochen, die Hitze reduzieren und die Bohnen gerade am Siedepunkt in 2 1/2 bis 3 Stunden garen. Die Flasche herausnehmen und langsam auskühlen lassen. Die Brühe abgießen, Salbeiblätter und Knoblauch entfernen. Das Öl zugießen, leicht pfeffern und vorsichtig schütteln.

3. Paprikaschoten häuten. Dafür die Schoten bei 220 °C im vorgeheizten Ofen backen, bis die Haut »Blasen wirft«. Dann unter ein feuchtes Tuch oder in eine Plastiktüte legen und »schwitzen« lassen, die Haut abziehen. Die Schoten in breite Streifen schneiden, Samen und Scheidewände entfernen.

4. Die Tomaten blanchieren, häuten und halbieren. Den Stielansatz und die Samen entfernen und das Fruchtfleisch würfeln. Den Knoblauch schälen und in hauchdünne Scheibchen schneiden. Die Sardellen grob teilen.

5. Das Öl erhitzen, Knoblauch und Sardellen kurz darin anschwitzen, die Tomaten 2 Minuten mitdünsten und die Paprika zugeben. Brühe aufgießen, salzen und pfeffern. Das Gemüse dünsten, bis die Paprika weich sind, das dauert 8 bis 10 Minuten. Mit den Bohnen auf Tellern anrichten und mit den Kräutern bestreuen.

→ Tipp

Die weißen Bohnen mit Salbei können auch im Topf zubereitet werden. Dafür müssen die eingeweichten Bohnen allerdings zuerst 1 1/2 Stunden bei schwacher Hitze vorgaren. Dann erst mit den anderen Zutaten in einem Topf mischen und alles zusammen noch 1 weitere Stunde garen.

Tomaten mit dreierlei Käse

Gorgonzola, Mozzarella di bufala und Parmesan bilden das Käse-Trio in diesem Tomaten-Käse-Salat.

»Insalata Caprese«, also Tomaten mit Mozzarella, Basilikumblättern und Olivenöl, ist für manchen der italienische Salat schlechthin. In diesem Rezept ist er zusätzlich mit Zwiebeln, Oliven und zwei weiteren Käsesorten angereichert, was seine Zubereitung nur unwesentlich aufwändiger macht. Die Qualität der Zutaten ist allerdings von höchster Bedeutung. Nur vollreife Tomaten, aromatisches Basilikum und feinstes kaltgepresstes Olivenöl kommen für einen solchen Salat in Frage. Was den Käse anbelangt, so sollte es unbedingt »Mozzarella di bufala«, also Mozzarella aus Büffel- und nicht aus Kuhmilch, sein. Und beim Gorgonzola gibt man am besten einem würzigen »piccante« den Vorzug: »Gorgonzola dolce« wäre zu mild und zu weich. Für den Parmesan gilt: Frisch muss er sein, darf also keine weißen Kristalle aufweisen, und er wird vom Stück über den Salat gehobelt!

Insalata Caprese mit Zwiebeln und Oliven

600 g Tomaten
100 g weiße Zwiebeln
40 g schwarze Oliven
einige Blättchen Basilikum
Salz
grob zerstoßener schwarzer Pfeffer
Büffelmozzarella
Gorgonzola piccante
frisch gehobelter Parmesan
4 bis 5 EL natives Olivenöl extra

1. Die Tomaten waschen, die Stielansätze entfernen und die Früchte in etwa 4 mm dicke Scheiben schneiden. Die Zwiebeln schälen und in feine Ringe schneiden.

2. Die Tomatenscheiben auf Tellern anrichten, und mit den Zwiebelringen, den Oliven und den Basilikumblättern belegen. Die Tomaten mit Salz und Pfeffer bestreuen.

3. Den Büffelmozzarella und den Gorgonzola in Scheiben schneiden, zwischen den Tomatenscheiben verteilen.

4. Den gehobelten Parmesan nach Belieben darüber streuen und alles mit dem Olivenöl beträufeln. Sofort mit frischem Weißbrot und einem Glas Rotwein als Vorspeise servieren.

Tomaten und frisches Basilikum – beide sonnenverwöhnt – sind an Aroma kaum zu übertreffen. Sie sind Ausgangsbasis für viele italienische Gerichte, frisch, als mediterraner Salat, schmecken sie jedoch zweifellos am besten.

Gebratener Radicchio mit Kaninchen & Pancetta

Der zu den Zichoriengewächsen zählende Radicchio wird oft roh als Salat serviert. Mit seinem leicht bitteren Aroma eignet er sich jedoch fast besser zum Schmoren oder Braten. Für die folgenden Rezepte empfehlen sich runde Sorten wie der Radicchio aus Castelfranco, Radicchio di Chioggia oder Rossa di Verona. Was den Essig anbelangt, so sollte man sich für einen Aceto balsamico entscheiden, der schon einige Jahre gereift ist, mindestens aber 3 Jahre Reifezeit hinter sich hat, da er mit zunehmendem Alter immer besser wird. Zwar hat er dann auch einen entsprechenden Preis, doch zu billigeren Sorten sollte man nicht greifen: Bei ihnen handelt es sich um mit Zuckercouleur gefärbte Produkte ohne Aroma.

Kaninchenfilet mit Radicchio

Für 2 Portionen
2 Köpfe Radicchio (je etwa 80 g)
2 Filets vom Kaninchenrücken (je etwa 100 g)
Salz, frisch gemahlener Pfeffer
30 g Butter, 3 EL Olivenöl
1 Prise Zucker
2 EL Aceto balsamico
Außerdem:
1 TL gehackte Kräuter (Petersilie, Thymian), 20 g Parmesan

1. Den Radicchio putzen und die beiden Köpfe längs halbieren. Die Kaninchenfilets parieren, das heißt von allen Häuten und Sehnen befreien, salzen und pfeffern. Die Butter in einer kleinen Pfanne zerlassen.

2. In einer zweiten, entsprechend großen und feuerfesten Pfanne das Olivenöl erhitzen und die Kaninchenfilets darin rundum kurz anbraten. Die Radicchiohälften mit der Schnittfläche nach unten einlegen, mit der zerlassenen Butter übergießen. Den Radicchio leicht salzen, pfeffern und mit Zucker bestreuen. Weiterverfahren, wie rechts gezeigt.

3. Die Pfanne sofort mit Alufolie abdecken und in den auf 180 °C vorgeheizten Ofen stellen. Die Kaninchenfilets und die Radicchiohälften darin noch 4 Minuten weitergaren. Beides aus der Pfanne nehmen. Die Kaninchenfilets schräg in Scheiben schneiden.

4. Je 2 Radicchiohälften auf vorgewärmten Tellern anrichten und die Filetscheiben daneben legen. Mit dem Bratsatz beträufeln und mit den Kräutern bestreuen. Den Parmesan über den Radicchio hobeln und alles sofort servieren.

Radicchio alla pancetta

100 g Pancetta
1 Zwiebel (80 g)
1 kg rundköpfiger Radicchio
2 EL Olivenöl
Salz, frisch gemahlener Pfeffer

1. Die Pancetta in dünne Streifen schneiden. Die Zwiebel schälen und in Ringe schneiden. Den Radicchio putzen, die Wurzel entfernen und den Kopf in Achtel teilen.

2. In einer entsprechend großen Pfanne das Öl bei niedriger Temperatur erhitzen und die Pancettastreifen sowie die Zwiebelringe darin 15 Minuten unter ständigem Rühren braten. Die Radicchioachtel einlegen, mit Salz und Pfeffer würzen und bei geringer Hitze 5 Minuten garen, dabei vorsichtig wenden.

3. Den Radicchio aus der Pfanne nehmen und mit Speck und Zwiebeln auf vorgewärmten Tellern anrichten. Sofort mit frischem italienischem Weißbrot servieren.

Kaninchenfilet und Radicchiohälften mit Aceto balsamico ablöschen.

Nach dem Anbraten kommt das Gericht noch für 4 Minuten in den heißen Ofen.

Die Mascarpone-Rosetten werden mit frisch zerstoßenem rotem Pfeffer bestreut. Dieser ist eingelegt oder gefriergetrocknet im Handel erhältlich.

Prosciutto mit Feigen

Die Fleischtrocknereien der norditalienischen Stadt San Daniele, nach welcher der »Prosciutto di San Daniele« benannt ist, unterliegen strengen Auflagen. Die Schweinekeulen, die sie verarbeiten, müssen mindestens 10 kg schwer sein und aus italienischen Landwirtschaftsbetrieben stammen. Außerdem müssen sie mehrfach gesalzen, massiert, gepresst und 12 bis 14 Monate in luftigen Trockenhäusern gelagert werden, um zur vollen Reife zu gelangen. Der San Daniele mit seiner zarten Konsistenz und dem würzigen, leicht süßlichen Geschmack ist dem berühmteren Parmaschinken durchaus ebenbürtig. In hauchdünne Scheiben geschnitten, harmoniert er perfekt mit den süßen Feigen und ihrer sahnigen Füllung.

San Daniele mit Mascarpone-Feigen

4 frische vollreife Feigen

150 g San-Daniele-Schinken

1 TL gestoßener roter Pfeffer

Für die Füllung:

120 g Mascarpone

Salz

frisch gemahlener weißer Pfeffer

etwas abgeriebene Schale von 1 unbehandelten Zitrone

3 EL Sahne, steif geschlagen

Außerdem:

Minzeblättchen zum Garnieren

1. Für die Füllung den Mascarpone in einer Schüssel mit den Gewürzen glatt rühren, die geschlagene Sahne vorsichtig unterziehen.

2. Die Stiele der Feigen etwas kürzen und die Blütenansätze entfernen. Anschließend die Feigen quer halbieren.

3. Die Mascarponecreme in einen Spritzbeutel mit Sterntülle Nr. 10 füllen und Rosetten auf den unteren Teil der Feigen spritzen. Die Mascarponerosetten mit dem gestoßenen roten Pfeffer bestreuen und die Feigendeckel jeweils daraufsetzen.

4. Den luftgetrockneten Schinken in hauchdünne Scheiben schneiden und auf Tellern anrichten. Jeweils eine gefüllte Feige daneben setzen und mit Minzeblättchen garnieren.

→ Tipp

Nicht überall wird der italienische Frischkäse Mascarpone im Kühlregal angeboten. Deswegen muss man auf die cremigen Rosetten keineswegs verzichten. Die Füllung für die Feigen kann im Notfall auch auf der Basis einer Mischung aus Quark oder herkömmlichem Frischkäse und steif geschlagener Sahne zubereitet werden.

Blattspitzen mit einer Schere stutzen, die Spitze der Blüte abschneiden.

Verschnürte Artischocken in kochendem Zitronenwasser 10 Minuten garen.

Mit einem Deckel unter dem Sud halten. So verfärbt sich das Gemüse nicht.

Artischocken kopfüber abtropfen lassen. Blütenblätter aus der Mitte rausdrehen.

Mit einem Kugelausstecher das »Heu« vom Artischockenboden heben.

Artischocken auf römische Art

Eine solche oder ähnliche Füllung ist sowohl in anderen Regionen Italiens, aber auch in der Provence und auf dem Balkan bekannt. Dabei sind die Brotbrösel gar nicht das Wichtigste, sondern Knoblauch, viel Öl und Kräuter, die letztlich in Kombination mit den Bitterstoffen der Artischocke den ganz besonderen Geschmack ausmachen. Großköpfige Artischocken eignen sich für diese Zubereitung zwar am besten, aber auch die mittelgroßen Exemplare, die 200 bis 300 g wiegen, lassen sich gut füllen, allerdings mit etwas mehr Mühe.

Carciofi alla romana

4 Artischocken (je 400 bis 500 g)

Saft von 2 Zitronen

Für die Füllung:

3 Knoblauchzehen

80 g Schalotten

9 EL Olivenöl

1 Bund Petersilie, gehackt

2 EL gehackte Pfefferminze

150 g Semmelbrösel

80 g schwarze Oliven, entsteint und grob gehackt

Salz

frisch gemahlener Pfeffer

Außerdem:

50 ml Olivenöl

150 ml Gemüsefond

1. Die trockenen Hüllblätter der Artischocken entfernen. Von allen anderen Blättern die stacheligen Spitzen mit einer Küchenschere und von jeder Artischocke die Spitze mit einem scharfen Messer abschneiden. Die Stiele bis auf 6 cm zurückschneiden und dünn abschälen.

2. Jede Artischocke sofort mit einem Küchengarn über Kreuz zusammenbinden und in eine Schüssel mit Wasser und dem Zitronensaft legen, damit sie sich nicht verfärbt. Die Artischocken kochen und zum Füllen vorbereiten, wie in der Bildfolge links beschrieben.

3. Inzwischen für die Füllung die Knoblauchzehen und die Schalotten schälen und sehr fein hacken. Das Öl in einer Pfanne erhitzen und darin die Knoblauch- und Schalottenwürfel hell anschwitzen. Die Petersilie, die Minze, die Semmelbrösel und die Oliven unterrühren, alles salzen und pfeffern.

4. Die Füllung vorsichtig in die Artischocken füllen und die Blätter wieder etwas zusammendrücken. Das Olivenöl in einem großen Topf erhitzen und die Artischocken dicht aneinander mit den Stielen nach oben hineinsetzen. So viel Fond dazugießen, dass sie zu 1/3 ihrer Höhe in der Flüssigkeit stehen.

5. Die Artischocken bei 180 °C im vorgeheizten Ofen in etwa 30 Minuten garen. Sollten die Stiele dabei zu dunkel werden, den Topf mit Alufolie abdecken. Zum Servieren die Artischocken der Länge nach halbieren und auf Teller anrichten.

Auch wenn dieses Gericht »Carciofi alla romana« heißt, Artischocken werden nicht nur in Rom mit einer würzigen Kräuterfüllung versehen, sondern sind in ganz Italien so zubereitet äußerst beliebt.

Servieren kann man die Fleischscheiben pur, nur mit der Tunfischsauce übergossen, oder aber – wie hier – garniert mit einigen Salatblättern und dünnen Zitronenscheiben.

Kalbfleisch mit Tunfischsauce

Die Idee, dünne Kalbfleischscheiben mit einer feinen Tunfisch-Kapern-Sauce zu überziehen, stammt ursprünglich aus Norditalien, genauer gesagt aus Mailand. Unzählige Rezepte beschreiben die Zubereitung: Meist legt man das Kalbfleisch in eine Weißweinmarinade, bevor es langsam darin gar zieht. Dieses Rezept hingegen sieht ein Braten des Fleischs im Ofen vor – eine Variante des Klassikers, die besonders viel Geschmack mitbringt und die Nachahmung lohnt. Und obwohl es ein typisches Sommergericht ist, kann man es durchaus auch »außerhalb der Saison« servieren, etwa mit dem hier vorgeschlagenen, eher winterlichen Salat.

Vitello tonnato

1 kg Kalbsnuss

Salz, frisch gemahlener Pfeffer

30 g Lauch, 50 g Möhre, 80 g Zwiebeln, 50 g Knollensellerie

3 EL Olivenöl, 1/4 l Kalbsfond

Für die Sauce:

150 g Tunfisch aus der Dose

2 Sardellenfilets in Salz

2 Eigelbe

30 g in Salz eingelegte Kapern

2 EL Weißweinessig

1 EL Zitronensaft, 1/8 l Olivenöl

Salz, frisch gemahlener Pfeffer

Für den Salat:

1/2 Bund Rucola, einige Blätter Friséesalat

1 kleiner Radicchio di Treviso

Für die Vinaigrette:

1 EL Weißweinessig

1 EL Aceto balsamico

Salz, frisch gemahlener Pfeffer

30 g fein gehackte weiße Zwiebel

1 EL gehackte glatte Petersilie

4 EL Olivenöl

Außerdem:

Alufolie, 1 unbehandelte Zitrone

1 EL in Salz eingelegte Kapern

1. Die Kalbsnuss parieren, das heißt Haut und Sehnen entfernen, dann salzen und pfeffern. Das Gemüse putzen beziehungsweise schälen und in grobe Würfel schneiden.

2. In einem Bräter das Öl erhitzen. Gemüse und Fleischabschnitte darin kurz anbraten. Kalbsnuss darauflegen und das Fleisch bei 180 °C im vorgeheizten Ofen 1 1/2 Stunden braten, dabei immer wieder mit Fond und Bratensaft übergießen.

3. Braten aus dem Ofen nehmen, in Alufolie wickeln, erkalten lassen. Bratenfond durch ein feines Sieb passieren, auf etwa 3 EL einkochen.

4. Den Tunfisch gut abtropfen lassen. Zusammen mit den Sardellen und den Eigelben in den Mixer geben. Kapern in ein Sieb schütten, das Salz abwaschen. Die gut abgetropften Kapern mit Essig und Zitronensaft ebenfalls in den Mixer geben, alles fein pürieren. Den kalten Bratenfond unterrühren, das Olivenöl in dünnem Strahl einlaufen lassen und untermixen. Mit Salz und Pfeffer würzen.

5. Den Salat putzen, waschen, in mundgerechte Stücke zupfen und trockenschleudern. Für die Vinaigrette beide Essigsorten, Salz und Pfeffer in einer Schüssel verrühren, Zwiebel und Petersilie untermischen und das Olivenöl einrühren.

6. Die Zitrone waschen, trockenreiben und in hauchdünne, das Kalbfleisch in etwa 4 mm dicke Scheiben schneiden. Das Fleisch mit den Zitronenscheiben und den Kapern auf Teller verteilen, mit der Tunfischsauce übergießen. Den Salat daneben anrichten, etwas Vinaigrette darüber träufeln. Die restliche Tunfischsauce separat dazu reichen.

Rohes Rinderfilet mit Basilikumsauce

Carpaccio vorbereiten: Filettranchen zwischen eingeölte Klarsichtfolien legen, dann hauchdünn plattieren.

Die Fleischscheiben auf Olivenöl und Gewürzen so anrichten, dass sie sich leicht überlappen.

Nicht umsonst hat dieser köstliche Antipasto aus hauchdünnen Scheiben rohen Fleischs oder Fischs Weltruhm erlangt. Für das vom Patron Guiseppe Cipriani ersonnene Original muss es jedoch ein ausgezeichnetes, gut abgehangenes Stück vom Rind sein, meist Filet, das dann zwischen Folie hauchdünn geklopft wird.

Carpaccio mit Basilikumsauce

200 g Rinderfilet

1 bis 2 EL natives Olivenöl extra

etwas Salz

frisch gemahlener weißer Pfeffer

Für die Basilikumsauce:

1 kleine Knoblauchzehe

1 kleines Bund Basilikum

1 EL Pinienkerne

1 EL frisch geriebener Parmesan

2 bis 3 EL natives Olivenöl extra

Außerdem:

50 g Kartoffel, gewürfelt

1 TL Butter

je 40 g rote, grüne und gelbe Paprikaschote

frische Kräuter (Basilikum, Sellerieblätter und Kerbel)

1. Das sorgfältig parierte Rinderfilet in etwa 1/2 cm dicke Scheiben schneiden. 4 Teller dünn mit Olivenöl ausstreichen, mit Salz und Pfeffer bestreuen. Die Filetscheiben plattieren und anrichten, wie oben links gezeigt.

2. Für die Sauce den Knoblauch schälen und die Basilikumblätter von den Stängeln zupfen. Die Basilikumblätter grob hacken. Mit den Pinienkernen und dem Knoblauch im Mörser zerstoßen. Den geriebenen Parmesan und das Olivenöl dazugeben und alles zu einer glatten Paste verrühren.

3. Die Kartoffelwürfel in Salzwasser blanchieren, dann mit einem Schaumlöffel herausheben und gut abtropfen lassen. Die Butter in einer Pfanne zerlassen und die Kartoffelwürfel darin goldbraun braten. Herausnehmen und auf Küchenpapier abtropfen lassen.

4. Die Paprikaschoten mit dem Kartoffelschäler schälen und halbieren. Die Stielansätze, die Samen sowie die Scheidewände aus den Schoten entfernen und das Fruchtfleisch in kleine Rauten schneiden.

5. Die vorbereiteten Fleischscheiben mit der Basilikumsauce beträufeln, dann mit den Kartoffelwürfeln und Paprikarauten bestreuen. Das Carpaccio mit den Kräutern garnieren und sofort servieren.

Rindfleischcarpaccio mit grüner Basilikumsauce, garniert mit feinsten Kartoffel- und Paprikastückchen, machen den beliebten Vorspeisenklassiker zu einem Blickfang auf dem Büffet oder der festlichen Tafel.

Frische Pilze und Kräuter: Im späten Sommer und frühen Herbst, wenn die samtigbraunen Steinpilze in bester Qualität, nämlich jung und festfleischig, auf dem Markt angeboten werden, ist die richtige Zeit für diese Delikatesse.

Kräuterflan mit Steinpilzen

Der zarte, sämige Auflauf mit reichlich Milch und Sahne ist eine Spezialität aus Norditalien. Vor allem im Piemont wird der luftige Kräuterflan gern zu gebratenen Steinpilzen gegessen – meist als kleine Vorspeise. Doch zusammen mit reichlich frischem Blattsalat kann der Eierstich durchaus auch als delikates Hauptgericht serviert werden.

Eierstich mit Kräutern und Steinpilzen

2 Lorbeerblätter, 1 Salbeiblatt

1 kleiner Rosmarinzweig

2 Stängel Petersilie

1/4 l Milch, 3/4 l Sahne

20 g Schalotte, 1/2 Knoblauchzehe

20 g Butter

1 gehäufter EL fein gehackte Kräuter (etwa Salbei, Rosmarin, Petersilie, Schnittlauch)

50 g frisch geriebener Parmigiano Reggiano

6 Eigelbe, 6 Eiweiße

Salz, frisch gemahlener weißer Pfeffer

1 Prise frisch geriebene Muskatnuss

Außerdem:

Butter für die Form

400 g frische Steinpilze, 50 g Butter

Salz, frisch gemahlener Pfeffer

1 Bund glattblättrige Petersilie, fein gehackt

1. Die Kräuter zu einem Kräutersträußchen binden. Die Milch und die Sahne aufkochen, das Sträußchen einlegen, die Mischung bei geringer Hitze auf die Hälfte reduzieren. Das Kräutersträußchen herausnehmen und die Sahnemilch etwas abkühlen lassen.

2. Die Schalotte und den Knoblauch schälen und sehr fein hacken. In einem kleinen Pfännchen die Butter zerlassen und Schalotten- und Knoblauchwürfel darin hell anschwitzen. Die gehackten Kräuter einstreuen und kurz mitschwitzen.

3. Die Kräutermischung in die Sahnemilch einrühren. Den geriebenen Parmesan und die Eigelbe unterrühren. Die Eiweiße mit Salz, Pfeffer und Muskatnuss steif schlagen und den Eischnee unter die Eigelbmasse heben. Eine rechteckige Auflaufform mit Butter ausfetten, die Masse einfüllen und bei 200 °C im vorgeheizten Ofen 35 bis 40 Minuten backen, bis die Oberfläche leicht gebräunt ist.

4. Inzwischen die Steinpilze sorgfältig putzen und nur wenn unbedingt nötig waschen. Die Stiele von den Hüten abtrennen und in dünne Scheiben schneiden, die Hüte in größere Stücke teilen. In einer Pfanne die Butter zerlassen und die Pilze darin 4 bis 5 Minuten anbraten. Mit Salz und Pfeffer würzen und die gehackte Petersilie einstreuen. Mit dem Eierstich auf vorgewärmten Tellern anrichten und servieren.

→ Tipp

Für eine einfachere Variante kann man auch 50 g getrocknete (eingeweichte) Steinpilze und 350 g frische Champignons verwenden.

Sardinen gehören zur Küche Italiens wie Pasta. Sie werden überall auf den Märkten angeboten.

Der Pecorino canestrato siciliano zeigt die Struktur des Korbes, ital. »canestra«, in dem der Bruch abtropft.

Sardinen sizilianische Art

Die Rivalität zwischen Palermo und Catania, die beide für sich in Anspruch nehmen, die Stadt der »echten« Sizilianer zu sein, schlägt sich auch in der Küche nieder. Jede Stadt hat ihre eigene Rezeptur für die gefüllten Sardinen. Die Unterschiede sind minimal, und die Sardinen sind, so oder so zubereitet, auf jeden Fall ein Gericht, das man ausprobieren sollte.

Gefüllte Sardinen

36 frische Sardinen

Für die Füllung:

1 Bund Petersilie

2 Knoblauchzehen

5 Eier

6 EL geriebener Pecorino oder Bergkäse

5 EL Semmelbrösel

Salz

Außerdem:

Butter für die Form

36 Lorbeerblätter

1 EL Semmelbrösel zum Bestreuen

Butterflöckchen zum Belegen

1. Die Sardinen mit einer kleinen Schere am Bauch aufschneiden, die Rückenseite bleibt zusammen. Die Fische ausnehmen, von den Gräten befreien, unter fließendem kaltem Wasser abspülen und gründlich trockentupfen. Die Köpfe, Schwänze und Rückenflossen abschneiden. Die Sardinen auf der Arbeitsfläche mit der Haut nach unten ausbreiten.

2. Die Petersilie waschen, trockenschleudern und fein hacken. Die Knoblauchzehen schälen und zerdrücken. Die Eier mit dem Käse, der Petersilie, den Knoblauchzehen und den Semmelbröseln gut vermischen und nach Bedarf salzen. Die Mischung auf die Sardinen verteilen und die Fische zusammenklappen.

3. Einen Bräter ausbuttern und die Sardinen nebeneinander hineinlegen. Dabei jeweils ein Lorbeerblatt dazwischenstecken. Die Fische mit Semmelbröseln bestreuen und mit Butterflöckchen besetzen. Bei 220 °C im vorgeheizten Ofen 15 bis 20 Minuten braten. Dazu passen knusprig geröstetes Weißbrot und Weißwein.

Für die Palermo-Variante: 120 g Semmelbrösel in etwas Öl anrösten und mit je 1 Hand voll Sultaninen, gehackten Pinienkernen und Petersilie sowie 100 g in Salz eingelegten Sardellen vermischen. Die Füllung in die Sardinen geben. Die Fischchen zusammenrollen, in die Form legen und jeweils ein Lorbeerblatt dazwischen stecken. 60 g Semmelbrösel mit 1 EL Zucker, dem Saft von 1 Zitrone sowie 1 EL Olivenöl vermischen und über die Sardinen verteilen.

Für die Catania-Variante: Die geöffneten Sardinen 1 Stunde in Essigwasser legen. Für die Füllung Semmelbrösel, geriebenen Pecorino, Knoblauch, gehackte Petersilie und 2 Eier miteinander vermischen. Die Hälfte der Sardinen damit bestreichen und jeweils mit einer zweiten Sardine bedecken. In mit Semmelbröseln verquirltem Ei wenden und in heißem Öl auf beiden Seiten braten.

Gefüllte Sardinen, im Ofen gebacken, sind ein Leibgericht der Sizilianer. Wichtigste Zutat sind fangfrische Sardinen, die es glücklicherweise nicht nur auf der süditalienischen Insel gibt.

Sardellen und Tintenfische in Teighülle

Frische Sardellen und kleine Tintenfische eignen sich für diese Garmethode besonders gut. Das können Kalmare, Sepia oder auch Kraken (Octopusse) sein, nur klein müssen sie sein, damit sie unter der Teighülle schnell gar werden. Diese Meeresfrüchte gibt es bei uns nicht alle Tage, und deshalb sollte man zugreifen, wenn sie frisch im Fachgeschäft angeboten werden. Das trifft ebenso für Sardellen zu, die im Binnenland noch bis vor kurzem nur als gesalzene Konserven mit einem typisch strengen Geschmack bekannt waren. Den haben auch frische Sardellen, weshalb sie sich gut zum Frittieren eignen.

Frittierte Sardellen und Tintenfische

400 g kleine Tintenfische, küchenfertig

500 g Sardellen

Salz, frisch gemahlener Pfeffer

Für die Tomatensauce:

400 g Tomaten, gehäutet

20 g Schalotte

1/2 Knoblauchzehe

1 Bund Basilikum

2 EL Olivenöl

Salz, frisch gemahlener Pfeffer

Außerdem:

80 g Mehl, 2 Eier, Fett zum Ausbacken, Basilikum

1. Für die Sauce von den Tomaten die Stielansätze und die Samen entfernen, das Fruchtfleisch würfeln. Die Schalotte und die Knoblauchzehe schälen und fein würfeln. Das Basilikum waschen, trockentupfen und in feine Streifen schneiden.

2. Das Öl erhitzen. Schalotten und Knoblauch zufügen und hell anschwitzen. Die Tomaten hineingeben und 3 Minuten mitdünsten. Alles salzen und pfeffern, dann die feinen Basilikumstreifen zugeben.

3. Die Tintenfische waschen, die kleinen Beutel von innen ausspülen und die Haut abziehen. Die Fangarme knapp über den Augen so vom Kopf abschneiden, dass sie durch einen kleinen Ring verbunden bleiben. Die Arme von unten greifen und die Kauwerkzeuge mit dem Zeigefinger herauslösen. Das transparente Fischbein entfernen. Die Beutel in Ringe schneiden.

4. Die Sardellen ausnehmen, unter fließendem kaltem Wasser waschen und zum Trocknen auf Küchenpapier legen. Sardellen und Tintenfische leicht salzen und pfeffern.

5. Das Mehl auf einen flachen Teller sieben. Die Eier in einem tiefen Teller verquirlen. Sardellen, Tintenfischringe und Fangarme im Mehl wenden und durch die Eier ziehen.

6. Das Fett auf 180 °C erhitzen und die Sardellen und die Tintenfischringe portionsweise darin frittieren. Herausnehmen, gut auf Küchenpapier abtropfen lassen, mit der Sauce anrichten und mit Basilikum garnieren.

Gut kombiniert sind frittierte Sardellen mit ihrem intensiven Geschmack und Tintenfische mit ihrer weichen Textur, die wenig Eigengeschmack, dafür aber viel »Biss« mitbringen. Zu diesem Gericht schmecken frisches, knuspriges Weißbrot und ein Glas Weißwein.

In die Kalbsbrust sollte man am besten schon vom Metzger eine Tasche schneiden lassen, das erspart Mühe, zudem ist dies für Ungeübte nicht ganz einfach.

Gefüllte Kalbsbrust

»Cima alla genovese« – eine Spezialität der Genueser Küche, hier serviert mit einer Basilikumsauce und Geleewürfeln.

Cima alla genovese

1 ausgelöste Kalbsbrust mit Tasche (etwa 1,2 kg)

Für die Füllung:

200 g Kalbsbries, Salz

60 g Weißbrot, lauwarme Milch

80 g Zwiebeln

1 Knoblauchzehe

300 g Erbsen in der Schote (ausgepalt etwa 100 g)

100 g Möhren, 30 g Butter

300 g Schweinefleisch aus der Oberschale

1 Ei, 1 TL gehackte Kräuter (Thymian, Majoran), Pfeffer

20 g frisch geriebener Parmesan

2 hart gekochte Eier, geschält und gehackt

Für die Brühe:

100 g Zwiebeln

80 g Stangensellerie

80 g Möhren, 50 g Lauch, 1 Lorbeerblatt

10 schwarze Pfefferkörner, Salz

Für das Gelee:

6 Blatt Gelatine

Salz, gemahlener weißer Pfeffer

Für die Basilikumsauce:

2 Knoblauchzehen, 10 g Pinienkerne, Salz

30 g frische Basilikumblätter

100 ml Olivenöl, Pfeffer

Außerdem:

1 quadratische Form von etwa 20 x 20 cm

1. Kalbsbries für die Füllung in kaltem Wasser etwa 2 Stunden wässern, Haut- und Blutreste gut entfernen. Das Bries in leicht kochendem Salzwasser 5 Minuten blanchieren. Herausnehmen, abtropfen lassen und 2 cm groß würfeln. Brot in etwas Milch einweichen, ausdrücken.

2. Die Zwiebeln und den Knoblauch schälen und sehr fein hacken. Erbsen auspalen, in kochendem Salzwasser 3 Minuten blanchieren, herausnehmen, kalt abschrecken und abtropfen lassen. Möhren schälen und 1/2 cm groß würfeln. Butter in einer Kasserolle zerlassen, Zwiebeln und Knoblauch darin farblos anschwitzen, Möhren bei reduzierter Hitze 5 Minuten mitschwitzen, Erbsen weitere 2 Minuten mitgaren, salzen, pfeffern, abkühlen lassen.

3. Das Fleisch zweimal durch die feine Scheibe des Fleischwolfs drehen. In einer Schüssel das Hackfleisch mit dem aufgeschlagenen Ei, Brot, Kräutern, Salz und Pfeffer sowie Parmesan, Kalbsbries, Gemüse und gehackten Eiern mischen.

4. Die Kalbsbrust mit der Masse füllen, dabei noch etwas Luft lassen. Die Öffnung zunähen und das Schweinefleisch außen mit Salz und Pfeffer kräftig würzen.

5. Das Gemüse für die Brühe schälen bzw. putzen und klein schneiden. Genügend Wasser in einem Topf erhitzen, um die Kalbsbrust damit zu bedecken. Gemüse und Gewürze zufügen, zum Kochen bringen und die Hitze reduzieren. Ein Baumwolltuch um die Kalbsbrust wickeln und zubinden.

6. Das Fleisch etwa 1 1/2 Stunden in der Brühe köcheln lassen, herausnehmen, auf eine Platte legen, mit Gewichten beschweren und über Nacht im Kühlschrank abkühlen lassen. 400 ml der Brühe abmessen und erkalten lassen, den Rest anderweitig verwenden.

7. Für das Gelee 6 Blatt Gelatine etwa 10 Minuten in kaltem Wasser einweichen. Die abgemessene, erkaltete und passierte Brühe in einen Topf gießen und erhitzen. Die eingeweichte Gelatine darin auflösen, mit Salz und Pfeffer würzen, in die Form gießen und im Kühlschrank erstarren lassen. Die Form kurz in heißes Wasser tauchen, stürzen und das Gelee 1 cm groß würfeln.

8. Für die Basilikumsauce die Knoblauchzehen schälen, zerkleinern, mit Pinienkernen und Salz im Mörser zerstoßen. Die Basilikumblätter waschen, trocknen, in Stücke schneiden und mit der Mischung zerreiben, bis eine cremige Masse entstanden ist. In eine Schüssel umfüllen und das Öl nach und nach unterrühren. Salzen und pfeffern.

9. Die gefüllte Kalbsbrust aus dem Kühlschrank nehmen und aus dem Tuch wickeln. In Scheiben schneiden, auf Tellern anrichten, mit Geleewürfeln und etwas Basilikumsauce servieren. Die restliche Sauce separat zum Fleisch reichen.

Das Kaninchen auf Blattsalaten ist eine elegante Vorspeise, deren geschmackliches Geheimnis auf einer zwei- bis dreitägigen Marinierzeit in aromatischem Olivenöl mit Kräutern beruht.

Kaninchen auf Blattsalaten

Diese feine Vorspeise mit zartem Kaninchenfleisch auf einem frischen, knackigen Salatbett braucht etwas Zeit, denn das Kaninchen muss ganze drei Tage in würzigem Olivenöl marinieren. Wer möchte, hobelt über das fertige Gericht noch ein paar Gramm Sommertrüffeln. Dazu passt ofenfrisches Weißbrot.

Kaninchen in Öl mariniert

Für 6 Portionen

1 küchenfertiges Kaninchen, etwa 1,5 kg

80 g Möhren, 80 g weiße Zwiebeln

50 g Petersilienwurzel, 80 g Lauch

50 g Stangensellerie, Salz

2 Lorbeerblätter, 5 Stängel Petersilie, 1 Zweig Rosmarin

2 Stängel Stangenselleriegrün

8 junge Knoblauchzehen

15 Salbeiblättchen

etwa 1/2 l natives Olivenöl extra

grobes Meersalz

10 zerstoßene schwarze Pfefferkörner

Für den Salat:

1/2 Kopf Radicchio, 1 Staude Chicorée

1 Hand voll Rucola, einige Novitablätter

Für die Vinaigrette:

1 TL Aceto Balsamico

2 EL Weißweinessig

frisch gemahlener Pfeffer, Salz

5 EL reduzierter Kaninchenfond

5 EL Olivenöl vom eingelegten Kaninchen

Außerdem:

60 bis 80 g gesäuberte Sommertrüffeln nach Belieben

1. Das Kaninchen in Keulen, Schultern und Rücken zerteilen, den Rücken quer halbieren. Das Gemüse putzen oder schälen und grob zerkleinern. Etwa 2 l Wasser in einem großen Topf aufkochen, salzen und das Gemüse darin 20 Minuten garen. Die Kaninchenteile einlegen, wie rechts gezeigt. Aufkochen, den aufsteigenden Schaum wiederholt abschöpfen, die Hitze reduzieren und das Fleisch 1 Stunde garen.

2. Den Topf vom Herd nehmen und das Kaninchen in der Brühe abkühlen lassen. Die Fleischteile herausnehmen, den Rücken auslösen, die Keulen halbieren und die Schultern ganz lassen. Die Brühe durch ein Sieb passieren, auf 100 ml reduzieren. Auskühlen lassen und bis zur weiteren Verwendung kühl stellen.

3. Knoblauchzehen schälen, längs halbieren, Salbeiblättchen waschen und abtropfen lassen. Weiterverfahren, wie rechts gezeigt. Die Form mit 1 bis 2 Tellern abdecken, mit Gewichten beschweren und 2 bis 3 Tage an einem kühlen Ort aufbewahren. Nicht im Kühlschrank, dort wird das Öl zu fest. Falls nötig etwas Öl nachgießen.

4. Zur Fertigstellung des Gerichts die Salate waschen, abtropfen lassen und in Stücke zerpflücken. Aus den angegebenen Zutaten eine Vinaigrette rühren. Das Kaninchenfleisch aus dem Öl heben, abtropfen lassen, von den Knochen lösen und in mundgerechte Stücke teilen. Den Salat mit dem Fleisch auf Tellern anrichten und mit der Vinaigrette beträufeln.

Kaninchen einlegen. Falls nötig Wasser zugießen, um das Fleisch zu bedecken. Salzen, Kräuter zugeben.

In eine Form die Hälfte vom Kaninchen, Knoblauch und Salbei einschichten, mit Öl begießen. Salzen, pfeffern.

Vorgang mit restlichen Zutaten wiederholen. Übriges Öl darüber gießen, bis alles knapp damit bedeckt ist.

Gefüllte Paprikaschoten

Häufig werden Paprikaschoten mit in Olivenöl getränktem Weißbrot gefüllt. Den geschmacklichen Kontrast bringen Sardellen, Tunfisch oder Oliven, ohne dass die Füllungen dadurch an Leichtigkeit verlieren.

Paprikaschoten mit Brotfüllung

4 rote Paprikaschoten

Für die Füllung:

2 altbackene Brötchen

100 ml Olivenöl

1 EL in Salz eingelegte Kapern

2 Knoblauchzehen

6 Sardellenfilets

2 EL Petersilie

1 EL Thymian

15 schwarze Oliven

Salz, frisch gemahlener weißer Pfeffer

Außerdem:

100 g geriebener Parmesan

1/8 l Fleischbrühe

1. Die Paprikaschoten wie unten links beschrieben zum Füllen vorbereiten. Brötchen ebenfalls nach Anleitung unten einweichen.

2. Für die Füllung Kapern, Knoblauchzehen und Sardellenfilets fein schneiden. Die Kräuter waschen, mit Küchenpapier abtrocknen und fein hacken. Oliven entsteinen und, wie unten gezeigt, die Füllung fertig stellen.

3. Die Paprikaschoten in die Form setzen, die Füllung auf die Schoten verteilen, mit Parmesan bestreuen, Deckel aufsetzen und die Brühe in die Form gießen. Im vorgeheizten Ofen bei 180 °C in etwa 40 Minuten garen.

Variante: In einem Menü lassen sich gefüllte Paprikaschoten ideal mit Reis als Beilage kombinieren. Sie sind vor allem in den südlichen Ländern Europas ein beliebtes Gericht für heiße Tage, da sie auch kalt gut schmecken.

Von den Paprikaschoten die Deckel abschneiden. Samen und Scheidewände entfernen und die Schoten waschen.

Die Kruste von den Brötchen abreiben, die Brötchen fein würfeln und in einer Schüssel mit 3 EL Olivenöl tränken.

Alle anderen Zutaten zu den Weißbrotwürfeln geben. Die Masse mit Salz und Pfeffer abschmecken.

Das restliche Olivenöl nach und nach unter die Füllung rühren. Gut vermengen, bis das Öl die Füllung bindet.

Die vorbereiteten Paprikaschoten in eine flache Form setzen und die Brotfüllung gleichmäßig auf die Schoten verteilen.

Parmesan aufstreuen und die Deckel aufsetzen. Die Fleischbrühe angießen und die Form in den Ofen schieben.

Brot mit Ricotta und Mangold

Ein wenig Arbeitsaufwand muss man schon auf sich nehmen, wenn man diese »Torta cappuccina«, zu deutsch Kapuzinertorte, backen möchte. Und genaues Arbeiten ist gefragt, denn die kleineren Teigfladen müssen gleich groß sein, damit die Ränder beim Aufeinanderschichten exakt abschließen. Aber die Mühe lohnt sich!

Torta cappucina

Für 2 Brote von 25 cm Durchmesser

750 g Weizenmehl (Type 405)
75 ml Olivenöl
1/2 TL Salz
frisch gemahlener Pfeffer

Für die Füllung:

1 kg Mangold, Salz
80 g Zwiebeln, 25 g Butter
frisch gemahlener Pfeffer
1 EL gehackter Oregano
400 g Ricotta, 1 Ei

Außerdem:

80 g zerlassene Butter
100 g frisch geriebener Parmesan
1/2 Eigelb, mit Wasser verquirlt

1. Für den Teig das Mehl in eine Schüssel sieben. Öl, etwa 1/4 l Wasser, Salz und Pfeffer zufügen, alles zu einem glatten Teig verkneten. Zudecken, etwa 20 Minuten ruhen lassen. Für die Füllung den Mangold von den Stielen befreien. Die Blätter unter kaltem Wasser waschen, in etwa 1 cm breite Streifen schneiden und in kochendem Salzwasser 2 bis 3 Minuten blanchieren. Stiele anderweitig verwenden.

2. Die Blätter mit einem Schaumlöffel herausheben, abtropfen und abkühlen lassen, gut ausdrücken. Zwiebeln schälen und fein hacken. Butter in einer Pfanne zerlassen und die Zwiebelwürfel darin hell anschwitzen. Mangoldstreifen 3 bis 4 Minuten mitschwitzen. Mit Salz, Pfeffer und Oregano würzen. Die Pfanne beiseite stellen und den Mangold abkühlen lassen.

3. Den Ricotta in einer Schüssel mit dem Ei glatt rühren, Mangold untermischen und die Füllung abschmecken. Teig nochmals kurz durchkneten, halbieren und die Hälften auf einer bemehlten Arbeitsfläche zu Rollen formen. Auf jeder Teigrolle 6 gleich große Stücke markieren. Weiterverfahren, wie in der Bildfolge unten gezeigt.

4. Ein Backblech etwas ölen. Das Brot mit den eingeschlagenen Teigrändern nach unten darauf legen. Oben mit Butter bestreichen und mit einer Gabel einstechen. Das zweite Brot genauso zubereiten. Die Brote bei 200 °C im vorgeheizten Ofen 20 bis 25 Minuten backen.

Nur 4 Teile von der Teigrolle abtrennen, das 5. bleibt doppelt. Alle Teigstücke zu Kugeln formen.

Die 4 kleinen Kugeln jeweils zu Fladen von 24 cm Durchmesser, die große Kugel zu einem Fladen von 35 cm Durchmesser ausrollen.

Zunächst einen kleinen Fladen mit zerlassener Butter bestreichen und dann mit frisch geriebenem Parmesan bestreuen.

Einen weiteren kleinen Fladen mit dem Rollholz aufnehmen und passgenau auf den vorbereiteten ersten Fladen legen.

Die Hälfte der Mangold-Ricotta-Füllung mit einer Palette auf dem zweiten Fladen verstreichen.

Den dritten Fladen auflegen, mit Butter bestreichen und mit Parmesan bestreuen. Mit dem vierten Fladen bedecken.

Den großen Fladen mit Butter bestreichen, dabei 3 cm Rand frei lassen. Mit Parmesan bestreuen, den Fladenstapel aufsetzen.

Den Rand mit Eigelb bestreichen und leicht gefaltet nach innen einschlagen, so dass die Füllung völlig eingeschlossen ist.

Spanische Tapas

Kleine Zwischengerichte für jede Gelegenheit nach spanischen Originalrezepten werden im folgenden Kapitel beschrieben. Tapas für zu Hause von Fleischbällchen in Tomatensauce bis zu Empanadillas, den knusprigen Blätterteigtaschen, die auf keinem spanischem Büfett fehlen dürfen.

Fleischbällchen in Tomatensauce

Es sind kleine, schmackhafte Gerichte wie diese Fleischbällchen, die als Appetithappen zu einem Glas Sherry oder Wein verzehrt werden. »Tapa« bedeutet auf spanisch »Deckel«, und als solche wurden die unter diesem Namen bekannten kleinen Brotscheiben ursprünglich auch verwendet. Sie deckten das Glas Wein oder Sherry ab und verhinderten so, dass sich Fliegen in das Getränk verirren konnten. Heute wird eine Vielzahl von kleinen herzhaften Gerichten unter diesem Begriff zusammengefasst.

Fleischbällchen

6 EL Olivenöl

80 g fein gehackte Zwiebeln

750 g Fleischtomaten

1 Lorbeerblatt

1/8 l Fleischbrühe

500 g Hackfleisch, halb Rind, halb Schwein

1 geschälte Knoblauchzehe

1 Bund glatte Petersilie, fein gehackt

2 Eier

3 EL Semmelbrösel

Salz, frisch gemahlener schwarzer Pfeffer

etwas Paprikapulver (Rosenpaprika)

1. Für die Tomatensauce 2 EL Olivenöl in einer Pfanne erhitzen und darin die Zwiebelwürfel bei schwacher Hitze anschwitzen. Die Tomaten blanchieren, häuten und entkernen, das Fruchtfleisch in kleine Würfel schneiden.

2. Die Tomatenwürfel zu den Zwiebeln in die Pfanne geben. Das Lorbeerblatt zufügen und die Brühe aufgießen. Langsam alles zum Kochen bringen und die Tomatensauce zugedeckt etwa 30 Minuten köcheln lassen.

3. Das gemischte Hackfleisch in eine Schüssel geben. Die Knoblauchzehe schälen und dazupressen. Die Hälfte der Petersilie mit den Eiern und den Semmelbröseln zufügen und alles gut vermengen. Den Fleischteig mit Salz, Pfeffer und Paprikapulver kräftig würzen.

4. Die Hände mit Wasser befeuchten und den Fleischteig zu kleinen Bällchen formen. Das restliche Olivenöl in einer zweiten Pfanne erhitzen und die Fleischbällchen darin bei mittlerer Hitze rundum braun braten.

5. Die Tomatensauce mit Salz, Pfeffer und Paprikapulver kräftig würzen und in einen Topf umfüllen. Die Fleischbällchen vorsichtig einlegen und 10 Minuten bei schwacher Hitze in der Sauce ziehen lassen. Das Gericht vor dem Servieren mit der restlichen Petersilie bestreuen.

→ Tipp

Die Fleischbällchen in Tomatensauce lassen sich einen Tag vorher sehr gut vorbereiten. Sie schmecken warm oder kalt, auf Zahnstocher gespießt und nochmals in der Tomatensauce gedreht. Auf dem Tapas-Büffet harmonieren sie gut mit Oliven und den scharfen Peperoni (Rezept Seite 89) sowie in Stücke geschnittenem frischen Brot. Dazu passt ein kühler spanischer Landwein, rot oder weiß.

Kurze Pause bei der Olivenernte. Die »Brotzeit« des katalanischen Bauern besteht zu einem beträchtlichen Teil ganz einfach aus Weißbrot und – natürlich feinstem Olivenöl.

Der bunte Paprikasalat ist leicht und bekömmlich, zudem erfrischend und vitaminreich – eine ideale Zwischenmahlzeit an heißen Tagen.

Paprikasalate

Gemüsetapas

Die beiden Paprikasalate sind besonders willkommen, wenn man nicht lange in der Küche stehen möchte. Sie lassen sich schnell und einfach zubereiten. Zudem sind sie im Sommer besonders erfrischend, weil sie gut gekühlt serviert werden.

Paprikasalat

150 g rote Spitzpaprika
150 g grüne Spitzpaprika
200 g Salatgurke
100 g Gemüsezwiebel
350 g Fleischtomaten
Für die Salatsauce:
2 Knoblauchzehen
3 EL Rotweinessig (6 % Säure)
Salz, frisch gemahlener schwarzer Pfeffer
5 EL Olivenöl
Außerdem:
Pfefferminzblättchen zum Garnieren

1. Die Paprikaschoten halbieren, Stielansätze, Samen und weiße Trennwände entfernen. Die Gurke waschen, die Gemüsezwiebel schälen. Das Gemüse in etwa 1/2 cm große Würfel schneiden. Die Tomaten blanchieren, häuten, vierteln. Stielansätze und Samen entfernen und das Fruchtfleisch ebenfalls 1/2 cm groß würfeln.

2. Für die Salatsauce die Knoblauchzehen schälen und sehr fein hacken. Den Essig, das Salz und den Pfeffer in einer kleinen Schüssel so lange verrühren, bis sich das Salz aufgelöst hat. Das Öl unterschlagen.

3. Die gewürfelten Gemüse mit der Salatsauce mischen. Zugedeckt im Kühlschrank 20 Minuten durchziehen lassen. Noch einmal durchmischen und nach Belieben mit Salz und Pfeffer abschmecken. Auf Tellern anrichten, mit Pfefferminzblättchen garnieren und servieren. Dazu schmeckt frisches Stangenweißbrot.

Variante: Wem der Sinn nach Meer steht, der kann diese Tapa mit Muscheln anreichern: 50 g gehackte Zwiebel und 1 gehackte Knoblauchzehe in 1 EL Olivenöl anschwitzen, 100 ml Wasser und 50 ml Weißwein zugießen, mit 4 weißen Pfefferkörnern und Salz würzen. 500 g geputzte Miesmuscheln darin garen, aus den Schalen lösen und unter den Salat mischen.

Peperonisalat

500 g mittelscharfe Peperoni
300 g Kirschtomaten
60 g Schalotten, 1 Knoblauchzehe
2 EL Zitronensaft
1/2 TL Salz
1/2 TL grob gemahlener weißer Pfeffer
80 ml Olivenöl

1. Peperoni in einer trockenen Pfanne braun rösten, zum »Schwitzen« in eine Plastiktüte geben, dann häuten. Die Schoten halbieren, von Samen und Scheidewänden befreien, waschen, abtropfen lassen und in eine Schüssel geben.

2. Die Tomaten kurz blanchieren und häuten. Die Früchte halbieren, entkernen und das Fruchtfleisch würfeln. Die Schalotten und die Knoblauchzehe schälen und fein schneiden. Tomaten, Schalotten und Knoblauch über die Peperoni in der Schüssel verteilen.

3. Alles mit Zitronensaft beträufeln, salzen und pfeffern, das Olivenöl darüber gießen. Den Peperonisalat zugedeckt mindestens 1 Stunde im Kühlschrank durchziehen lassen. Durchmischen und servieren.

→ Tipp

Gemüsesorten, die viel Wasser enthalten und besonders fruchtig schmecken, sind ideale Durstlöscher. Werden sie zusätzlich mit Essig und wertvollem Öl angemacht, wird der erfrischende Effekt noch erhöht – verbunden mit einem Extraplus für die Gesundheit.

Auberginen mit Paprika

Tomaten – gereift unter der heißen spanischen Sonne – bringen genau das richtige Aroma mit für die Marinade. Überreif sollten sie allerdings nicht sein, da dann die feinsäuerliche Komponente der Früchte fehlt.

»Escalivada« – Gegrilltes Gemüse, eingelegt in einer Marinade und kalt serviert – ist eine Spezialität aus Katalonien. Am besten schmeckt dieses Gericht, wenn das Gemüse über einer Holzkohleglut gegrillt wird. Daher stammt auch sein Name: »Escalivar«. Das ist Katalanisch und heißt auf Deutsch »über Kohle garen«.

Gegrillte Auberginen mit Paprika

300 g rote Spitzpaprika

300 g kleine Auberginen

Salz

150 g Zwiebeln

frisch gemahlener Pfeffer

Für die Marinade:

200 g Tomaten

2 Knoblauchzehen

40 g Frühlingszwiebel

Saft von 1/2 Zitrone

80 ml Olivenöl

2 EL gehackte Petersilie

Salz

frisch gemahlener Pfeffer

1. Die Paprikaschoten bei 220 °C im vorgeheizten Ofen backen, bis die Haut der Schoten Blasen wirft. Die Schoten aus dem Ofen nehmen und unter einem feuchten Tuch oder in einer Plastiktüte »schwitzen« lassen. Schoten von oben nach unten häuten und halbieren, Samen und Scheidewände entfernen.

2. Die Auberginen waschen, trockentupfen und von Blüten- und Stielansätzen befreien. Die Früchte längs in etwa 4 mm dicke Scheiben schneiden. Diese auf beiden Seiten salzen und 1/2 Stunde ruhen lassen.

3. Die ausgetretene Flüssigkeit von den Auberginenscheiben mit Küchenpapier abtupfen. Die Zwiebeln schälen und achteln. Die Paprika-, Auberginen- und Zwiebelstücke mit Salz und Pfeffer bestreuen.

4. Den Grill anheizen. Den gefetteten Rost etwa 20 cm über der Holzkohleglut anbringen. Das Gemüse darauf legen und etwa 2 Minuten grillen. Wenden, mit etwas Olivenöl beträufeln und das Gemüse weitere 2 Minuten grillen. In eine entsprechend große Form legen und abkühlen lassen.

5. Die Tomaten für die Marinade mit kochend heißem Wasser übergießen, kalt abschrecken, häuten und vierteln. Die Stielansätze und Samen entfernen und das Fruchtfleisch klein würfeln. Den Knoblauch schälen und fein hacken. Die Frühlingszwiebel putzen und in dünne Ringe schneiden. Zitronensaft und Olivenöl verrühren, Tomaten, Knoblauch, Frühlingszwiebel, Petersilie, Salz und Pfeffer zufügen und alles gut vermischen.

6. Das gegrillte Gemüse mit der Marinade übergießen, mit Folie bedecken und vor dem Servieren etwa 2 Stunden im Kühlschrank gut durchziehen lassen.

Zitronensaft und gutes Olivenöl sind die Basis der fruchtig-frischen Marinade, die das gegrillte Gemüse perfekt ergänzt. Dazu passt knuspriges Landbrot.

Frische Muscheln und sonnengereifte Tomaten bilden die Grundlage für diese beiden Tapas. Kommen noch aromatisches Olivenöl und Kräuter hinzu, entsteht eine perfekte Geschmackskreation.

Tapas mit Muscheln

Tapas werden aus Gemüse, Fleisch, Geflügel und natürlich auch aus Fisch und Meeresfrüchten zubereitet, wie die folgenden Rezepte zeigen. So lassen sich Menüs zusammenstellen, die das ganze kulinarische Spektrum Spaniens umfassen.

Schwertmuscheln in Weißwein

500 g Schwertmuscheln
20 g Schalotten
200 g Tomaten
2 EL Olivenöl
60 ml Weißwein
40 ml Fischfond (selbst gemacht oder aus dem Glas)
1 EL Sherryessig
Salz, frisch gemahlener Pfeffer
1 EL gehackte glatte Petersilie
1 TL Thymianblättchen

1. Die Muscheln unter fließendem kaltem Wasser säubern, dann abtropfen lassen. Die Schalotten schälen und fein hacken. Die Tomaten blanchieren und häuten, Stielansätze und Samen entfernen, das Fruchtfleisch würfeln.

2. Das Olivenöl in einer Pfanne erhitzen und die Muscheln darin gut anziehen lassen. Die Schalotten und die Tomaten anschwitzen. Mit dem Weißwein und dem Fischfond ablöschen und alles kurz aufkochen lassen.

3. Muscheln und Tomaten mit Sherryessig, etwas Salz und Pfeffer herzhaft abschmecken. Zum Schluss die gehackte Petersilie und die Thymianblättchen einstreuen.

Miesmuscheln in Sherry

500 g Miesmuscheln
100 g weiße Zwiebeln
300 g Tomaten
2 bis 3 Safranfäden
2 Knoblauchzehen
1 EL Olivenöl
100 ml Sherry amontillado
Salz, frisch gemahlener weißer Pfeffer
1 EL gehackte glatte Petersilie

1. Die Miesmuscheln unter fließendem kaltem Wasser gründlich waschen, den Bart mit den Fingern abziehen, geöffnete Exemplare wegwerfen. Die Zwiebeln schälen und fein hacken.

2. Die Tomaten blanchieren und häuten, Stielansätze und Samen entfernen, das Fruchtfleisch in kleine Würfel schneiden. Die Samen und das flüssige Fruchtfleisch durch ein feines Sieb in eine Schüssel drücken. In dem aufgefangenen Tomatensaft die Safranfäden auflösen und beiseite stellen.

3. Den Knoblauch schälen und in Scheibchen schneiden. Das Öl in einer Kasserolle erhitzen und die Knoblauchscheiben darin goldgelb braten. Zuerst die gehackten Zwiebeln und dann die Tomatenwürfel darin anschwitzen. Die Muscheln zugeben und unter ständigem Rühren 2 bis 3 Minuten garen.

4. Den Tomatensaft mit den Safranfäden zufügen und 1 Minute anschwitzen. Den Sherry aufgießen und alles etwa 8 Minuten köcheln lassen. Muscheln, die sich während des Garens nicht geöffnet haben, wegwerfen, sie könnten verdorben sein. Das Gericht salzen und pfeffern. Kurz vor dem Servieren die gehackte Petersilie unterrühren.

Die Tapas-Küche braucht frische Zutaten vom Markt. Die Produkte der jeweiligen Region beeinflussen deshalb auch das Tapas-Angebot in den Bars und Restaurants. Ein Glas Sherry fino (trockener Sherry) rundet diese Vorspeisen geschmacklich bestens ab.

Mit einem spitzen Messer Fische unten vom Schwanz bis zum Kopf aufschneiden.

Mittelgräte rechts und links mit den Daumen freilegen, ohne die Filets zu verletzen.

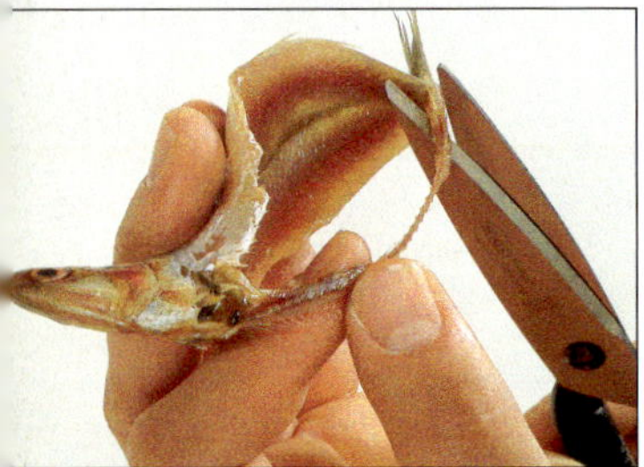

Gräte von hinten nach vorn rausziehen, samt Schwanzflosse und Kopf auslösen.

Filets mit Innenseiten nach oben in Form schichten. Mit Essig und Wasser bedecken.

Die Sardellen zugedeckt im Kühlschrank etwa 2 Stunden ziehen lassen.

Sardellen mit Sherryessig

Der beste Sherryessig Spaniens, Vinagre de Jerez, trägt den Namen der Stadt Jerez de la Frontera nahe der Atlantikküste, in deren Umland er produziert wird. Der Reserva, das ist der Essig der höchsten Qualitätsstufe, wird 20 bis 30 Jahre in Eichenfässern gelagert. Dabei entfaltet er sein unverwechselbares vollreif-würziges Aroma, das vom Sherry und von altem Holz geprägt ist. Das hier beschriebene Gericht schmeckt besonders vorzüglich, wenn man es mit solch einem alten Sherryessig zubereitet. Alternativ kann man aber auch eine jüngere, zweifelsohne preiswertere Sorte verwenden. Sardellen erhält man nicht immer beim Fischhändler. Deshalb ist es ratsam, die kleinen Fische beim Händler vorzubestellen.

Marinierte Sardellen

500 g Sardellen
200 ml Sherryessig
100 ml Wasser
50 g weiße Zwiebel
5 Knoblauchzehen
100 ml Olivenöl
2 EL gehackte Petersilie
grobkörniges Meersalz
grob gemahlener schwarzer Pfeffer

1. Die Sardellen so filetieren, wie es in den ersten drei Bildern links beschrieben wird. Anschließend die Filets gründlich waschen und mit Küchenpapier gut trockentupfen. Nun die Filets marinieren, wie in den beiden letzten Bildern links gezeigt.

2. In der Zwischenzeit die Zwiebel und den Knoblauch schälen und sehr fein hacken. 1 EL Olivenöl in einer Pfanne erhitzen, Zwiebel und Knoblauch darin farblos anschwitzen und abkühlen lassen. Das restliche Olivenöl mit der Petersilie, dem Salz, dem Pfeffer, der Zwiebel und dem Knoblauch vermischen.

3. Die Sardellen aus der Marinade nehmen, kurz unter fließendem kaltem Wasser abspülen und abtropfen lassen. Die Filets wieder in die Form schichten, dabei jede Lage mit dem Ölgemisch begießen. Die letzte Schicht sollte vollständig damit bedeckt sein.

4. Die marinierten Sardellen nochmals etwa 1 Stunde zugedeckt im Kühlschrank ziehen lassen. Herausnehmen und mit frischem Weißbrot und einem Glas trockenem Sherry servieren.

Frische Sardinen, in einer Mischung aus Sherryessig und etwas Wasser, Knoblauch, Zwiebel und Olivenöl eingelegt, zählen zu den Klassikern unter den spanischen Tapas.

Scampi vom Grill sind an sich schon eine Delikatesse. Werden sie zusätzlich in einer Sherry-Zitronen-Marinade eingelegt und mit einem Salat kombiniert, schmecken sie besonders erfrischend.

Marinierte Scampi mit Paprikasalat

Zu deutsch heißen die hummerähnlichen Krebse mit den charakteristischen schlanken Scheren Kaisergranate. Da sie leicht verderben, sollte man beim Kauf auf Frische achten. Fischiger Geruch ist ein untrügliches Zeichen von zu alter Ware. Rosa Farbe und transparentes Muskelfleisch hingegen zeichnen frische Scampi aus.

Marinierte Cigalas

4 Scampi (von je 90 bis 100 g)

Salz, grob gemahlener schwarzer Pfeffer

1 EL Olivenöl

Für die Marinade:

1/2 unbehandelte Zitrone

100 g Zwiebeln

2 Knoblauchzehen

10 EL Olivenöl

3 EL Sherry (Fino)

2 EL Sherryessig

Salz, grob gemahlener schwarzer Pfeffer

1 Stängel glatte Petersilie

Für den Salat:

450 g grüne Paprikaschoten

250 g Tomaten

50 g Zwiebel

1 EL gehackte Petersilie

Für das Dressing:

1 EL Sherryessig, 1 EL Rotweinessig

3 EL Olivenöl

Salz, frisch gemahlener schwarzer Pfeffer

1. Die Scampi mit einem Sägemesser längs halbieren, Magensack und Darm entfernen. Salzen, pfeffern und rundum mit Öl beträufeln. Die Scampihälften mit der Fleischseite nach unten auf dem vorgeheizten Grill 2 Minuten grillen. Wenden und die Scampi auf der Panzerseite fertig garen, das dauert 1 bis 2 Minuten.

2. Die Zitrone für die Marinade waschen und quer in hauchdünne Scheiben schneiden. Zwiebeln und Knoblauch schälen. Die Zwiebeln in dünne Ringe, den Knoblauch in feine Scheibchen schneiden.

3. In einer großen ovalen Form Zwiebeln, Knoblauch, Öl, Sherry, Sherryessig, Zitrone, Salz und Pfeffer verrühren. Die gegrillten Scampi und die Petersilie einlegen, mit der Marinade beträufeln und alles zugedeckt 1/2 Stunde ziehen lassen.

4. Für den Salat zunächst die Paprikaschoten häuten. Dafür die Schoten im vorgeheizten Ofen bei 220 °C backen, bis die Haut Blasen wirft. Herausnehmen und in einer Plastiktüte »schwitzen« lassen. Anschließend die Schoten häuten, halbieren sowie Samen und Scheidewände entfernen, das Fruchtfleisch 5 mm groß würfeln. Die Tomaten waschen, vierteln, Stielansätze und Samen entfernen und das Fruchtfleisch in kleine Würfel schneiden. Die Zwiebel schälen und fein hacken.

5. Paprika-, Tomaten- und Zwiebelwürfel in einer Schüssel vermischen. Aus den angegebenen Zutaten ein Dressing herstellen und über den Salat träufeln. Salat mit Petersilie bestreuen, 10 Minuten ziehen lassen, mit den marinierten Scampi auf Tellern anrichten und servieren.

→ Tipp

Scampi und Riesengarnelen werden oft verwechselt. Dabei gehören Scampi zur Hummerfamilie. Sie sind eine Krebsart und sehen deutlich anders aus als Garnelen. Scampi sind lang gestreckt und besitzen Scheren. Im Gegensatz zu Garnelen sind sie auch im rohen Zustand hell lachsrot und verändern beim Kochen kaum ihre Farbe.

Tintenfische frittiert & gegrillt

Stilvoll zu diesem Gericht wie zu allen anderen Tapas ist ein Glas Sherry – der wohl berühmteste spanische Aperitif, dem der Ort Jerez de la Frontera seinen Namen gab.

Die kleinen preiswerten, in Knoblauch, Petersilie und Olivenöl marinierten Tintenfische gehören zu den Tapa-Klassikern.

Frittierte Sepiolas

400 g kleine, küchenfertige Tintenfische

3 Knoblauchzehen, geschält, in feinen Scheiben

4 EL Olivenöl, Saft von 1/2 Zitrone

Salz, frisch gemahlener Pfeffer

1 EL gehackte Petersilie

30 g Mehl, 2 Eier

Außerdem:

Pflanzenöl zum Frittieren

1 unbehandelte Zitrone nach Belieben, in Achteln

1. Die Sepiolas unter fließendem kaltem Wasser innen und außen abspülen. Abtropfen lassen, trockentupfen und in eine Schüssel legen.

2. Knoblauch, Öl, Zitronensaft, Salz, Pfeffer und Petersilie verrühren, über die Tintenfische verteilen und alles gut vermischen. Die Sepiolas zugedeckt 1 Stunde im Kühlschrank marinieren. Anschließend aus der Marinade nehmen und die Tintenfische gut abtropfen lassen.

3. Das Mehl auf einen flachen Teller schütten. Die Eier in einem tiefen Teller verquirlen, salzen und pfeffern. Die Sepiolas in Mehl, dann im Ei wenden und abtropfen lassen. Im 170 °C heißen Öl 3 bis 4 Minuten goldbraun ausbacken. Mit einem Schaumlöffel herausheben und abtropfen lassen. Die frittierten Sepiolas sofort servieren und nach Belieben die Zitronenachtel dazu reichen.

Gegrillte Sepiolas

400 g kleine, küchenfertige Tintenfische

120 g Spitzpaprikaschoten

3 Knoblauchzehen, geschält, in feinen Scheiben

4 EL Olivenöl

Saft von 1/2 Zitrone

Salz, frisch gemahlener Pfeffer

1 EL gehackte Petersilie

Außerdem:

einige Stängel glatte Petersilie zum Garnieren

1. Die Sepiolas unter fließendem kaltem Wasser von innen und außen waschen. Abtropfen lassen, trockentupfen und in eine Form legen.

2. Die Paprikaschoten bei 220 °C im vorgeheizten Ofen backen, bis die Haut Blasen wirft. Herausnehmen, unter einem feuchten Tuch oder in einer Plastiktüte »schwitzen« lassen und häuten. Stielansätze, Samen und Scheidewände entfernen und das Fruchtfleisch in feine Streifen schneiden.

3. Paprikastreifen, Knoblauch, Öl, Zitronensaft, Salz und Pfeffer über die Sepiolas verteilen und alles zugedeckt 1 Stunde im Kühlschrank durchziehen lassen.

4. Die Tintenfische aus der Marinade nehmen, abtropfen lassen und auf dem vorgeheizten Grill oder einer Grillplatte von jeder Seite etwa 3 Minuten grillen. Auf Tellern anrichten.

5. Die Petersilie in die verbliebene Marinade einrühren und die Marinade über die gegrillten Sepiolas gießen. Mit glatter Petersilie garnieren und sofort servieren.

Frittierte Tintenfische zählen in allen Mittelmeerländern zu den beliebtesten Vorspeisen. Natürlich dürfen sie auch in der langen Liste der spanischen Tapas nicht fehlen!

Goldgelb ausgebacken: Bällchen und Kroketten – erstere aus püriertem Stockfisch, letztere aus einer Hähnchenfarce – sind ein willkommener Snack. Für die Bindung sorgt eine Béchamelsauce.

Croquetas vom Huhn und vom Stockfisch

Zu einem Glas Wein schmecken sie einfach wunderbar, ob in der Tapa-Bar oder zu Hause. Dazu braucht es nicht viel: ein bisschen Hähnchenfleisch oder Fisch als Basis, ein paar Löffel Béchamelsauce und eine würzige Panade. Noch kurz in heißem Fett ausbacken, und fertig sind die Croquetas. Um die frittierten runden oder langen Kroketten gründlich zu entfetten, legt man sie auf eine doppelte Schicht Küchenpapier.

Geflügelkroketten

Für 20 Stück

250 g Hähnchenfleisch, ohne Haut und Knochen

1 EL Olivenöl

1 Eigelb

Für die Béchamelsauce:

15 g Butter, 10 g Mehl

1/8 l Milch

Salz, frisch gemahlener Pfeffer

Außerdem:

30 g Mehl

etwa 100 g Semmelbrösel

2 Eier

Pflanzenfett zum Ausbacken

1. Das Hähnchenfleisch in kleine Stücke schneiden. In einer Pfanne das Olivenöl erhitzen und die Hähnchenstücke darin 6 bis 8 Minuten bei geringer Hitze braten. Herausnehmen, etwas abkühlen lassen, fein pürieren und in eine Schüssel füllen.

2. Für die Béchamelsauce die Butter in einer Kasserolle zerlassen, das Mehl einstreuen und unter ständigem Rühren 1 bis 2 Minuten farblos anschwitzen. Die Milch unter ständigem Rühren zugießen und alles glatt rühren. Salzen und pfeffern. Die Sauce etwa 10 Minuten unter Rühren köcheln lassen, bis sie dickflüssig geworden ist.

3. Das Eigelb unter das pürierte Hähnchenfleisch mengen und so viel Béchamelsauce, etwa 2 bis 3 EL, einrühren, bis eine leicht formbare Masse entsteht. Alles mit Salz und Pfeffer abschmecken.

4. Aus dieser Masse 5 cm lange und etwa 20 g schwere Kroketten formen. Mehl und Semmelbrösel auf Teller schütten, die Eier in einem tiefen Teller verquirlen. Die Kroketten in Mehl wenden, durch die Eier ziehen, dann in den Semmelbröseln wenden.

5. In einer Pfanne oder in der Fritteuse das Fett auf 170 °C erhitzen und die Kroketten darin schwimmend ausbacken. Herausheben, gut abtropfen lassen und servieren.

Stockfischkroketten

Für 20 Stück

250 g Stockfisch

Für die Béchamelsauce:

15 g Butter

10 g Mehl

1/8 l Milch

Salz, frisch gemahlener Pfeffer

Außerdem:

30 g Mehl

100 g Semmelbrösel

2 Eier

Pflanzenfett

1. Den Stockfisch mit der Hautseite nach unten in eine Schüssel legen. Mit kaltem Wasser bedecken, zudecken und 24 Stunden kühl stellen, dabei das Wasser öfter wechseln. Den Fisch herausnehmen, abtropfen lassen und häuten. Die Gräten entfernen und das Fischfleisch in Stücke schneiden und pürieren.

2. Eine Béchamelsauce zubereiten, wie im linken Rezept in Schritt 2 beschrieben, etwa 3 EL davon unter das Fischpüree rühren. Aus der Masse 20 Bällchen formen.

3. Die Bällchen panieren, wie links in Schritt 4 beschrieben, und im 170 °C heißen Fett schwimmend ausbacken. Herausheben, entfetten und sofort servieren.

Zweierlei Seeteufel

Fest, weiß und grätenfrei – kein Wunder, dass das Fleisch des Seeteufels, spanisch »rape« genannt, so beliebt ist. In den beiden folgenden Rezepten wird das edle Fischfleisch ganz außergewöhnlich zubereitet: Beim »rape a la gallega«, also beim Seeteufel auf galizische Art, wird es zuerst gekocht und dann gebraten, während es im zweiten Rezept, dem »rape al sesamo«, mit Sesamsamen paniert und in reichlich Öl ausgebacken wird.

Rape a la gallega

Für 4 bis 6 Portionen

450 g Schwanzstück vom Seeteufel, ohne Haut

400 g fest kochende Kartoffeln

200 g weiße Zwiebeln

Salz

6 weiße Pfefferkörner

2 Lorbeerblätter

1 kleiner Estragonzweig

etwa 1 1/2 EL Sherryessig
3 Knoblauchzehen
4 EL Olivenöl
2 Thymianzweige
etwa 1 1/2 TL edelsüßes Paprikapulver
frisch gemahlener Pfeffer

1. Den Seeteufelschwanz filetieren, sauber parieren und in gleichmäßige, etwa 3 cm breite Stücke schneiden. Diese bis zur weiteren Verwendung in den Kühlschrank stellen.

2. Die Kartoffeln waschen und schälen. Die Zwiebeln schälen und in dünne Ringe schneiden. In einem entsprechend großen Topf 600 ml leicht gesalzenes Wasser erhitzen. Die Kartoffeln, die Hälfte der Zwiebelringe, die Pfefferkörner und die Lorbeerblätter einlegen und alles 10 bis 12 Minuten kochen.

3. Den Estragonzweig und die Fischstücke einlegen, die Hitze reduzieren und den Seeteufel 2 Minuten mitgaren. 1 EL Sherryessig zugießen und den Topf vom Herd nehmen. Die Fischstücke und die Kartoffeln mit einem Schaumlöffel aus dem Kochsud heben und separat in 2 Sieben gut ablaufen lassen. Die Kartoffeln je nach Größe vierteln oder achteln.

4. Die Knoblauchzehen schälen und in dünne Scheiben schneiden. Das Olivenöl in einer Pfanne erhitzen, die restlichen Zwiebelringe und die Knoblauchscheiben darin leicht Farbe nehmen lassen. Die Thymianzweige einlegen und weiterverfahren, wie in der Bildfolge rechts gezeigt.

5. Den Pfanneninhalt salzen und pfeffern und alle Zutaten mehrmals mit einem Holzspatel gut mischen. Mit dem restlichen Schuss Sherryessig ablöschen. Zum Schluss das Gericht mit Salz, Pfeffer und Paprikapulver abschmecken und sofort servieren.

Rape al sésamo

600 g Schwanzstück vom Seeteufel, ohne Haut
etwa 100 g Sesamsamen, geschält
Für die Marinade:
Saft von 1/2 Zitrone
Salz, frisch gemahlener Pfeffer
3 EL Sesamöl
Außerdem:
Pflanzenöl zum Ausbacken
Zahnstocher

1. Den Seeteufelschwanz filetieren, sauber parieren und quer in etwa 3 bis 4 cm große Stücke schneiden. Zitronensaft, Salz und Pfeffer für die Marinade verrühren, bis sich das Salz gelöst hat. Das Sesamöl untermischen.

2. Die Fischstücke in eine Form legen und mit der Marinade übergießen. Zugedeckt im Kühlschrank etwa 1 Stunde durchziehen lassen. Die Seeteufelstücke aus der Marinade nehmen und gut abtropfen lassen. In den Sesamsamen wenden, diese dabei gut andrücken.

3. So viel Pflanzenöl in eine Pfanne gießen, dass es etwa 2 cm hoch darin steht. Das Öl erhitzen und die Fischstücke bei reduzierter Hitze darin ausbacken. Die Seeteufelstücke gut abtropfen lassen und in jedes Häppchen einen Zahnstocher stecken. Sofort servieren.

Für »rape a la gallega« die gekochten Seeteufelstücke in der Pfanne mitbraten.

Die gegarten Kartoffelstücke hinzufügen und ebenfalls mitbraten.

Das Paprikapulver zum Schluss über das Gericht streuen und untermischen.

Mit Béchamelsauce cremig überbacken, sind die Brokkoli-Schnitten ein Genuss – zumal sich unter der Sauce noch aromatischer luftgetrockneter Schinken verbirgt.

Brokkolischnitten aus dem Baskenland

Italienischen Crostini sind diese Schnitten, wie man sie in Bilbao zubereitet, im Prinzip verwandt. Als »Unterlage« dient hier wie dort eine kross geröstete Weißbrotscheibe. Wer mag, kann den Brokkoli, der für dieses Rezept vorgeschlagen wird, auch einmal durch 800 g geputzten, blanchierten jungen Blattspinat ersetzen. Diesen in etwas Butter braten, mit Salz, Pfeffer und Muskatnuss und vielleicht noch mit einer kleinen gehackten Knoblauchzehe würzen sowie mit ein paar gerösteten Mandelstiften mischen. Den Spinat verteilt man auf die vorbereiteten Brotscheiben und fährt mit Serrano-Schinken und Béchamelsauce fort, wie beschrieben.

Brokkolischnitten

Für den Brokkoli:

600 g Brokkoli, Salz

50 g weiße Zwiebel

1 Knoblauchzehe

3 EL Olivenöl

50 ml Weißwein

frisch gemahlener Pfeffer

Für die Béchamelsauce:

70 g Butter

20 g Mehl

200 ml Milch

100 ml Sahne

Salz, frisch gemahlener Pfeffer

2 Eigelbe

30 g frisch geriebener Manchego-Käse

Außerdem:

4 Scheiben Weißbrot

4 dünne Scheiben Serrano-Schinken

1. Den Brokkoli in Röschen teilen, die Stiele schälen und in etwa 2 cm lange und 1 cm dicke Stücke schneiden.

2. In einem entsprechend großen Topf Wasser mit etwas Salz zum Kochen bringen. Zunächst die Brokkolistiele einlegen und 5 Minuten darin garen. Anschließend die Röschen zufügen und 5 Minuten mitgaren. Den Brokkoli abseihen und sehr gut abtropfen lassen.

3. Für die Sauce 20 g Butter zerlassen. Das Mehl darin farblos anschwitzen, dabei ständig rühren. Milch und Sahne angießen und unter ständigem Rühren köcheln, bis die Sauce eine cremige Konsistenz aufweist.

4. Die Sauce salzen und pfeffern. Die restliche Butter mit den Eigelben schaumig rühren und zusammen mit dem Manchego-Käse unter die Sauce ziehen.

5. Den Brokkoli fertig stellen. Dafür Zwiebel und Knoblauchzehe schälen, beides in feine Würfel schneiden. Das Öl in einer Pfanne erhitzen. Zwiebel- und Knoblauchwürfel darin farblos anschwitzen. Die Brokkolistiele und die Röschen zufügen. Den Weißwein angießen und einkochen lassen. Salzen und pfeffern.

6. Die Brotscheiben rösten und nebeneinander auf ein Backblech legen. Die Brokkolistiele und -röschen auf die gerösteten Brotscheiben verteilen. Je eine Schinkenscheibe darauf legen. Die Sauce gleichmäßig darüber verteilen und die Schnitten unter dem vorgeheizten Grill kurz überbacken. Sofort heiß servieren.

→ Tipp

Der Manchego ist der bekannteste Hartkäse Spaniens. Er wird aus der Milch der Manchega-Schafe hergestellt, die ihm sein ausgeprägtes Schafkäsearoma verleiht. Manchego-Käse darf nur in der Region La Mancha produziert werden. Für die Brokkoli-Schnitten kann auch ein anderer Hartkäse aus Schafmilch oder einer Mischung aus Kuh- und Schafmilch verwendet werden.

Spinattoast mit Manchego-Käse

Der Roncal (oben) besteht aus Schafmilch, der Queso de Huerte (unten) aus Kuh-, Schaf- und Ziegenmilch.

Diese »belegten Brote« werden mit ganz feinen Zutaten zubereitet und damit zu einer echten Delikatesse. Kross geröstete Toastscheiben sind hier die Unterlage für einen herzhaften Belag aus Blattspinat, Mandeln und gekochtem Schinken, der im Geschmack seinesgleichen sucht. Doch auch »nur« mit einer feinen Knoblauch-Öl-Mischung getränkt, schmecken die Brote sehr gut. Voraussetzung dafür ist, dass der Knoblauch von guter Qualität ist. Genau dies trifft auch auf Brot zu, das in Spanien immer frisch und knusprig gereicht wird. Altbackenes wird hingegen nur noch zum Kochen verwendet: Brotkrumen binden Saucen, und Brotscheiben werden in Suppen gelegt. Knusprige »tostadas« dagegen reicht man zu Gemüsegerichten.

Spinattoast mit Manchego

Für die Spinatbrote:

4 Scheiben Weißbrot (je 20 g)

Für den Spinat:

800 g Blattspinat

4 EL Olivenöl, Salz, gemahlener Pfeffer

frisch geriebene Muskatnuss

10 g geröstete Mandelstifte

Für die Käsesauce:

70 g Butter, 20 g Mehl

200 ml Milch, 100 ml Sahne

Salz, frisch gemahlener Pfeffer

frisch geriebene Muskatnuss

4 Eigelbe

40 g frisch geriebener alter Manchego-Käse

Außerdem:

1 EL Olivenöl

4 Scheiben gekochter Schinken

1. Den Spinat verlesen. In sprudelnd kochendem Salzwasser blanchieren, bis er gerade zusammenfällt. Herausheben, gut abtropfen lassen und das Wasser leicht ausdrücken.

2. Das Öl in einer großen Kasserolle erhitzen und den Spinat unter ständigem Rühren 4 bis 6 Minuten dünsten. Mit Salz, Pfeffer und Muskat würzen. Die Mandelstifte untermischen.

3. Für die Käsesauce 20 g Butter in einer entsprechend großen Kasserolle zerlassen und das Mehl unter Rühren darin anschwitzen, ohne es Farbe nehmen zu lassen. Die Milch mit der Sahne aufgießen und unter ständigem Rühren dick einkochen lassen. Mit Salz, Pfeffer und Muskat würzen. Zur Seite stellen. Die restliche Butter mit den Eigelben schaumig rühren und zusammen mit dem Käse vorsichtig unter die Sauce ziehen.

4. Die Brotscheiben rösten und auf ein Backblech legen. In einer Pfanne das Öl erhitzen, den Schinken kurz darin anbraten und auf die Brotscheiben legen. Den Spinat darüber verteilen und die Sauce darüber gießen. Die belegten Brotscheiben bei 200 °C im vorgeheizten Ofen kurz überbacken und heiß servieren.

Knoblauchbrot als Beilage: 8 Weißbrotscheiben mit Wasser beträufeln, salzen, pfeffern, in Alufolie wickeln. 1 bis 2 Stunden ruhen lassen. 2 zerdrückte Knoblauchzehen in 1/8 l Öl hell anschwitzen, durchsieben. Brot im Knoblauchöl auf beiden Seiten goldbraun werden lassen.

Die überbackenen Spinattoasts sind zusammen mit frisch geröstetem Knoblauchbrot schon fast eine kleine Hauptmahlzeit. Auf jeden Fall stimmen sie auf ein leckeres Essen ein.

Blätterteigtaschen mit Lammfüllung

Nach dem unten stehenden Rezept zubereitet, reichen die Empanadillas, um sie auf einer größeren Party anbieten zu können. Benötigt man nicht so viele Teigtaschen, kann man natürlich die Zutatenmengen entsprechend reduzieren. Bei der Verwendung von tiefgekühltem Blätterteig, der qualitativ selbst gemachtem in nichts nachsteht, kann man sich die Zubereitung noch vereinfachen, indem man fertig ausgerollte und gleich in der passenden Größe (12 x 12 cm) zugeschnittene Platten kauft – die müssen dann nur noch auftauen.

Empanadillas

Für 30 Stück

3 Packungen tiefgekühlter Blätterteig zu je 450 g

Für die Füllung:

60 g Zwiebel

1 Knoblauchzehe

je 75 g rote und grüne Paprikaschote

600 g Lammfilet, 50 g grüner Speck

100 g Knoblauchwurst

4 EL Olivenöl, 1/8 l Rotwein

Salz, frisch gemahlener Pfeffer

1 EL edelsüßes Paprikapulver

1/2 TL Thymianblättchen

einige Rosmarinnadeln

Außerdem:

2 Eigelbe, mit 4 EL Milch verquirlt

1. Die Blätterteigplatten nebeneinander legen und auftauen lassen. Für die Füllung die Zwiebel und den Knoblauch schälen, beides fein hacken. Die Paprikaschoten von Stielansätzen, Samen und Scheidewänden befreien und das Fruchtfleisch in etwa 1/2 cm große Würfel schneiden. Das Lammfilet, den Speck und die Knoblauchwurst in Stücke schneiden, durch die grobe Scheibe des Fleischwolfs drehen.

2. In einer Pfanne das Öl erhitzen. Zwiebel und Knoblauch darin hell anschwitzen. Die Fleischmasse zufügen und unter Rühren anbraten. Mit dem Rotwein ablöschen und bei mittlerer Hitze 20 Minuten schmoren lassen. Die Flüssigkeit sollte dann fast vollständig eingekocht sein. 5 Minuten vor Ende der Garzeit die Paprikawürfel zufügen. Die Masse salzen, pfeffern und mit Paprikapulver bestreuen. Thymianblättchen und Rosmarinnadeln unterrühren. Die Füllung etwas abkühlen lassen.

3. Falls nötig, die Blätterteigplatten dünn ausrollen und daraus Quadrate von 12 x 12 cm schneiden. In die Mitte der Blätterteigquadrate je 1 EL der Füllung setzen. Die Ränder mit etwas verquirltem Eigelb bestreichen und den Teig zu Dreiecken zusammenfalten. Die Ränder mit einer Gabel fest aufeinander drücken.

4. Die gefüllten Blätterteigtaschen auf ein mit Wasser benetztes Backblech setzen und mit dem restlichen Eigelb bestreichen. Bei 200 °C im vorgeheizten Ofen etwa 20 Minuten backen.

Zu den gefüllten Blätterteigtaschen kann man seinen Gästen beispielsweise einen bunten Gemüsesalat aus verschiedenfarbigen Paprikawürfeln und weißer Zwiebel reichen.

Meeresschnecken sind nicht jedermanns Sache. Gebraten oder gekocht und gut gewürzt, gilt ihr – zugegeben bisweilen etwas zähes – Fleisch in vielen Mittelmeerländern aber als echte Delikatesse.

Schnecken nach katalanischer Art

Für dieses Gericht braucht man nicht unbedingt eine spezielle Schneckensorte. Geeignet ist beispielsweise die glatte Netzreusenschnecke oder das Brandhorn, aber auch die im nördlichen Atlantik weitverbreitete, etwas kleinere schwarze Strandschnecke. Bei größeren Schnecken müssen die dunklen Eingeweide entfernt und die Garzeit muss etwas verlängert werden. Sie brauchen 20 bis 30 Minuten. Kleinere Schnecken sollten dagegen nicht länger als 10 Minuten gekocht werden.

Schnecken in Tomatensauce

1 kg Meeresschnecken

50 g Schalotten, 1 grüne Chilischote

200 g Chorizo

2 EL Olivenöl, Salz

50 ml Weißwein

frisch gemahlener schwarzer Pfeffer

Für die Tomatensauce:

50 g Schalotten, 1 Knoblauchzehe

700 g Tomaten, 5 EL Olivenöl

1 Thymianzweig, 1 Rosmarinzweig

1 Lorbeerblatt

1 TL Rotweinessig

100 ml Weißwein

Salz, frisch gemahlener schwarzer Pfeffer

Außerdem:

1 EL gehackte Petersilie zum Bestreuen

1. Die Schnecken unter fließendem kaltem Wasser gründlich waschen und in einem Sieb gut abtropfen lassen.

2. Für die Sauce die Schalotten und den Knoblauch schälen und fein hacken. Die Tomaten blanchieren, kalt abschrecken, häuten und vierteln. Stielansätze und Samen entfernen und das Fruchtfleisch grob würfeln.

3. Das Öl erhitzen, Schalotten- und Knoblauchwürfel darin farblos anschwitzen. Die Kräuter einlegen und die Tomaten kurz mitschwitzen. Mit dem Essig und dem Weißwein ablöschen. Salzen und pfeffern. Die Sauce auf die Hälfte reduzieren und durch ein grobmaschiges Sieb passieren.

4. Die Schalotten für die Schnecken schälen und fein hacken. Die Chilischote waschen, Stielansatz und Samen entfernen und das Fruchtfleisch fein würfeln. Die Chorizo in Scheiben schneiden.

5. Das Öl in einem flachen Topf erhitzen und die Schalotten darin anschwitzen. Die Schnecken in den Topf geben, 1 Prise Salz einstreuen, den Topf mit einem Deckel schließen und die Schnecken 1 bis 2 Minuten darin garen. Deckel entfernen, die Chiliwürfel unterrühren, den Wein zugießen und alles bei geschlossenem Deckel noch 5 Minuten dünsten. Deckel entfernen, Tomatensauce zufügen und die Schnecken darin weitere 10 Minuten köcheln. Alles salzen und pfeffern, die Wurstscheiben einlegen und kurz in der Tomatensauce erwärmen.

6. Die Schnecken mit der Tomatensauce in vorgewärmten tiefen Tellern anrichten und mit der gehackten Petersilie bestreuen. Warm servieren. Dazu kann man frisches Weißbrot und einen kräftigen Weißwein reichen.

Frischer oder getrockneter Knoblauch ist für die meisten Gerichte der Mittelmeerküche unerlässlich.

Die Gratins beweisen, wie wunderbar der dezente Geschmack von Jakobsmuscheln mit zarten Gemüsearten, wie beispielsweise dem edlen Spargel, harmoniert.

Gratin von Spargel und Jakobsmuscheln

Die Jakobs- oder Pilgermuschel verdankt ihren Namen dem Apostel Jakobus. Nach der Entdeckung seines angeblichen Grabes in Compostela wurde der Ort zum berühmten Wallfahrtsziel und die Jakobsmuschel zum Symbol der Pilger.

Jakobsmuschelgratin

8 Jakobsmuscheln
200 g grüner Spargel
30 g Schalotten
2 EL Olivenöl
1/8 l Weißwein
Salz, frisch gemahlener Pfeffer
1 EL gehackte Petersilie
2 EL geriebenes Weißbrot
30 g Butter
Außerdem:
gehackte Petersilie zum Bestreuen

1. Die Muscheln sorgfältig waschen und säubern. Jede Muschel mit einem Küchentuch fest in die Hand nehmen, dabei soll die flache Schalenhälfte nach oben zeigen. Ein spitzes, kurzes, aber starkes Messer zwischen die Schale schieben und den Muskel an der flachen Innenseite durchtrennen. Die flache obere Schale abheben.

2. Mit dem Messer am grauen Rand des Fleisches den Muskel rundherum auslösen und herausheben. Den grauen Rand von dem weißen Muskelfleisch und dem orangefarbenen Rogen (Corail) abziehen. Das weiße Fleisch (Nüsschen) und den Rogen voneinander trennen. Das weiße Fleisch quer halbieren.

3. Den Spargel waschen, die Stielenden abschneiden und nur bei Bedarf den unteren Teil der Stangen dünn schälen. Die Stangen in so viel leicht gesalzenes, sprudelnd kochendes Wasser geben, dass sie gerade bedeckt sind. Den Spargel im geschlossenem Topf 10 Minuten bei mittlerer Hitze kochen. Die Stangen mit einem Schaumlöffel herausheben, gut abtropfen lassen und in etwa 3 cm große Stücke schneiden.

4. Die Schalotten schälen und ganz fein hacken. Das Olivenöl in einer Pfanne erhitzen und die Schalottenwürfel darin hell anschwitzen. Das Muskelfleisch und den Rogen ganz leicht von allen Seiten darin anbraten. Mit dem Weißwein ablöschen, dann mit Salz, Pfeffer und Petersilie würzen.

5. 1 EL geriebenes Weißbrot einstreuen und alles 6 Minuten bei schwacher Hitze mehr ziehen als kochen lassen. In den letzten 2 Minuten den Spargel zugeben.

6. Vier flache ofenfeste Portionsförmchen mit Butter ausstreichen. Die Muschel-Spargel-Mischung einfüllen, mit dem restlichen Weißbrot bestreuen und mit der restlichen Butter in Flöckchen belegen. Die Muscheln und den Spargel bei 250 °C im vorgeheizten Ofen überbacken. Die Gratins herausnehmen, mit Petersilie bestreuen und heiß servieren.

Die Schalen der Jakobsmuscheln können auf Vorrat gehalten werden. Sie eignen sich beispielsweise gut als Behälter zum Gratinieren feiner Muschelköstlichkeiten.

Küchlein aus Kichererbsenmehl

Rote sonnengereifte Paprika sind wie Tomaten ein fester Bestandteil der spanischen Küche.

Delikat und erfrischend sind die knusprig ausgebackenen Küchlein mit marinierten Paprika. Das ist Spanien pur! Um die lange Zeit bis zum Abendessen, das in Spanien meist erst gegen 22 Uhr eingenommen wird, zu überbrücken, ist dieses kleine Gericht genau das Richtige. Dazu gehört natürlich ein roter Landwein oder ein Glas Sherry: »¡Buen provecho!« Guten Appetit!

Tortillitas de camarones

75 g Mehl, 30 g Kichererbsenmehl

75 g Zwiebel

2 EL gehackte Petersilie

abgeriebene Schale von 1/2 unbehandelten Zitrone

Salz, frisch gemahlener Pfeffer

125 g gekochte und geschälte Garnelenschwänze

Für den Paprikasalat:

300 g Paprikaschoten (rot und grün)

40 g Zwiebel, 2 Knoblauchzehen

1 grüne Chilischote (etwa 10 g)

2 EL Rotweinessig, 4 EL Olivenöl

Salz, frisch gemahlener Pfeffer

1 EL gehackte Petersilie

30 g schwarze Oliven

Außerdem:

etwa 3 EL Olivenöl zum Braten

einige Blätter Friséesalat, gewaschen

1. Die beiden Mehlsorten in eine Schüssel sieben. Die Zwiebel schälen und fein hacken. Zwiebelwürfel, Petersilie, Zitronenschale, Salz und Pfeffer untermengen. Die Garnelenschwänze klein schneiden.

2. Nach und nach etwa 120 ml kaltes Wasser mit einem Schneebesen unter die Mehlmischung rühren, so dass ein glatter Teig entsteht. Er sollte die Konsistenz eines dicken Pfannkuchenteigs haben. Garnelen untermischen. Den Teig zugedeckt 1 Stunde lang im Kühlschrank ruhen lassen.

3. Die Paprikaschoten häuten. Dafür die Schoten bei 220 °C im vorgeheizten Ofen backen, bis die Haut Blasen wirft. Herausnehmen, unter ein feuchtes Tuch oder in eine Plastiktüte legen und »schwitzen« lassen, dann die Haut abziehen. Die Schoten halbieren, Stielansätze, Samen und Scheidewände entfernen und das Fruchtfleisch in etwa 1/2 cm große Würfel schneiden.

4. Zwiebel und Knoblauch schälen und fein hacken. Chilischote halbieren, Stielansatz, Samen und Scheidewände entfernen und das Fruchtfleisch fein würfeln. Alle Zutaten mit Essig, Öl, Salz, Pfeffer, Petersilie und den Oliven in einer Schüssel vermischen und 10 Minuten durchziehen lassen.

5. Den Garnelenteig nochmals durchrühren und abschmecken. Das Olivenöl in einer großen Pfanne erhitzen. Mit einem Esslöffel aus dem Teig 8 Küchlein in die Pfanne setzen, etwas glatt streichen und von jeder Seite bei mittlerer Hitze 3 bis 4 Minuten braten.

6. Salatblätter abtropfen lassen und mit dem Paprikasalat auf Tellern anrichten. Je zwei Garnelenküchlein daneben legen, sofort servieren.

Raffiniert gemacht sind die kleinen Pfannkuchen, die unproblematisch in der Zubereitung sind: Unter Kichererbsenteig werden nämlich noch zerkleinerte Garnelenschwänze gezogen, was diese Vorspeise besonders raffiniert macht.

Geröstete Brotwürfel mit pochiertem Ei

»Migas« nennt man die pikanten Croûtons in Spanien, die sich gut nebenbei knabbern lassen. Einfacher kann man einen würzigen Snack für Zwischendurch oder auch zum Aperitif kaum zubereiten. Brot- und Speckwürfel werden in der Pfanne gebraten und nach Geschmack mit Knoblauch, Chili und Paprikapulver gewürzt. Wer dem Ganzen noch eine fruchtige Note geben möchte, kann kurz vor Ende der Bratzeit 120 g gehäutete, kernlose weiße Weintrauben untermischen und diese 2 Minuten mitbraten. Das Ei und die Schnittlauchspitzen fallen bei dieser Variante dann allerdings weg. Das Wichtigste ist aber in jedem Fall das Brot. Am besten eignet sich ein herzhaft-kräftiges Landbrot aus Weizenmehl. Falls normales Weißbrot verwendet wird, sollte man die Rinde abschneiden.

Migas mit pochiertem Ei

250 g Weizenbrot vom Vortag

50 g Serrano-Schinken

50 g roh geräucherter durchwachsener Speck

1 Knoblauchzehe

1 kleine, scharfe rote Chilischote

1 1/2 TL edelsüßes Paprikapulver

5 bis 6 EL Olivenöl

Salz, frisch gemahlener Pfeffer

Für die pochierten Eier:

Salz

2 EL Weißweinessig

4 Eier, gut gekühlt

Außerdem:

1 EL Schnittlauchspitzen

1. Das Weizenbrot in Würfel von etwa 1 cm Kantenlänge schneiden. Den Serrano-Schinken und den Speck fein würfeln.

2. Die Knoblauchzehe schälen und fein hacken. Die Chilischote waschen, den Stielansatz abschneiden, die Samen und die Scheidewände entfernen, das Fruchtfleisch fein hacken.

3. Die Brotwürfel in eine entsprechend große Schüssel füllen und (am besten mit einem Zerstäuber) mit kaltem Wasser von allen Seiten leicht besprühen. Die Würfel sollten dabei jedoch nicht zu feucht werden.

4. Die Brotwürfel gleichmäßig mit dem Paprikapulver bestäuben und gut durchmischen. Die Schüssel zudecken und die Brotwürfel 1 Stunde stehen lassen.

5. Das Olivenöl in einer Pfanne erhitzen und Schinken- und Speckwürfel darin kurz braten. Den Knoblauch und die Chilischote zufügen und 2 bis 3 Minuten mitbraten. Weiterverfahren, wie in der Bildfolge rechts beschrieben. Die Brotwürfelmischung mit Salz und Pfeffer kräftig würzen.

6. Für die pochierten Eier in einem Topf 1/2 l Wasser leicht salzen und mit dem Essig zum Kochen bringen. Die gut gekühlten Eier einzeln auf eine Untertasse aufschlagen. Eine Schöpfkelle in das knapp siedende Wasser halten und ein Ei hineingleiten lassen. Die restlichen Eier auf diese Weise nacheinander in das Wasser geben und alle in 3 bis 4 Minuten gar ziehen lassen.

7. Die pochierten Eier mit einer Schöpfkelle aus dem Wasser heben und sofort in lauwarmes Salzwasser legen, damit sie die gewünschte Konsistenz behalten. Die Eiweißfäden abschneiden und die Eier halbieren. Jeweils eine Portion geröstete Brotwürfel mit 2 pochierten Eihälften anrichten, mit Schnittlauchspitzen garnieren und servieren.

Variante: Das eingeweichte Weißbrot mit gewürfelter Chorzio und gewürfeltem Speck in der Pfanne knusprig rösten. Dazu gebratene Wachteleier servieren. Migas werden mit einer Kuchengabel oder einem Teelöffel gegessen, dazu schmeckt ein Vino tinto.

Die Brotwürfel zu der Schinken-Speckwürfel-Mischung in die Pfanne schütten.

Alle Zutaten mit einem Holzspatel vermischen und unter ständigem Rühren knusprig braten.

Gemüse mit Tapenade

»Al horno«, aus dem Ofen, so heißen Ofengerichte in Spanien. Sie beschränken sich nicht allein auf Brot und Braten. Im Süden Spaniens, in Andalusien, mischt sich die lokale Küche mit der nordafrikanischen. Beide basieren auf Zutaten, deren einziges Geheimnis ihre Frische ist. In den Dörfern jenseits des Küstentourismus begünstigt das heiße Klima reiche Gemüseernten und eine üppige Kräuterpalette. Dieses Rezept ist nur eine Möglichkeit, Gemüse und Kräuter miteinander zu vereinen.

Gemischtes Gemüse

450 g kleine, fest kochende Kartoffeln

150 g Schalotten, geschält,

300 g rote Paprikaschoten

je 400 g Auberginen und Zucchini

3 rote Chilischoten

4 Knoblauchzehen, geschält

2 Thymianzweige

6 kleine Fleischtomaten

Für die grüne Tapenade:

150 g grüne Oliven, entsteint

20 g Kapern in Salz

2 Knoblauchzehen, geschält

1 TL Dijon-Senf

3 EL Olivenöl

gemahlener weißer Pfeffer

1 Spritzer Zitronensaft

Salz nach Bedarf

Für die Vinaigrette:

4 EL Olivenöl

Saft von 1 Zitrone

Außerdem:

4 EL Olivenöl

Salz, gemahlener schwarzer Pfeffer

1. Die Kartoffeln gründlich waschen und ungeschält halbieren. Die Schalotten halbieren. Von den Paprikaschoten Samen und Scheidewände entfernen und das Fruchtfleisch grob würfeln.

2. Auberginen und Zucchini waschen, Blüten- und Stielansätze entfernen. Das Fruchtfleisch der Länge nach halbieren und in 1,5 cm große Stücke schneiden. Von den Chilis die Stielansätze entfernen und das Fruchtfleisch im Ganzen belassen.

3. In einen schweren Bräter 4 EL Olivenöl geben. Kartoffeln mit der Schnittfläche nach unten nebeneinander hineinlegen und bei 180 °C im vorgeheizten Ofen etwa 10 Minuten garen. Dann Schalotten und Knoblauch auf den Kartoffeln verteilen, weitere 20 Minuten im Ofen garen.

4. Den Bräter aus dem Ofen nehmen, die vorbereiteten Gemüsestücke und die Chilis zu den Kartoffeln in den Bräter geben, die Thymianzweige darauf legen und alles weitere 10 Minuten garen.

5. Inzwischen die Tomaten waschen und halbieren, die Stielansätze entfernen. Die Tomatenhälften ebenfalls in den Bräter geben und vorsichtig unter das Auberginen-Zucchini-Gemüse heben.

6. Für die Tapenade die Oliven klein schneiden. Die Kapern in ein Sieb geben und das Salz gut abschütteln. Alle Zutaten zusammen mit dem Dijon-Senf pürieren, dabei nach und nach das Öl zufügen. Pfeffern und nach Bedarf mit etwas Zitronensaft und Salz abschmecken.

7. Nach insgesamt 45 Minuten Garzeit den Bräter aus dem Ofen nehmen. Für die Vinaigrette das Olivenöl mit dem Zitronensaft mischen (dafür den Zitronensaft tropfenweise unter das Öl mixen, damit eine schöne Emulsion entsteht). Das Gemüse auf einer Platte anrichten und mit der Vinaigrette beträufeln. Mit Salz und Pfeffer kräftig würzen. Die Tapenade dazu reichen.

Der Gemüseplatte ist es einerlei, ob sie »nur« als Beigericht gereicht wird. In Begleitung einer würzigen Tapenade und frischen Bauernbrots spielt sie im Handumdrehen auch gern mal die Rolle des Hauptgangs.

Von mild bis pikant: Portugiesischer Käse. Links oben ein Monte Verde aus dem Norden, oben rechts ein Queijo casteloes, links unten ein Alvorca und, ganz im Vordergrund, der pikante, 10 bis 12 Monate gereifte Queijo Serra de Estrela, aus Schafmilch hergestellt.

Auberginen mit Tomatensauce

Interessant im Geschmack: Milde Auberginen sind umhüllt von knusprig-würziger Panade. Solche Zubereitungen, die dem weichen, relativ neutral schmeckenden Auberginenfleisch eine schön knusprige Struktur geben, kennt man in ganz Südeuropa. Hier ist es die Mischung aus Semmelbröseln und pikantem Reibkäse, etwa einem Queijo Serra de Estrela, die der Panade ihre besondere Konsistenz verleiht. Am besten eignet sich dafür ein gut gereifter Käse mit einem Schaf- oder Ziegenmilchanteil, weil dieser den meisten Geschmack mitbringt.

Gebackene Auberginen

1 kg Auberginen

2 TL Salz

150 g Semmelbrösel

100 g frisch geriebener Käse

80 g Mehl, 2 Eier

Für die Tomatensauce:

600 g Tomaten

30 g Zwiebel, 2 Knoblauchzehen

1 kleine rote Chilischote

3 EL Olivenöl, 2 TL Tomatenmark

Salz, frisch gemahlener Pfeffer

Außerdem:

1/8 l Olivenöl zum Ausbacken

Basilikumblättchen zum Garnieren

1. Die Auberginen waschen, die Stielansätze entfernen und die Früchte der Länge nach in 1 cm dicke Scheiben schneiden. Mit etwas Salz bestreuen und 10 Minuten ziehen lassen.

2. Die Tomaten waschen, die Stielansätze entfernen und die Früchte grob würfeln. Zwiebel und Knoblauch schälen und fein hacken. Die Chilischote halbieren, Samen und Scheidewände entfernen und das Fruchtfleisch in dünne Streifen schneiden.

3. In einer Kasserolle das Öl erhitzen und Zwiebel und Knoblauch darin glasig anschwitzen. Tomaten, Chilistreifen und Tomatenmark zufügen, alles salzen, pfeffern und im geschlossenen Topf bei niedriger Hitze in etwa 30 Minuten weich köcheln lassen. Die Sauce durch ein Sieb passieren und abschmecken.

4. Semmelbrösel und geriebenen Käse in einer flachen Schüssel gründlich miteinander vermischen. Die Auberginenscheiben mit Küchenpapier sorgfältig trockentupfen. Zuerst in Mehl, dann in den verquirlten Eiern und zum Schluss in der Bröselmischung wenden.

5. Das Olivenöl in einer Pfanne erhitzen und die panierten Auberginenscheiben darin bei mäßiger Hitze von jeder Seite etwa 3 Minuten goldbraun ausbacken. Auberginen herausnehmen, auf Küchenpapier abtropfen lassen, mit der Tomatensauce anrichten und mit Basilikumblättchen garnieren. Dazu passt ein Blattsalat mit einer Kräutervinaigrette.

Gefüllte Tomaten lassen sich gut vorbereiten. Diese hier haben eine Füllung aus Spinat, Schinken und Pinienkernen.

Tomaten mit Spinatfüllung

Eine ganz ungewöhnliche geschmackliche Kombination. Die abgeriebene Schale und der Saft der Orange harmonieren mit den Tomaten und dem Spinat aufs Beste. Diese Tomaten kann man als warme Vorspeise reichen oder auch als Beilage servieren, vor allem zu Fischgerichten.

Tomates rellenos

800 g Tomaten

Für die Füllung:

500 g Spinat, Salz

2 Schalotten

100 g gekochter Schinken

einige Blättchen Zitronenmelisse

40 g Butter

50 g Pinienkerne

Abgeriebenes und Saft von 1 unbehandelten Orange

frisch gemahlener Pfeffer

Außerdem:

Butter für die Form

2 EL Olivenöl

1. Die Tomaten waschen. Von jeder Frucht einen Deckel abschneiden und die Tomaten mit einem kleinen Löffel aushöhlen. Mit der Öffnung nach unten auf Küchenpapier stellen und die Tomaten gut abtropfen lassen.

2. Den Spinat putzen und gründlich waschen. In Salzwasser kurz blanchieren, abseihen, etwas ausdrücken und grob zerkleinern.

3. Die Schalotten schälen und fein hacken. Den Schinken in kleine Würfel schneiden. Die Zitronenmelisse waschen, trockenschütteln und in feine Streifen schneiden.

4. Die Butter in einer Pfanne zerlassen und die Pinienkerne darin goldgelb braten. Die Schalotten- und Schinkenwürfel kurz mitbraten. Den Spinat, die abgeriebene Schale der Orange und den Orangensaft in die Pfanne geben und unterrühren. Alles salzen und pfeffern, die Zitronenmelisse untermischen.

5. Eine Auflaufform mit Butter ausstreichen. Die Spinatfüllung in die Tomaten verteilen, mit Olivenöl beträufeln und die Tomaten in die Form setzen. Bei 190 °C im vorgeheizten Ofen 20 bis 25 Minuten backen.

Variante: Die Füllung kann durch die Zugabe von 150 g gekochtem Reis verlängert werden und reicht dann für 1,2 kg Tomaten. Den Reis zu Schalotten- und Schinkenwürfeln in die Pfanne geben und kurz mitbraten. Dann den Spinat und die übrigen Zutaten zufügen. Wer mag, kann den Spinat durch Mangold ersetzen.

→ Tipp

Für die Füllung kann man auch tiefgekühlten Blattspinat statt frischer Spinatblätter verwenden. Das spart etwas Zeit und Mühe. Den gefrorenen Spinat einfach nach Packungsanweisung auftauen, gut ausdrücken und grob zerkleinern. Dann, wie im Rezept (Schritt 4) beschrieben, weiterverarbeiten.

Asiatische Vorspeisen

Sushi, Saté und Tempura stehen ganz weit oben auf der Liste der beliebten asiatischen Snacks. In diesem Kapitel wird gezeigt, wie man diese und viele andere fernöstliche Köstlichkeiten in der eigenen Küche selbst zubereiten kann. Spezielle Zutaten können Sie im Asienladen einkaufen.

Spießchen mit Hähnchen und Speck

Fleischspießchen, »Satés«, werden überall in Südostasien zubereitet. Berühmt sind neben den thailändischen auch die Satés in Bali, die mit oder ohne Reis fast an jeder Straßenecke der Insel verkauft werden. Sie bestehen wahlweise aus Hühner-, Schweine- oder Rindfleisch. In Thailand werden die Spießchen häufig mit Schweinefleisch bestückt und unter dem Namen »moo ping« verkauft. Dazu gibt es fast immer eine Chili-Soja-Sauce. Das folgende Rezept schlägt eine Kombination aus Hähnchenfleisch und hauchdünnen Speckstreifen vor, eine besonders köstliche Saté-Variante.

Saté mit Hähnchen

4 Hähnchenbrustfilets (je 150 g)

120 g luftgetrockneter durchwachsener Bauchspeck

Öl zum Bestreichen

Für die Marinade:

2 Knoblauchzehen

10 g frische Galgantwurzel

10 g Zitronengras

30 ml Fischsauce

30 ml helle Sojasauce

1/8 l Kokosmilch, 1/8 l Erdnussöl

15 g brauner Zucker

1/2 TL frisch gemahlener weißer Pfeffer

1 EL gehacktes Koriandergrün

Für die Chili-Soja-Sauce:

20 ml Fischsauce

Saft und abgeriebene Schale von 2 Kaffir-Limetten

20 ml helle Sojasauce

15 g brauner Zucker

2 rote Chilischoten, ohne Samen und Scheidewände

1 EL Röllchen von chinesischem Schnittlauch

Außerdem:

chinesischer Schnittlauch in Röllchen zum Bestreuen

1. Hähnchenbrustfilets unter fließendem kaltem Wasser waschen, dann trockentupfen. Fleisch schräg zur Längsrichtung der Fasern in dünne Scheiben schneiden, zwischen zwei Klarsichtfolien legen und mit der flachen Seite eines schweren Kochmessers etwas platt drücken. Den Speck in hauchdünne Scheiben schneiden, am besten mit einer Aufschnittmaschine.

2. Die Fleischscheiben mit dem Speck belegen und beides ziehharmonikaartig auf Bambus- oder Holzstäbchen stecken.

3. Für die Marinade den Knoblauch und den Galgant schälen und fein hacken. Das Zitronengras in feine Ringe schneiden. Fischsauce, Sojasauce, Kokosmilch, Öl, Zucker und Pfeffer in einer flachen länglichen Form miteinander verrühren. Knoblauch, Galgant, Zitronengras und Koriander zugeben und untermischen. Die Fleischspießchen darin etwa 1 Stunde marinieren.

4. Für die Chili-Soja-Sauce die Fischsauce, den Limettensaft, die abgeriebene Limettenschale, die Sojasauce und den Zucker in einer Schüssel miteinander verrühren. Die Chilischoten in dünne Streifen schneiden und mit den Schnittlauchröllchen zur Sauce geben.

5. Die Spießchen aus der Marinade nehmen und leicht abtropfen lassen. Mit Öl bepinseln, auf den vorgeheizten Grill legen und von jeder Seite etwa 2 Minuten grillen, zwischendurch immer wieder mit etwas Marinade bepinseln.

6. Die Spießchen mit der Sauce auf Teller anrichten und mit Klebreis servieren. Den Reis mit chinesischem Schnittlauch bestreuen.

Zu jeder Tageszeit wird diese Art von kleinen Gerichten in Thailand und anderen asiatischen Ländern gegessen, und so werden sie auch angeboten. Man findet sie in »food stalls« an jeder Straßenecke.

Saté von Wild und Geflügel

»Saté« heißen die kleinen Spießchen, die es in Indonesien überall zu kaufen gibt. Traditionell werden sie mit Hähnchenfleisch zubereitet, doch kann man die Fleischsorte jederzeit variieren. In jedem Fall liegt das Fleisch vor dem Grillen einige Zeit in einer aromatischen Marinade, und dazu reicht man eine Erdnusssauce.

Geflügel-Saté

350 g Hähnchen- oder Putenfleisch

Für die Marinade:

5 g frische Ingwerwurzel

1 Knoblauchzehe, 30 g Frühlingszwiebel

1 Chilischote, ohne Samen und Scheidewände

Saft von 1 Kaffir-Limette

2 Kaffir-Limetten-Blätter

1/8 l Erdnussöl

2 EL helle Sojasauce

1 EL gehacktes Koriandergrün

Außerdem:

8 Bambusspieße

Salz, edelsüßes Paprikapulver

1. Das Fleisch unter fließendem kaltem Wasser abspülen, dann trockentupfen und in 1,5 cm große Stücke schneiden. Auf Holzspießchen stecken und kühl stellen.

2. Für die Marinade Ingwer und Knoblauch schälen und fein hacken. Frühlingszwiebel putzen und in dünne Ringe schneiden. Chilischote in feine Streifen schneiden. Ingwer, Knoblauch, Zwiebel, Chilistreifen, Limettensaft und -blätter, Erdnussöl, Sojasauce und Koriandergrün gut verrühren.

3. Die Spieße in einer flachen Form mit der Marinade übergießen. Zugedeckt 1 bis 2 Stunden kühl durchziehen lassen. Aus der Marinade nehmen, nach Belieben salzen und mit Paprikapulver würzen. Satés auf dem heißen Holzkohlengrill oder einer Grillplatte von jeder Seite 2 bis 3 Minuten grillen, dabei mehrfach mit der restlichen Marinade beträufeln.

Saté vom Hirsch und gegrillte Wachteln

250 g Hirschfilet

8 Scheiben durchwachsener Räucherspeck

4 küchenfertige Wachteln, jeweils in 4 Stücke geteilt (Brüste, Flügel, Keulen)

Für die Marinade:

1 EL Honig, 2 EL helle Sojasauce

2 EL trockener Sherry

2 Schalotten, 1 Knoblauchzehe

1/2 TL Salz, gemahlener weißer Pfeffer

Außerdem:

8 Bambusspießchen

Mangowürfel nach Belieben

1. Das Hirschfilet in 8 dünne, lange Streifen schneiden und mit dem Speck auf die Bambusspießchen stecken, wie auf dem kleinen Bild rechts unten gezeigt.

2. Zutaten für die Marinade verrühren, bis sich Salz und Honig auflösen. In eine flache Form gießen, Spieße und Wachtelteile einlegen. Mindestens 30 Minuten durchziehen lassen.

3. Spieße und Wachtelteile aus der Marinade nehmen, gut abtropfen lassen und auf dem vorgeheizten Holzkohlengrill oder einer Grillplatte rundum knusprig braten. Eventuell mit Mangowürfeln anrichten und servieren.

Erdnusssauce

150 g geschälte Erdnusskerne

10 g brauner Zucker

1 EL Chilipaste

2 EL helle Sojasauce, 150 ml Kokosmilch

1/2 TL sehr fein gehacktes Zitronengras

1/4 TL gemahlener Koriander

Salz, frisch gemahlener Pfeffer

1. Die Nüsse auf einem Blech bei 200 °C im vorgeheizten Ofen goldgelb rösten. Herausnehmen, abkühlen lassen und im Mörser zu einer feinen Paste zerreiben.

2. Mit Zucker, Chilipaste, Sojasauce, 60 ml Wasser, Kokosmilch, Zitronengras und Koriander 5 Minuten bei geringer Hitze unter Rühren köcheln, mit Salz und Pfeffer würzen.

Spieße mit Hirschfilet, gegrillte Wachteln und dazu Erdnusssauce – das ist euro-asiatischer Genuss.

Die Hirschfiletstreifen mit Speckscheiben belegen und ziehharmonikaartig auf die Bambusspieße ziehen.

Das Angebot auf dem Markt bestimmt, wie die Frühlingsrollen gefüllt werden. Wichtig ist, dass das Gemüse fein geschnitten wird, damit es gleichmäßig garen kann.

Frühlingsrollen mit Gemüse

Knusprig ausgebackene hauchdünne Teigfladen aus Reispapier, mit Gemüse und Knoblauch gefüllt, sind der Renner auf jeder asiatischen Vorspeisenplatte. Man kann (fast) jedes Gemüse der Saison für die Füllung verwenden, und die Reispapierfladen gibt's mittlerweile im Spezialitätenregal des Supermarkts.

Frühlingsrollen mit Gemüsefüllung

Für die Füllung:

100 g Zuckerschoten
120 g Möhren
150 g Frühlingszwiebeln
80 g Stangensellerie
80 g Chinakohl
80 g Shiitake-Pilze
100 g Sojabohnensprossen
1 Knoblauchzehe
4 EL Erdnussöl
Salz, frisch gemahlener weißer Pfeffer
4 EL Sojasauce
1 EL Maisstärke
1 EL Koriandergrün

Außerdem:

1 EL Mehl
8 Teigblätter für Frühlingsrollen
Pflanzenöl zum Frittieren

1. Gemüse und Pilze putzen und alles, bis auf die Sprossen, in gleichmäßig feine Streifen schneiden. Die Knoblauchzehe schälen und sehr fein hacken oder durch die Presse drücken. Das Öl in einem Wok oder einer hohen Pfanne erhitzen und den Knoblauch unter ständigem Rühren darin anschwitzen, bis er leicht Farbe angenommen hat.

2. Die Gemüse nacheinander zufügen, in 2 bis 3 Minuten pfannenrühren und alles mit Salz, Pfeffer und Sojasauce würzen. Die Maisstärke in einer Tasse mit etwas kaltem Wasser anrühren. Zum Gemüse gießen und dieses unter ständigem Rühren damit binden. Das fein geschnittene Koriandergrün zufügen und nochmals alles gut durchrühren.

3. Das Gemüse beiseite stellen und abkühlen lassen. Zum Verkleben der fertigen Rollen das Mehl zuerst mit 1 EL kaltem, anschließend nach und nach mit 2 bis 3 EL heißem Wasser verrühren. Die Frühlingsrollen füllen, wie in der Bildfolge rechts gezeigt.

4. Die Rollen portionsweise in das auf 180 °C erhitzte Öl geben. Goldbraun werden lassen, herausnehmen und auf Küchenpapier abtropfen lassen. Sofort servieren.

Teigblätter auf ein feuchtes Tuch legen und jeweils 1 bis 2 EL Gemüsemischung darauf geben.

Einen Teigstreifen über die Füllung schlagen. Die Seitenstreifen mit Mehlkleister bestreichen und verkleben.

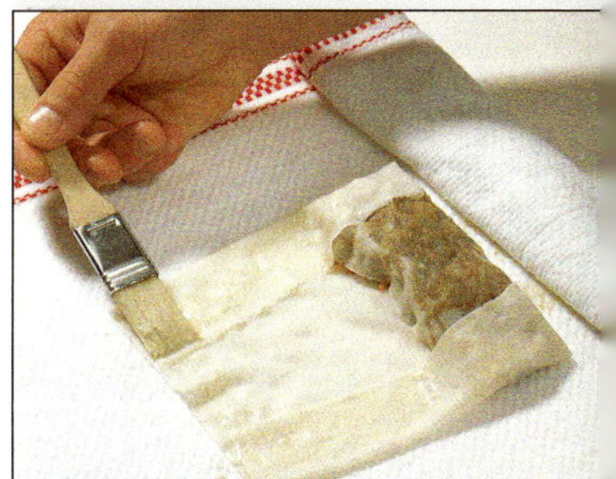

Beide Seiten des Teigs nach innen umschlagen, das Teigende ebenfalls mit dem Mehlkleister bestreichen.

Das Tuch anheben, bis sich das Ganze zur Rolle formt. Alle Ränder der Rolle noch einmal leicht andrücken.

Frühlingsrollen mit Hähnchenfleisch

Die Füllung dieser goldgelb ausgebackenen Appetithappen zeichnet sich durch ihr ausgewogenes Verhältnis von Hähnchenfleisch und Gemüse aus. Hinzu kommen ergänzend noch Garnelen. Von der langen Zutatenliste sollte man sich nicht schrecken lassen, die Mehrzahl davon ist leicht zu beschaffen. Und die Taro-Knolle könnte man, sofern sie nicht aufzutreiben ist, eventuell durch Kartoffel ersetzen.

Frühlingsrollen mit Geflügel und Gemüse

16 Frühlingsrollenblätter (21,5 x 21,5 cm)

1 Eiweiß

Für die Füllung:

300 g Hähnchenfleisch, ohne Haut und Knochen

80 g Schalotten, 1 Knoblauchzehe

10 g frische Ingwerwurzel

1 grüne Chilischote

120 g weißer Rettich
120 g Taro-Knolle
70 g Möhren, 100 g Weißkohl
100 g gekochte, geschälte Garnelen
60 g frische Bohnensprossen
80 g Frühlingszwiebeln
100 g Tofu, 3 EL Pflanzenöl
Salz, 1 EL gehacktes Koriandergrün
3 EL Ketjap Manis (süße Sojasauce)
3 EL dunkle Sojasauce
Für die Chilisauce:
2 Knoblauchzehen, je 1 rote und grüne Chilischote
6 EL Fischsauce, 2 EL helle Sojasauce
1 EL Kaffir-Limettensaft
1 EL brauner Zucker
Für die süß-saure Ananassauce:
1 EL Öl, 2 Knoblauchzehen
100 g Frühlingszwiebeln
500 g frische Ananas, klein gewürfelt
70 g Tomatenketchup
Salz, frisch gemahlener Pfeffer
1/4 TL brauner Zucker, 1 EL Reisessig
Außerdem:
Pflanzenöl zum Ausbacken

1. Das Hähnchenfleisch für die Füllung in feine Würfel schneiden. Die Schalotten, den Knoblauch und den Ingwer schälen. Die Chilischote halbieren, Samen und Scheidewände entfernen und alles fein hacken.

2. Rettich, Taro-Knolle und Möhren schälen und grob raspeln. Vom Weißkohl den Strunk entfernen und den Kohl in feine Streifen schneiden. Garnelen klein würfeln. Bohnensprossen verlesen und hacken. Frühlingszwiebeln putzen und hacken. Tofu klein würfeln.

3. Das Öl im Wok erhitzen und das Hähnchenfleisch darin von allen Seiten anbraten. Die Schalotten-, Knoblauch-, Ingwer- und Chiliwürfel 2 Minuten mitbraten. Rettich-, Taro- und Möhrenraspel sowie die Weißkohlstreifen weitere 5 Minuten mitbraten.

4. Garnelen, Bohnensprossen, Frühlingszwiebel- und Tofuwürfel, die Gewürze und beide Sojasaucen weitere 2 Minuten mitbraten. Herausnehmen und auskühlen lassen.

5. Für die Chilisauce Knoblauch und Chilischoten schälen bzw. putzen und fein würfeln. Beides in eine Schüssel geben und mit den restlichen Zutaten der Sauce gut verrühren.

6. Für die Ananassauce die Knoblauchzehen schälen und fein hacken. Die Frühlingszwiebeln putzen und ebenfalls fein hacken. Das Öl in einem Wok erhitzen und Knoblauch und Frühlingszwiebeln darin kurz anbraten, die Ananaswürfel zufügen.

7. Ketchup, Salz, Pfeffer, Zucker und Reisessig unter die Sauce mischen und alles 5 Minuten köcheln lassen. Die Sauce warm oder kalt zu den Hähnchenrollen reichen.

8. Die Teigblätter auf der Arbeitsfläche auslegen. Die Füllung in die Mitte setzen, die untere Teigecke weit über die Füllung legen, die Seiten rechts und links nach innen über die Füllung schlagen und den Rest aufrollen. Das Ende jeder Rolle mit Eiweiß bestreichen und fest andrücken, damit die Füllung nicht austreten kann.

9. Das Öl in der Friteuse oder im Wok auf 180 °C erhitzen und die Hähnchenrollen darin in 3 bis 4 Minuten knusprig ausbacken. Auf Küchenpapier abtropfen lassen und servieren. Ananas- und Chilisauce separat dazu reichen.

Tofu bindet die Aromen der Füllung auf angenehme Weise. Der Tofuanteil kann übrigens zu Lasten des Gemüses erhöht werden.

Eierrollen mit Gemüsefüllung

Die meisten Zutaten für dieses Rezept sind gar nicht so exotisch, und die Würzung ist sehr ausgewogen, also nicht zu scharf. In Thailand serviert man zu den Eierrollen Nam Prik, eine sehr scharfe Sauce.

Eierrollen

Für die Pfannkuchen:

100 g Mehl, 1/8 l Wasser

3 Eier, 1/4 TL Salz

Für die Füllung:

80 g Zwiebeln, 2 Knoblauchzehen

60 g Möhren, 60 g Stangensellerie

150 g Weißkohl, 100 g Spinat

30 g frische Ingwerwurzel

70 g Frühlingszwiebeln, 100 g Tofu

70 g frische Bohnensprossen

4 EL Erdnussöl

1/2 TL Salz, 1 EL Essig

1 TL Zucker, 1 kleine Chilischote

3 bis 4 EL helle Sojasauce

1 EL gehacktes Koriandergrün

Außerdem:

Öl zum Braten und Ausbacken

geröstete Sesamsamen zum Bestreuen

1. Das Mehl in eine Schüssel sieben und mit Wasser, Eiern und Salz glatt verrühren. Den Teig 1/2 Stunde quellen lassen.

2. Für die Füllung Zwiebeln und Knoblauch schälen, fein hacken. Möhren und Sellerie putzen, in dünne Stifte, Weißkohl in feine Streifen schneiden. Spinat waschen und putzen. Ingwer schälen und fein hacken. Frühlingszwiebeln in Ringe, Tofu in kleine Würfel schneiden. Die Bohnensprossen abbrausen und verlesen.

3. Öl im Wok erhitzen und das Gemüse bei starker Hitze, wie unten in den Abbildungen beschrieben, zubereiten. Es soll weich, aber noch knackig sein. Pfannkuchenteig durchrühren.

4. Eine Pfanne mit Öl auspinseln und nacheinander 12 dünne Pfannkuchen von 18 bis 20 cm Durchmesser braten. Auf einer Arbeitsfläche auslegen, die Füllung darauf verteilen, wie Frühlingsrollen zusammenfalten und im Wok ausbacken. Mit Sesam bestreuen und servieren.

Zwiebel- und Knoblauchwürfel im Wok im heißen Öl anschwitzen, Möhren- und Selleriestifte 2 Minuten mitschwitzen, herausnehmen.

Die Weißkohlstreifen in dem verbliebenen Bratfett im Wok unter Rühren so lange braten, bis sie weich sind, aber noch etwas Biss haben. Die Zwiebel-Gemüse-Mischung wieder zugeben.

Den Spinat zum Gemüse im Wok geben und so lange rühren, bis er gerade zusammengefallen ist. Den gehackten Ingwer darüber streuen.

Die Frühlingszwiebelringe, die abgebrausten Bohnensprossen und die kleinen Tofuwürfel zum Schluss unter die Zutaten mischen.

Das Gemüse mit Salz, Essig, Zucker, fein gewürfelter Chilischote und heller Sojasauce würzen. Das Koriandergrün darüber streuen und unter das Gemüse mischen.

In den Wok etwa 1 cm hoch Erdnussöl gießen und erhitzen. Die Pfannkuchenrollen von beiden Seiten schön hellbraun ausbacken.

Maki-Sushi mit wildem Reis und Tofu

Die Basis aller Sushi-Gerichte ist ein spezieller japanischer Rundkornreis, der mit einem Gemisch aus Essig, Salz und Zucker versetzt wird. Bei den so genannten Maki-Sushi umschließt der Reis eine Füllung und wird selbst mit Hilfe einer Bambusmatte in spezielle Algenblätter gewickelt.

Maki-Sushi mit Reis und Tofu

Für 800 ml Dashi-Brühe:

20 g Kombu (Seetang)

30 g Bonitoflocken

Für die Sushi:

250 g Tofu

2 EL helle Sojasauce

1 TL Limettensaft

Salz, frisch gemahlener Pfeffer

300 g japanischer Rundkornreis
100 g wilder Reis, über Nacht eingeweicht
300 ml Gemüsebrühe
4 EL Reisessig
je 1 1/2 TL Zucker und Salz
Außerdem:
Spinatblätter
Salz, frisch gemahlener Pfeffer
1 rote Chilischote (ohne Samen), in Streifen
4 Noriblätter (Meeralgen)
1 Bambusmatte
Beluga-Kaviar nach Belieben

1. Für die Dashi-Brühe den Seetang mit einem feuchten Tuch vom weißen Puder befreien. In 1 l kaltes Wasser legen und bei kleiner Hitze in 10 bis 15 Minuten aufkochen.

2. Wenn Blasen aufsteigen, mit einem Fingernagel prüfen, ob der Tang weich ist. Herausnehmen und die Flüssigkeit mit 80 ml kaltem Wasser aufgießen. Die Bonitoflocken zufügen und alles erneut aufkochen. Sobald die Brühe kocht, den Topf vom Herd nehmen und warten, bis die Fischflocken abgesunken sind. Die Brühe durch ein Tuch seihen.

3. 200 ml von der Dashi-Brühe abmessen, den Rest anderweitig verwenden oder portionsweise einfrieren. Den Tofu für die Sushi in etwa 1 x 1 cm dicke Stangen schneiden. Die Brühe mit der Sojasauce und dem Limettensaft verrühren, salzen, pfeffern und in eine flache Form gießen. Die Tofustangen darin marinieren.

4. Den Klebreis mehrmals waschen, bis das Wasser klar abläuft, und die Körner gut abtropfen lassen. In einem Topf 360 ml Wasser und den Reis zum Kochen bringen, 2 Minuten kochen lassen, dann die Hitze reduzieren. Den Topf fest mit dem Deckel schließen und den Reis 15 Minuten garen.

5. Den Topf vom Herd nehmen, 2 Lagen Küchenpapier zwischen Topf und Deckel klemmen und den Reis noch 15 Minuten ausdampfen lassen.

6. Inzwischen den eingeweichten wilden Reis in der Gemüsebrühe etwa 40 Minuten garen. Den Essig mit Zucker und Salz verrühren und erwärmen, bis sich der Zucker gelöst hat. Den Reis in ein flaches Gefäß füllen und die Essigmischung einarbeiten, dabei den Reis aber nicht umrühren.

7. Den Spinat blanchieren, würzen und die Tofustreifen darin einwickeln. Noriblätter über offener Flamme hin- und herschwenken, bis sie sich dunkelgrün gefärbt haben und ein intensives Aroma entwickeln.

8. Die Maki-Sushi, wie rechts auf den beiden Bildern beschrieben, belegen und aufrollen. Anschließend die Bambusmatte wieder entfernen. Das Ende des Noriblatts mit Wasser befeuchten und festdrücken. Die Rolle in 1 cm breite Streifen schneiden und nach Belieben mit etwas Kaviar garnieren.

1 Nori-Blatt auf der Bambusmatte ausbreiten. Hände in Essigwasser tauchen und Klebreis darauf geben.

Wilden Reis und Tofustangen darauf legen. Mit Chili bestreuen. Bambusmatte anheben und alles aufrollen.

Nigiri-Sushi
Fisch auf Reis

Die Tunfisch-Sushi werden mit japanischer Sojasauce und Wasabipaste zum Dippen gereicht. Außerdem serviert man sie noch mit süßlich-scharf eingelegten Ingwerstücken.

Alles, was man für Sushi braucht, kann man in Asienläden oder den Spezialabteilungen von Kaufhäusern, Supermärkten oder Feinkostgeschäften finden. Ideal für Sushi ist japanischer Rundkornreis. Er ist nach dem Kochen leicht klebrig, aber noch körnig, und lässt sich deshalb gut verarbeiten.

Sushi-Reis

Für 8 Portionen

250 g Sushi-Reis

2 EL Reisessig

1 gestrichener EL Zucker

1 TL Salz

1. Sushi-Reis in einem Sieb unter fließendem kaltem Wasser abspülen, bis das Wasser klar abläuft, und die Körner gut abtropfen lassen.

2. Den Reis mit 300 ml Wasser aufkochen, 2 Minuten kochen lassen, die Hitze reduzieren und den Reis zugedeckt bei geringer Hitze 10 Minuten ausquellen lassen. Den Deckel abnehmen, 2 Lagen Küchenpapier zwischen Topf und Deckel klemmen und den Reis noch 10 bis 15 Minuten abkühlen lassen.

3. In der Zwischenzeit Reisessig, Zucker und Salz aufkochen und wieder abkühlen lassen. Den Reis in eine Schüssel füllen, den Würzessig darüber träufeln und mit einem Holzspatel unterarbeiten, dabei aber nicht rühren. Den Reis bis zur weiteren Verwendung mit einem feuchten Tuch abdecken.

Nigiri-Sushi mit Tunfisch

Für 8 Stück

1/2 Rezept Sushi-Reis (siehe links)

1 Bund Schnittlauch

2 TL Wasabipulver

150 g frisches Tunfischfilet

Außerdem:

japanische Sojasauce, eingelegter Ingwer

1. Den Reis zubereiten, wie links beschrieben. Schnittlauch waschen, kurz abtropfen lassen und trockentupfen. Das Wasabipulver mit 2 bis 4 TL Wasser zu einer cremigen Paste anrühren und quellen lassen.

2. Vom Tunfischfilet alle noch eventuell vorhandenen Gräten mit Hilfe einer Pinzette entfernen. Fransige Stellen glatt schneiden. Filet schräg zur Faser in 8 dünne Scheiben schneiden und mit Küchenpapier trockentupfen.

3. Eine Seite der Fischstücke hauchdünn mit Wasabipaste bestreichen. Mit angefeuchteten Händen jeweils 1 EL Sushi-Reis zu einem länglichen Klößchen formen. Die Fischstücke mit der bestrichenen Seite nach oben in die linke Handfläche legen. Ein Reisklößchen aufsetzen und sanft auf den Fisch drücken.

4. Die Sushi umdrehen und in eine gleichmäßige Form drücken. Mit je zwei Schnittlauchhalmen garnieren und auf einer Platte anrichten. Sojasauce, die restliche Wasabipaste und den Ingwer dazu servieren.

Nigiri-Sushi mit Garnelen

Für 8 Stück
1/2 Rezept Sushi-Reis (siehe linke Seite)
8 rohe, ungeschälte Garnelenschwänze
Salz, 2 TL Wasabipulver
2 EL Reisessig, 2 TL Reiswein (Mirin)
Außerdem:
japanische Sojasauce
eingelegter Ingwer

1. Die Garnelenschwänze waschen und bei schwacher Hitze in siedendem Salzwasser 4 bis 5 Minuten garen. Herausnehmen und in Eiswasser abschrecken. Das Wasabipulver mit 3 bis 4 TL Wasser anrühren und quellen lassen.

2. Die Garnelen bis auf das Schwanzsegment aus den Schalen lösen. Vom Rücken her den dunklen Darm entfernen. Die Garnelen von der Bauchseite her aufschlitzen, aber nicht ganz – sie sollen auf beiden Seiten noch jeweils etwa 1 cm zusammenhängen.

3. Reisessig und Reiswein in einem tiefen Teller vermischen, die Garnelen darin wenden und 2 Minuten ziehen lassen. Herausheben, leicht abtupfen und die beiden Hälften zu einem Ring biegen. Die Innenseite hauchdünn mit Wasabipaste bestreichen.

4. Mit angefeuchteten Händen jeweils 1 EL Sushi-Reis zu einem Klößchen formen und die Oberseite leicht flach drücken. Die Garnelen auf die Reiskissen legen und behutsam festdrücken. Die Sushi mit Garnelen anrichten. Mit Sojasauce, restlicher Wasabipaste zum Dippen und eingelegtem Ingwer servieren.

Eine anspruchsvolle Variante der beliebten Yakitori-Spießchen sind diese mit Hähnchenfleisch, Lebern und Wachteleiern zubereiteten. Sie eignen sich genauso als Fingerfood wie als feine Vorspeise.

Yakitori
Gegrillte Spieße

Yakitori – das ist Fast Food auf japanisch. Man kann die Spießchen zwischendurch als Snack aus der Hand essen, aber auch in Restaurants genießen.

Hähnchenspieße

2 küchenfertige Hähnchen (je etwa 1 kg)
150 g Hühnerlebern
50 g geschälte Zwiebel, in Achteln
60 g Möhre, 250 g rote Paprikaschoten
100 g Frühlingszwiebeln
2 EL helle Sojasauce, 1 Ei
10 g fein gehackte frische Ingwerwurzel
1 TL Salz, 15 g Zucker
2 TL Sesamsamen, 12 Wachteleier

Für die Shichimi-Gewürz-Mischung:

1 TL Leinsamen, 2 TL Sesamsamen
1 TL getrocknete Orangenschale
1 TL Mohnsamen
4 kleine getrocknete Chilischoten
2 TL Ao-nori (getrocknete Seetangflocken)
etwas Sansho (japanischer Pfeffer)

Für die Yakitori-Sauce:

100 ml Sojasauce, 200 ml Mirin (Reiswein)
100 ml Sake, 15 g Zucker, 1 TL Shichimi

1. Die Hähnchen unter fließendem kaltem Wasser waschen und trockentupfen. Brüste und Schenkel abtrennen. Die Haut ablösen, beiseite stellen. Brustfleisch von den Knochen lösen, in 3 cm große Würfel schneiden, beiseite stellen. Von den Schenkeln ebenfalls das Fleisch lösen und die Sehnen entfernen.

2. Die Lebern sorgfältig von Häuten sowie Äderchen befreien und halbieren. Zwiebelachtel jeweils in 2 Schichten teilen. Möhre schälen, längs in dünne Scheiben hobeln. Paprika putzen, in 3 cm große Stücke schneiden. Frühlingszwiebelgrün abschneiden, grob zerkleinern. Den weißen Teil halbieren. Paprika und Möhrenreste sowie Frühlingszwiebelgrün mit dem Fleisch der Schenkel mischen.

3. Sojasauce, Ei, Ingwer, Salz, Zucker und Sesam zu der Fleisch-Gemüse-Mischung geben und alles gut vermengen. Durch die mittlere Scheibe des Fleischwolfs drehen.

4. Die Hähnchenhaut mit der Innenseite nach oben ausbreiten, jeweils mit etwas Fleisch-Gemüse-Farce belegen und zu Rollen formen. Diese bei 160 °C im vorgeheizten Ofen 5 Minuten garen, um ein späteres Zusammenziehen zu verhindern. Abkühlen lassen und in Stücke schneiden. Die restliche Farce zu kleinen Bällchen formen.

5. Um beim Kochen die dünne Schale der Wachteleier nicht zu verletzen, einen kleinen Topf mit Küchenpapier auslegen, mit Wasser auffüllen und dieses zum Kochen bringen. Die Wachteleier 5 Minuten darin kochen, dann kalt abschrecken und schälen.

6. Die Zutaten für die Shichimi-Gewürz-Mischung in der Kaffeemühle vermahlen. Alle Zutaten für die Yakitori-Sauce zum Kochen bringen, 10 Minuten köcheln, abkühlen lassen.

7. Die vorbereiteten Zutaten abwechselnd auf Spieße stecken, dabei die Möhrenscheiben jeweils um ein Zwiebel- und ein Paprikastück schlingen und feststecken.

8. Die Spieße auf den vorgeheizten Grill legen und grillen, bis sie halb gar sind, dabei häufig wenden. Vom Grill nehmen und mit der Yakitori-Sauce bepinseln. Die Spieße erneut auf den Grill legen und diesen Vorgang nochmals wiederholen. Dabei darauf achten, dass die Sauce nicht verbrennt, sie schmeckt sonst bitter. Die fertig gegrillten Yakitori-Spieße mit der restlichen Sauce servieren.

Neben japanischer Sojasauce sind Mirin, ein süßer Reiswein, und die Sieben-Gewürze-Mischung »Shichimi« geschmacksbestimmend für den aromatischen Dip zu den Spießchen.

Gebratene Bällchen aus Hähnchenfleisch

Vielfach werden die mit Hähnchen bestückten Yakitori-Spieße in Japan bereits fertig angeboten, häufig auch gegrillt. Doch ob gebraten oder gegrillt, fehlen darf in keinem Fall die Würztunke dazu, die größtenteils aus dunkler Sojasauce und einem süßen, hellen Reiswein namens Mirin besteht. Eine besondere Note erhält die Tunke zusätzlich durch Tamari, eine besonders würzige Sojasauce aus milchsauer vergorenen Sojabohnen. Wer sie nicht bekommt, nimmt statt dessen einfach noch 10 ml der anderen Sojasauce.

Spieße mit Hähnchenfleischbällchen

500 g Hähnchenfleisch, ohne Haut

5 g frische Ingwerwurzel

1 EL Petersilienblättchen

30 g Frühlingszwiebeln

40 g rote Paprikaschote

1 Ei, 20 ml Sahne, Salz

1/4 TL Sansho (japanischer Pfeffer)

5 EL Pflanzenöl

Für die Sauce:

8 g Zitronengras

1/2 Chilischote, quer halbiert

1 EL Korianderblättchen

50 ml dunkle Sojasauce

50 ml Mirin, 20 ml Sake

10 ml Tamari, 1 TL brauner Zucker

Außerdem:

100 g Pak-Choi, einige Blätter japanischer grüner Meerrettich

1. Das Hähnchenfleisch durch die feine Scheibe des Fleischwolfs drehen. Den Ingwer schälen und fein hacken. Die Petersilienblättchen fein hacken. Die Frühlingszwiebeln waschen, die Wurzeln und den grünen Teil entfernen und nur den weißen Teil in feine Würfel schneiden. Die Paprikaschote mit einem Kartoffelschäler schälen. Von Stielansatz, Samen und Scheidewänden befreien und das Fruchtfleisch ebenfalls in feine Würfel schneiden.

2. Hähnchenfleisch, Ingwer, Petersilie, Frühlingszwiebeln und Paprika in einer Schüssel zu einem Teig mischen. Das Ei zufügen und einarbeiten. Die Sahne zugießen und unterrühren. Die Masse mit Salz und Sansho würzen und mit angefeuchteten Händen daraus gleichmäßige Bällchen von je etwa 20 g formen.

3. Den Pak-Choi putzen und waschen, die Blätter von den Stielen trennen und die Stiele in etwa 2 cm große Würfel schneiden. Die Blätter anderweitig verwenden.

4. Für die Sauce vom Zitronengras die äußeren Blätter entfernen, grüne Spitzen und die Wurzeln abschneiden. Das Zitronengras in feine Ringe schneiden. Die Chilischote in feine Ringe schneiden, dabei die Samen entfernen. Die Korianderblättchen grob hacken. Die dunkle Sojasauce mit Mirin, Sake, Tamari, Zucker, Zitronengras- und Chiliringen sowie Koriandergrün in einem kleinen Topf kurz aufkochen lassen. Beiseite stellen und warm halten.

5. Die Fleischbällchen abwechselnd mit den Pak-Choi-Würfeln auf die Spieße stecken. Das Pflanzenöl in einer Pfanne erhitzen und die Spieße darin rundum 5 bis 6 Minuten braten. Die Spieße aus der Pfanne nehmen und auf vorgewärmte Teller legen. Die Spieße mit den Meerrettichblättern garnieren und die Würzsauce separat dazu reichen.

Aus Hähnchenhackfleisch, Gewürzen und Gemüse werden die knusprigen Fleischbällchen zubereitet. Besonders hübsch sieht es aus, wenn sie abwechselnd mit Pak-Choi-Würfeln auf die Holzspieße gesteckt werden.

Garnelenschwänze, in einem Teig aus Weizen- und Reismehl ausgebacken, werden mit einer würzigen Dip-Sauce, geriebenem Rettich und Ingwer serviert – ein Beispiel für japanische Tempura.

Tempura
Frittierte Happen

Als Inbegriff der japanischen Kochkunst haben diese delikaten Appetitanreger Freunde in aller Welt gefunden. Frittiert wird, was schmeckt. Vor allem sind es jedoch Garnelen. Aber für Tempura lassen sich auch Gemüse, Pilze und Fleisch gut im heißen Fett ausbacken. Voraussetzung dafür ist jedoch immer, dass ganz frische Produkte verwendet werden – dies gilt sowohl für die Lebensmittel an sich als auch für das Öl, in dem sie frittiert werden. Es ist nicht schwer, den Tempurateig nach dem folgendem Rezept zuzubereiten. Doch für den Notfall werden im Handel fertig gewürzte Tempura-Mischungen angeboten, die nur noch nach Packungsaufschrift schnell angerührt werden müssen.

Garnelen in knuspriger Teighülle

500 g Garnelenschwänze mittlerer Größe

Für den Teig:

1 Ei

1/2 TL Salz

400 ml Eiswasser

100 g Reismehl

100 g Weizenmehl

Weizenmehl zum Wenden

Öl zum Ausbacken

Für die Dip-Sauce:

200 ml Gemüsebrühe

4 EL dunkle Sojasauce

4 EL Mirin (süßer Reiswein)

5 g Bonitoflocken

Würzende Beilagen:

frisch geriebener Rettich

frisch geriebener Ingwer

1. Die Garnelen schälen. Dabei das letzte Segment mit dem Schwanzfächer belassen, damit man die Häppchen sowohl beim Frittieren als auch beim Essen bequem anfassen kann. Dafür die Garnelen von der Rückseite her aufschneiden und mit den Fingern schälen. Um die »Schmetterlingsform« der Garnelen zu erhalten, diese zusätzlich durch die Mitte zum Schwanz hin aufschneiden, jedoch nicht durchschneiden, sie rollen sich dann beim Frittieren dekorativ auf.

2. Den Teig, wie in den ersten beiden Abbildungen der Bildfolge rechts erklärt, zubereiten und quellen lassen. Das restliche Eiswasser einrühren. Die Garnelen, wie in den letzten beiden Bildern rechts gezeigt, mit dem Teig überziehen und frittieren.

3. Für die Dip-Sauce die Gemüsebrühe und die Sojasauce mit dem Mirin zum Kochen bringen. Die Bonitoflocken zugeben, sofort vom Herd nehmen und durch ein Sieb streichen. Die in Tempura ausgebackenen Garnelen mit der Dip-Sauce, dem geriebenen Rettich und Ingwer sofort servieren.

Für den Tempurateig das Ei, das Salz und die Hälfte des Eiswassers mit 1 EL Reismehl verrühren.

Nach und nach das restliche Mehl gründlich unterrühren. Teig mindestens 1 Stunde quellen lassen.

Die Garnelen einzeln in Weizenmehl wenden, kurz in den Tempurateig tauchen und etwas ablaufen lassen.

Das Frittieröl auf 180 °C erhitzen. Die Garnelen darin frittieren. Auf Küchenpapier abtropfen lassen, servieren.

Überall in Asien werden auf den Gemüsemärkten Chilischoten in unterschiedlichen Größen und Farben angeboten. Dort gehören sie gewissermaßen zu den Grundnahrungsmitteln.

Chili-Prawns
würzig und einfach

Zarte Garnelen und scharfe Chilischoten sind höchst gegensätzliche Produkte, die jedoch hervorragend zueinander passen. Dieses Rezept stammt aus der Nonya-Küche Südostasiens, deren Wurzeln in der chinesischen und in der malaiischen Kochkunst zu finden sind. Aus dieser kulinarischen Vereinigung sind viele interessante Rezepte bekannt, die Krustentiere und scharfe Gewürze harmonisch miteinander kombinieren.

Chili-Prawns

4 bis 5 rote Chilischoten

1 kg ganze Garnelen (20 bis 30 Stück)

100 ml Erdnussöl

3 zerdrückte Knoblauchzehen

30 g frisch geriebene Ingwerwurzel

80 ml Tomatensauce

2 EL dunkle Sojasauce

1 TL Salz, gemahlener weißer Pfeffer

2 TL Zucker

1. Die Chilischoten waschen, der Länge nach aufschneiden. Die Stielansätze, die Samen und die Scheidewände entfernen. Das Fruchtfleisch in kleine Würfel schneiden.

2. Die Garnelen waschen. Das Öl in einem Wok erhitzen und die Garnelen unter stetem Wenden darin braten, bis sie ihre Farbe wechseln. Die Garnelen aus dem Wok nehmen und beiseite stellen.

3. Im verbliebenen Garnelenöl Knoblauch, Ingwer und Chili unter Rühren andünsten. Die Tomatensauce und die Sojasauce zugeben, alles einmal aufkochen lassen. Mit Salz, Pfeffer und Zucker würzen. Die vorgegarten Garnelen wieder zugeben und bei reduzierter Hitze alles noch 3 bis 4 Minuten simmern lassen.

Krabbenküchlein mit Gemüse

Das zarte Kohlgemüse ergänzt die feinen Küchlein aus Krabbenfleisch aufs Beste. Asiatisches Crabmeat, also das gekochte Fleisch tropischer Schwimmkrabben, ist hierzulande in Asienläden als Dosenware oder auch tiefgekühlt erhältlich. Tiefkühlware muss lediglich im Kühlschrank langsam aufgetaut werden. Konserven sollte man, wenn das Fleisch zu feucht erscheint, vor der Weiterverwendung ein wenig mit den Händen ausdrücken. Möchte man die Crabcakes aus frischem Krabbenfleisch zubereiten, kann man das Fleisch eines gekochten Taschenkrebses verwenden. Was das Gemüse angeht, so sollte man möglichst den kleinen, zarten Pak-Choi der Sorte »Taiwanese green« wählen, der zum Schmoren ideal ist.

Crabcakes mit Pak-Choi

Für die Crabcakes:

150 g asiatisches Crabmeat

60 g gehäutete Paprikaschoten (rot, gelb und grün)

30 g weiße Zwiebel

1 Ei, Salz

frisch gemahlener Pfeffer

2 bis 3 EL Erdnussöl

Für das Gemüse:

2 kleine Stauden Pak-Choi

30 g Frühlingszwiebel

1 rote Chilischote

3 EL Erdnussöl

2 EL Sojasauce

1 EL Fischsauce

4 EL Geflügelfond

Salz und frisch gemahlener Pfeffer nach Belieben

1. Das Crabmeat etwas zerpflücken. Die Paprikaschoten fein würfeln. Die Zwiebel schälen und fein hacken. Paprika-, Zwiebelwürfel und das Ei unter das Crabmeat mengen. Die Masse salzen, pfeffern und gut durchmischen. Bis zur weiteren Verwendung kühl stellen.

2. Den Pak-Choi waschen, das Wurzelende nur gerade schneiden, damit der Kohl nicht auseinander fällt, und der Länge nach halbieren. Die Frühlingszwiebeln putzen und in dünne Ringe schneiden. Die Chilischote vom Stielansatz befreien und die Schote in feine Ringe schneiden, dabei die Samen entfernen.

3. Aus dem Crabmeat-Teig 8 kleine Küchlein formen. Das Öl in einer entsprechend großen Pfanne erhitzen und die Küchlein darin bei nicht zu starker Hitze von jeder Seite 3 Minuten braten. Herausnehmen und warm halten.

4. Das Öl für das Gemüse in der Pfanne erhitzen. Die Pak-Choi-Hälften mit der Schnittfläche nach unten einlegen und 1 bis 2 Minuten braten. Herausnehmen und zwei Drittel der Frühlingszwiebeln sowie die Chiliringe kurz anschwitzen. Sojasauce, Fischsauce und Geflügelfond angießen. Nach Belieben salzen und pfeffern.

5. Die Crabcakes mit dem gebratenen Pak-Choi auf Tellern anrichten. Mit der Sauce beträufeln und mit den restlichen Frühlingszwiebelringen bestreuen.

Aus zartem Krabbenfleisch werden die kleinen Krabbenküchlein gemacht. Dazu gibt es bissfest gegarten Pak-Choi und eine Sauce aus typisch asiatischen Zutaten wie Chilischote, Sojasauce und Fischsauce.

Frühlingsrollenblätter sind meist gefroren im Handel erhältlich. Nach dem Auftauen müssen sie in feuchte Tücher gewickelt werden, da die dünnen Teigblätter sonst austrocknen und brüchig werden.

Tofutaschen knusprig ausgebacken

Wasserkastanien gehören botanisch zwar einer anderen Gattung an als die Esskastanie, doch schmecken sie ähnlich. Da es Wasserkastanien bei uns nur selten frisch zu kaufen gibt, kann auf Konserven zurückgegriffen werden: Für dieses Rezept genügen schon 100 g.

Teigtaschen mit Tofu-Gemüse-Füllung

Für die Füllung:

- *30 g getrocknete Shiitake-Pilze*
- *3 Knoblauchzehen*
- *80 g Frühlingszwiebeln, 150 g Möhren, 100 g Lauch*
- *200 g Wasserkastanien, 3 EL Pflanzenöl*
- *100 g Sojasprossen*
- *Salz, frisch gemahlener Pfeffer*
- *3 EL vegetarische Austernsauce*
- *4 EL helle Sojasauce*
- *350 g Tofu, 1 Ei*

Für die Erdnusssauce:

- *1 rote Chilischote*
- *100 g geröstete Erdnusskerne*
- *10 g frische Ingwerwurzel*
- *2 EL Pflanzenöl, 1/4 l Kokosmilch*
- *Saft von 1/2 Limette, 4 EL helle Sojasauce*
- *1/2 TL brauner Zucker, Salz, Pfeffer*

Außerdem:

- *12 Frühlingsrollenblätter (25 x 25 cm)*
- *1 Eiweiß, Pflanzenöl zum Ausbacken*

1. Die getrockneten Shiitake-Pilze 20 Minuten in heißem Wasser einweichen. Herausnehmen, das Wasser gut ausdrücken, die harten Stiele entfernen und die Hüte in Streifen schneiden.

2. Den Knoblauch schälen und fein hacken. Die Frühlingszwiebeln putzen und in dünne Ringe schneiden. Die Möhren schälen, den Lauch putzen und beides in feine Streifen schneiden. Die Wasserkastanien vorbereiten, wie rechts gezeigt.

3. Öl im Wok erhitzen. Knoblauch und Frühlingszwiebeln darin anschwitzen. Möhren und Lauch zugeben und 1 Minute mitbraten. Die Wasserkastanien zufügen und 2 Minuten pfannenrühren, Sojasprossen untermischen. Mit Salz, Pfeffer und den Saucen würzen.

4. Die Mischung in eine Schüssel umfüllen und erkalten lassen. Inzwischen den Tofu fein würfeln. Tofu und verquirltes Ei unter die Gemüsemasse rühren, mischen und abschmecken.

5. Für die Erdnusssauce die Chilischote halbieren, Samen und Scheidewände entfernen und das Fruchtfleisch in feine Streifen schneiden. Erdnüsse in einem Mörser fein zerstoßen. Ingwerwurzel schälen und fein raspeln.

6. In einem Topf das Öl erhitzen, Erdnüsse und Ingwer darin bei mittlerer Hitze unter ständigem Rühren 2 Minuten braten. Kokosmilch, Limettensaft, Sojasauce, Zucker und Chilistreifen zugeben. Die Sauce bei geringer Hitze unter ständigem Rühren etwa 5 Minuten köcheln lassen. Salzen und pfeffern.

7. Die Taschen mit der Tofumasse füllen, wie rechts oben gezeigt. Dafür Frühlingsrollenblätter mit der Spitze nach vorn auf die Arbeitsfläche legen und in die Mitte 2 EL Füllung geben. Hintere Ecke darüber klappen, Ränder mit Eiweiß bepinseln. Dann linke und rechte Ecke darüber schlagen. Die noch offenen Ränder und die vordere Ecke mit Eiweiß bepinseln. Die Taschen in der Art eines Briefumschlags schließen. Die Päckchen im 180 °C heißen Fett in der Fritteuse knusprig ausbacken. Die Erdnusssauce separat zu den Tofutaschen reichen.

Teigblätter mit der Spitze nach vorn hinlegen. In die Mitte 2 EL Füllung geben.

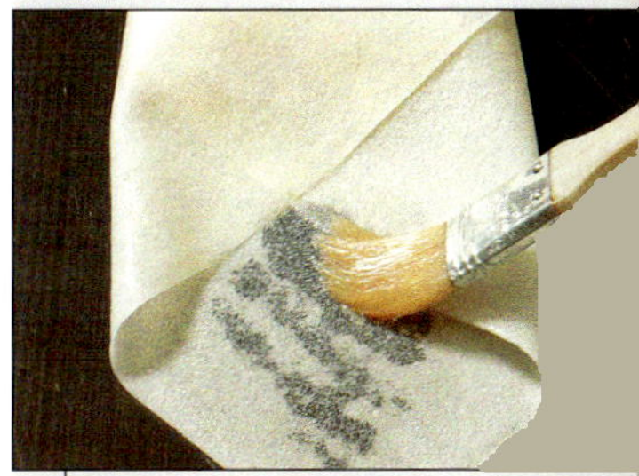

Die Taschen ähnlich wie einen Briefumschlag verschließen (siehe Schritt 7).

Gewaschene Wasserkastanien wie einen Apfel mit einem Messer schälen.

Gelbliche Knollen aussortieren. Bei den übrigen den zähen Stielansatz entfernen.

Die geschälten Wasserkastanien zum Schluss klein schneiden.

Tofuwürfel aus dem Wok

In diesem Rezept ist nicht nur der Tofu kräftig gewürzt, auch das Gemüse gewinnt durch Chilischoten, Ingwer und Knoblauch an Geschmack. Pikant abgerundet wird das Gericht noch durch Sojasauce und Austernsauce.

Tofu mit Wasserspinat

350 g Tofu

Für die Marinade:

1 rote Chilischote

5 g Zitronengrasstängel

5 EL helle Sojasauce

2 EL Erdnussöl

Saft von 1/2 Kaffir-Limette

Für das Gemüse:

500 g Wasserspinat

50 g Frühlingszwiebeln

1 rote Chilischote

6 EL Erdnussöl

2 Knoblauchzehen, geschält, in feinen Scheiben

5 g frische Ingwerwurzel, geschält, in feinen Stiften

80 ml Gemüsefond

2 EL Austernsauce

3 EL helle Sojasauce

1/4 TL Speisestärke

Salz, frisch gemahlener Pfeffer

1. Den Tofu in etwa 20 g schwere, gleichmäßig große Würfel schneiden. Für die Marinade die Chilischote vom Stielansatz befreien und in Ringe schneiden, dabei die Samen entfernen.

2. Das Zitronengras in feine Scheiben schneiden. Die Chiliringe, das Zitronengras, die Sojasauce, das Erdnussöl und den Limettensaft in einer Schüssel vermischen. Die Tofuwürfel hineinlegen und 20 Minuten in der Marinade ziehen lassen.

3. Den Wasserspinat waschen. Grobe Stiele entfernen, dünne Stiele in 3 cm lange Stücke schneiden. Die Frühlingszwiebeln putzen und in dünne Ringe schneiden. Die Chilischote vom Stielansatz befreien und in feine Ringe schneiden, dabei die Samen entfernen.

4. Die Hälfte des Erdnussöls im Wok erhitzen. Tofuwürfel aus der Marinade nehmen, abtropfen lassen und 2 bis 3 Minuten unter Wenden im Wok braten. Herausnehmen und das überschüssige Öl abgießen. Die Marinade im Wok erhitzen, über die Tofuwürfel gießen und diese warm halten.

5. Wok säubern, das restliche Öl darin erhitzen. Knoblauchscheiben, Ingwerstifte, Zwiebel- und Chiliringe sowie Spinatstiele bei großer Hitze darin unter ständigem Rühren 2 bis 3 Minuten braten. Spinatblätter noch 2 bis 3 Minuten mitbraten.

6. Den Gemüsefond, die Austern- und die Sojasauce mit der Stärke verrühren, in den Wok gießen und aufkochen lassen. Alles salzen und pfeffern. Das Gemüse und die Tofuwürfel in Schalen oder tiefe Teller geben, anrichten und sofort servieren.

Lebhaft geht es zu auf diesem indonesischen Markt (oben), wo Blattgemüse in Hülle und Fülle feilgeboten wird. Beim Wasserspinat handelt es sich genau genommen allerdings nicht um Spinat, sondern um ein Windengewächs.

»Al dente« – noch bissfest soll das Gemüse sein. Weil es nur kurz gegart wird, steckt es noch voller Vitamine. Traditionell reicht man in Indonesien zu diesem Gericht »Krupuk« – frittierte Krabbenchips.

Gado Gado
Gemüsesalat

Statt mit den original verwendeten, bis zu 90 cm langen Spargelbohnen – daher der Name – lässt sich dieser Gemüsesalat ersatzweise auch mit einer anderen grünen Bohnensorte zubereiten.

Gado Gado

200 g Spargelbohnen, 300 g Weißkohl

200 g Möhren, 80 g Sojabohnensprossen

120 g zarter junger Spinat

12 Wachteleier

80 g Schalotten

5 EL Erdnussöl, 250 g Tofu

Für die Erdnusssauce:

1 Knoblauchzehe, 3 rote Chilischoten

125 g geröstete Erdnusskerne

1/2 TL Kencur, gemahlen

1 Kaffir-Limettenblatt

2 EL Ketjap Manis, 1/2 TL Salz

3/8 l Wasser

50 g Schalotten, 1 EL Erdnussöl

1/2 TL Limettensaft

Außerdem:

glatte Petersilie zum Garnieren

1. Zuerst die Erdnusssauce herstellen. Dafür Knoblauch schälen und grob hacken. Chilischoten halbieren, Samen und Scheidewände entfernen, Fruchtfleisch grob hacken. Erdnüsse mit Chillies, Knoblauch und Kencur pürieren und in einem Topf mit dem Limettenblatt, Ketjap Manis, Salz und Wasser glatt rühren. Alles aufkochen und die Sauce bei schwacher Hitze etwa 1 Stunde kochen, bis sie andickt.

2. Inzwischen die Bohnen putzen und schräg in 4 cm lange Stücke schneiden. Vom Weißkohl die äußeren Blätter entfernen, vierteln, den Strunk herausschneiden und den Kohl in feine Streifen schneiden. Die Möhren schälen und in dünne Scheiben schneiden. Die Bohnensprossen verlesen. Spinat putzen, gründlich waschen und gut abtropfen lassen.

3. In einem Topf so viel Wasser erhitzen, dass die Wachteleier damit bedeckt werden. Die Eier 8 bis 10 Minuten kochen, dann herausnehmen und kalt abschrecken.

4. Das Gemüse, mit Ausnahme des Spinats, nacheinander wie folgt in kochendem Salzwasser garen, herausnehmen und gut abtropfen lassen: Bohnen 8 bis 10 Minuten, das Kraut 6 bis 8 Minuten, die Möhren 5 Minuten garen und die Sprossen 1/2 Minute blanchieren. Darauf achten, dass das Wasser erneut sprudelnd kocht, bevor das neue Gemüse eingelegt wird.

5. Die Schalotten schälen und in dünne Ringe schneiden. In einer Pfanne 2 EL Öl erhitzen, die Schalottenringe darin hellbraun braten, dann herausnehmen und auf Küchenpapier entfetten. Den Tofu zunächst in 1/2 cm dicke Scheiben, dann in 3 cm breite und 5 cm lange Streifen schneiden. Das restliche Öl erhitzen und die Tofustreifen darin goldgelb braten.

6. Die Erdnusssauce fertig stellen. Dafür die Schalotten schälen und sehr fein hacken. In einer Pfanne das Öl erhitzen und die Schalotten darin hellbraun braten. Schalotten und Limettensaft unter die Sauce rühren, das Blatt entfernen und die Sauce abschmecken.

7. Das gegarte Gemüse, den rohen Spinat, die gebratenen Tofustreifen, die Schalottenringe sowie die geschälten und halbierten Wachteleier auf Tellern anrichten und mit Petersilienblättchen bestreuen. Die Erdnusssauce separat dazu servieren.

Goldbraun gebraten werden die nahrhaften Tofustreifen. Wer will, legt sie vor dem Braten noch 15 Minuten in eine Marinade aus 2 EL Ketjap Asin, 1 EL Limettensaft, Salz und Pfeffer.

Geröstete Erdnüsse sind die Basis der cremigen Erdnusssauce. Auf keinen Fall fehlen darf dabei Kencur (Zitwerwurzel) wegen ihres stark ausgeprägten Kampfergeschmacks.

Mariniertes Fleisch auf Blattsalat

Helle Sojasauce und Reiswein sind wichtige Bestandteile des Dressings. Es sollte allerdings schon der bernsteinfarbene Shaoxing-Wein (15 bis 20 Vol.%) aus Südchina sein. Ersatzweise passt am ehesten ein trockener Sherry.

Das Rindfleisch für diesen Salat wird in einem höchst aromatischen Sud aus viel frischem Ingwer, Chilis, heller Sojasauce und Reiswein gegart. Den letzten Schliff verleiht ihm zudem noch das Fünf-Gewürz-Pulver, eine rötlichbraune Mischung aus gemahlenem Sternanis, Fenchelsamen, Zimtrinde, Nelken und Szechuanpfeffer. Der Kochsud ist viel zu schade zum Wegschütten. In kleinen Mengen eignet er sich vortrefflich zum Abschmecken chinesischer Gerichte.

Rindfleisch auf Kopfsalat

800 g Rindfleisch (etwa hohe Rippe)
1 Kopfsalat

Für den Sud:

120 g frische Ingwerwurzel
4 rote Chilischoten
2 TL Fünf-Gewürz-Pulver
100 ml chinesischer Reiswein
1/8 l helle Sojasauce
50 g brauner Zucker
20 g Salz
1 EL frisch gemahlener Pfeffer
3 EL Sesamöl
2 Kaffir-Limettenblätter

Für das Dressing:

5 EL helle Sojasauce
2 EL Reiswein
1 rote Chilischote, 1 Knoblauchzehe
10 g frische Ingwerwurzel
30 g Frühlingszwiebel
1 EL Sesamöl

Außerdem:

1 EL chinesischer Schnittlauch in Röllchen
einige Kerbelblättchen
nach Belieben geschnitzte Blüten aus Möhren

1. Den Ingwer für den Sud schälen und in dünne Scheiben schneiden. In einem entsprechend großen Topf 2 l Wasser mit Chilischoten, Gewürzpulver, Reiswein, Sojasauce, Zucker, Salz, Pfeffer, Sesamöl und Limettenblättern zum Kochen bringen.

2. Das Rindfleisch einlegen, die Hitze reduzieren und 50 bis 60 Minuten köcheln lassen. Nach Ablauf der Garzeit das Fleisch herausnehmen, in Alufolie wickeln und erkalten lassen. In der Zwischenzeit den Kopfsalat putzen, in einzelne Blätter zerteilen, waschen und gut abtropfen lassen.

3. Sojasauce und Reiswein für das Dressing in einer Schüssel verrühren. Die Chilischote vom Stielansatz befreien, halbieren, Samen und Scheidewände entfernen und das Fruchtfleisch in feine Streifen schneiden. Den Knoblauch und den Ingwer schälen, beides sehr fein hacken. Die Frühlingszwiebeln putzen, in sehr dünne Ringe schneiden. Chili, Knoblauch, Ingwer, Frühlingszwiebeln und Sesamöl unter die Sojasauce-Reiswein-Mischung mengen und das Dressing gut verrühren.

4. Das Rindfleisch aus der Folie nehmen, alles vorhandene Fett entfernen und das Fleisch in dünne Scheiben schneiden. Den Kopfsalat auf 2 Platten verteilen und die Rindfleischscheiben jeweils daneben anrichten. Salat und Fleisch mit chinesischem Schnittlauch bestreuen, nach Belieben mit Möhrenblüten garnieren.

Geschnitzte Gemüseblüten verwendet man in China zum Dekorieren von Speisen. Für deren Herstellung ist keine Mühe zuviel. Doch es bedarf Geschicks, um eine Möhre in eine derart kunstvolle Blüte zu verwandeln.

Süß-saurer Salat mit Entenbrust

Mango und Zitrusfrüchte ergänzen die zartrosa Entenbrust hervorragend. Dieser fruchtig-scharfe Salat ist zwar etwas aufwändig in der Zubereitung, weil für die Salatsauce zuvor eine spezielle Würzsauce hergestellt werden muss. Doch, wer den Salat einmal probiert, wird die Mühe nicht mehr scheuen!

Salat mit Entenbrust

2 Entenbrüste mit Haut (je etwa 300 g)

1 Mango (etwa 350 g)

1 rosafleischige Grapefruit (etwa 300 g)

1 Limette

1/4 Kopf Lollo rossa, 1/4 Kopf Friséesalat

40 g Frühlingszwiebel

Für die Marinade:

2 EL Erdnussöl

3 EL dunkle und 2 EL helle Sojasauce

Saft von 1/2 Limette

1/4 TL zerstoßener Szechuan-Pfeffer, Salz

Für die scharfe süß-saure Sauce:

2 Knoblauchzehen

150 g rote Paprikaschoten

5 thailändische rote Chilischoten

8 EL Reisessig, 1/4 l Wasser

400 g brauner Zucker

1/2 TL Salz

Für die Salatsauce:

Schale und Saft von 1/2 unbehandelten Limette

1 EL Blütenhonig (15 g)

1/4 TL Szechuan-Pfeffer

1/4 TL schwarze Pfefferkörner

1 Knoblauchzehe

1/4 bis 1/2 TL scharfe süß-saure Sauce

5 EL Erdnussöl, Salz

Außerdem:

je 1 EL Koriander- und Pfefferminzblättchen

1. Für die Marinade alle Zutaten in einer entsprechend großen Form gut vermischen. Die Entenbrüste einlegen, von allen Seiten mit der Marinade bepinseln und 30 Minuten zugedeckt im Kühlschrank ziehen lassen.

2. Für die scharfe Sauce den Knoblauch schälen und grob hacken. Paprika- und Chilischoten waschen, längs halbieren, von Samen und Scheidewänden befreien und das Fruchtfleisch würfeln. Mit dem Knoblauch im Mörser zerreiben. Die Masse in einem Topf mit Reisessig und Wasser aufgießen, Zucker und Salz einstreuen. Aufkochen und offen etwa 30 Minuten köcheln lassen, bis das Wasser verdampft und die Sauce sämig ist.

3. Die Entenbrüste aus der Marinade nehmen, gut abtropfen lassen und auf den vorgeheizten Grill legen. Von beiden Seiten je etwa 6 Minuten grillen, dabei mit der restlichen Marinade bestreichen. Die gegrillten Entenbrüste bis zur weiteren Verwendung abkühlen lassen.

4. Für die Salatsauce die Limettenschale in sehr feine Streifen schneiden. Den Limettensaft und den Honig in einer Schüssel verrühren, bis sich der Honig aufgelöst hat. Beide Pfeffersorten im Mörser zerstoßen. Den Knoblauch schälen und sehr fein hacken. Die Limettenschale, den Pfeffer, den Knoblauch, etwas scharfe süß-saure Sauce und das Erdnussöl mit dem Limettensaft verrühren und salzen.

5. Die Mango längs in 3 Teile schneiden, im mittleren liegt der Stein. Das Fruchtfleisch der beiden äußeren Backen mit einem Löffel im Ganzen auslösen und quer in Scheiben schneiden. Die Grapefruit filetieren. Dafür oben und unten einen Deckel abschneiden. Mit einem kleinen, scharfen Messer die Schale von oben nach unten in Segmenten abschneiden, zwischen den Trennwänden einschneiden und die Filets auslösen. Die Limette waschen und quer in hauchdünne Scheiben schneiden.

6. Die Salate putzen, waschen, gut abtropfen lassen und in mundgerechte Stücke zerteilen. Die Frühlingszwiebel putzen und in dünne Ringe schneiden.

7. Die erkalteten Entenbrüste quer in Scheiben schneiden und fächerförmig auf Tellern anrichten. Die Mangostreifen, die Grapefruitfilets, die Limettenscheiben und die Salatblätter ansprechend daneben arrangieren. Mit der Salatsauce beträufeln. Mit den Frühlingszwiebelringen, den Koriander- und den Pfefferminzblättchen bestreuen und servieren.

→ Tipp

Es lohnt sich, die scharfe süß-saure Sauce gleich in größerer Menge zuzubereiten. Denn heiß in sterilisierte Gläser gefüllt, hält sie sich im Kühlschrank mehrere Wochen. Ebenso lässt sich die Sauce portionsweise einfrieren.

Salat mit Papaya und Schweinefleisch

Während ausgereifte Papayas meist als Obst verzehrt werden, dienen unreife Papayas in Asien als Gemüse. Dieser exotisch-fruchtige Salat mit mariniertem Schweinefleisch und scharfem Dressing verlangt geradezu nach einer halbreifen Papaya. Das bedeutet, die grüne Fruchtschale sollte gerade beginnen, gelb zu werden. Das aromatische Fruchtfleisch ist dann bereits orangefarben.

Exotischer Salat mit Schweinefleisch

Für das Sambal Hajak:

80 g rote Chilischoten

80 g Zwiebeln, 4 Knoblauchzehen

3 EL Erdnussöl, 30 g Erdnusskerne

1 EL Garnelenpaste (Trasi)

1/2 TL gemahlener Galgant (Laos-Pulver)

1 TL Salz, 5 EL Tamarindensaft

2 EL brauner Zucker

Für das Dressing:
10 g getrocknete Garnelen
2 EL Fischsauce
1 EL Ketjap Asin
1 EL Kaffir-Limettensaft
1/2 TL Sambal Hajak (nach Geschmack auch mehr)
Für den Salat:
10 g Zitronengras, 1 rote Chilischote
1 TL Blütenhonig
2 EL Fischsauce
1 EL Ketjap Asin
150 g Schweinefilet
1 halbreife Papaya (etwa 350 g)
150 g Möhren, 120 g Salatgurke
Außerdem:
2 EL Erdnussöl
einige Minze- und Korianderblättchen zum Garnieren

1. Für das Sambal Hajak die Chilischoten von den Stielansätzen befreien. Die Zwiebeln und den Knoblauch schälen und grob hacken. Chilies, Zwiebeln und Knoblauch im Mixer zu einer glatten Paste pürieren.

2. Das Erdnussöl in einem kleinen Topf erhitzen und die Paste darin bei schwacher Hitze unter ständigem Rühren 5 Minuten anschwitzen. Vorsicht, sie soll dabei nicht bräunen. Die Erdnusskerne, die Garnelenpaste, das Galgant und das Salz zufügen. Alles braten, bis sich die Zutaten miteinander verbunden haben. Unter Zugabe von Tamarindensaft und Zucker köcheln lassen, bis ein rötlichbraunes Sambal entstanden ist, aus dem das Öl austritt. Die Würzpaste erkalten lassen, in ein sterilisiertes Glas füllen und kühl lagern.

3. Für das Dressing die getrockneten Garnelen in einer Schüssel mit kochendem Wasser bedecken und 30 Minuten ziehen lassen. Die Garnelen herausnehmen, abtropfen lassen und mit einem scharfen Messer fein hacken. Fischsauce, Ketjap Asin, Limettensaft, Sambal Hajak und Garnelen miteinander vermengen.

4. Für den Salat das Zitronengras fein hacken. Die Chilischote halbieren. Samen und Scheidewände entfernen und das Fruchtfleisch hacken. Das Zitronengras, die Chilistücke, den Honig, die Fischsauce und Ketjap Asin in einem Mörser ganz fein zerreiben und in eine Schüssel füllen. Das Schweinefilet in 3 mm dicke Scheiben schneiden, zu der Paste geben und abdecken.

5. Das Fleisch 1 Stunde im Kühlschrank ziehen lassen. Inzwischen die Papaya schälen, längs halbieren, die schwarzen Samen mit einem Löffel herausschaben und wegwerfen. Die Möhren schälen. Die Salatgurke waschen, längs halbieren und die Samen mit einem kleinen Löffel entfernen. Papaya, Möhren und Gurke in etwa 8 cm lange, dünne Streifen schneiden.

6. Das Schweinefleisch aus der Marinade nehmen und gut abtropfen lassen. Das Öl in einem Wok erhitzen, das Fleisch darin kurz anbraten, dann herausnehmen und abkühlen lassen.

7. Die Gemüsestreifen mit dem Fleisch auf Tellern anrichten und alles mit dem Dressing beträufeln. Vor dem Servieren mit Minze- und Korianderblättchen garnieren.

Getrocknete Garnelen werden in diesem Salat als Gewürz verwendet. Sie haben wegen ihres intensiven Geschmacks und ihrer ausgesprochen guten Haltbarkeit in den Küchen Asiens einen hohen Stellenwert.

Pomelosalat säuerlich und erfrischend

Pampelmuse, Grapefruit, Pomelo – ist das nicht alles dasselbe? Keineswegs, doch sind alle drei Früchte miteinander verwandt. Am ältesten ist die Pampelmuse. Grapefruits entstanden aus einer Kreuzung von Pampelmuse und Apfelsine. Und bei der angenehm herb schmeckenden Pomelo, die rosé- und gelbfleischig angeboten wird, handelt es sich um eine Züchtung aus Pampelmuse und Grapefruit.

Pomelosalat

Für den Salat:

1 große roséfleischige Pomelo

120 g Möhren, 150 g Salatgurke

200 g gekochtes Schweinefleisch (Keule)

80 g luftgetrocknete Schweinswürstchen

80 g Sojabohnensprossen

100 g gekochte, geschälte Garnelenschwänze

Für das Dressing:

10 g getrocknete Garnelen

2 EL Austernsauce, 4 EL Fischsauce

2 EL Reisessig (5 % Säure)

2 EL Limettensaft, 1 EL brauner Zucker

30 g Frühlingszwiebeln

2 rote Chilischoten, 2 Knoblauchzehen

1 EL gehackte Melisse

Außerdem:

2 Eier, Salz, gemahlener Pfeffer

etwas Erdnussöl

30 g geröstete Erdnusskerne

1 EL gerösteter Sesam

1. Die Pomelo schälen, dabei sorgfältig die weiße Innenhaut abziehen – netto sollten es etwa 450 g Fruchtfleisch sein. Die Pomelo vierteln und quer in 3 bis 4 mm dicke Scheiben schneiden. Die Möhren schälen, längs in dünne Scheiben hobeln und dann in 5 cm lange, dünne Stifte schneiden. Die Salatgurke längs mit einem Messer halbieren, mit einem kleinen Löffel die Samen entfernen und beide Hälften quer in dünne Scheiben schneiden.

2. Das gekochte Schweinefleisch in feine Streifen und die Schweinswürstchen in dünne Scheiben schneiden. Die Sojabohnensprossen waschen, 1/2 Minute in sprudelnd kochendem Wasser blanchieren und kalt abschrecken.

3. Für das Dressing die getrockneten Garnelen 30 Minuten in heißem Wasser einweichen. Austernsauce, Fischsauce, Essig, Limettensaft und Zucker verrühren. Frühlingszwiebeln putzen und in Ringe schneiden. Chilischoten von den Stielansätzen befreien und in dünne Ringe schneiden, dabei die Samen entfernen. Knoblauch schälen und in dünne Scheibchen schneiden. Garnelen abgießen und sehr fein hacken. Frühlingszwiebeln, Chilis, Knoblauch, Garnelen und Melisse unter das Dressing rühren.

4. Eier aufschlagen, verquirlen, salzen und pfeffern. In einer kleinen Pfanne etwas Öl erhitzen und nacheinander 2 sehr dünne Omeletts ausbacken. Auskühlen lassen, die Omeletts aufrollen und in schmale Streifen schneiden.

5. Die vorbereiteten Zutaten für den Salat und die gekochten Garnelen in Portionsschalen anrichten. Alles mit dem Dressing beträufeln. Den Salat vor dem Servieren mit Omelettstreifen, Erdnüssen und Sesam garnieren.

Unter dem englischen Namen »pomelo« werden auf asiatischen Märkten nicht nur die bei uns als »Pomelos« gehandelten Zitrusfrüchte angeboten, sondern auch die kiloschweren Pampelmusen, die in Südostasien beheimatet sind.

Auch in der modernen chinesischen Gastronomie sind die traditionellen Dämpfkörbchen aus Bambus noch im Einsatz – hier gleich mehrere auf einmal.

Teigtaschen mit Pilzfüllung

»Dim sum«, das sind die pikanten oder süß-sauer gewürzten Häppchen aus dem Dämpftopf, die vor allem im Südosten Chinas beliebt sind – manchmal sind sie auch süß. Üblicherweise werden sie als kleine Zwischenmahlzeit vom Morgen bis in den frühen Nachmittag hinein verzehrt.

Dim sum mit Pilzfüllung

Für die Pilzfüllung:

10 g getrocknete Mu-err-Pilze

40 g frische Shiitake-Pilze

80 g Möhren, 50 g Zuckerschoten

20 g Frühlingszwiebel

1 rote Chilischote

1 Knoblauchzehe

2 EL Pflanzenöl

50 g Maiskörner

2 EL helle Sojasauce

1 EL vegetarische Austernsauce, Salz

Für den Teig:

75 g Mehl, 20 g Speisestärke

Außerdem:

etwas Pflanzenöl zum Einfetten des Dämpfkorbs

1. Für die Füllung die Mu-err-Pilze 20 Minuten in lauwarmem Wasser einweichen. Von den Shiitake-Pilzen die harten Stiele entfernen, die Hüte in etwa 1/2 cm große Stücke schneiden. Die Möhren schälen, die Zuckerschoten putzen und beides etwa 1/2 cm groß würfeln.

2. Die Frühlingszwiebel putzen und in feine Ringe schneiden. Die Chilischote halbieren, Stielansatz und Samen entfernen und das Fruchtfleisch fein hacken. Den Knoblauch schälen und ebenfalls fein hacken. Die Mu-err-Pilze abgießen, gut abtropfen lassen und in kleine Stücke schneiden.

3. Das Öl im Wok erhitzen und Frühlingszwiebelringe, Chili- und Knoblauchwürfel darin anbraten. Die Möhren 3 Minuten mitbraten. Die Zuckerschoten und den Mais zufügen und das Gemüse weitere 2 Minuten pfannenrühren. Zuletzt die Pilze 1 Minute mitbraten. Mit Soja- und Austernsauce sowie Salz nach Belieben würzen.

4. Für den Teig das Mehl und 10 g Speisestärke in eine Schüssel sieben, 75 ml kochendes Wasser einrühren und die restliche Speisestärke unterkneten. Aus dem Teig etwa 12 g schwere Kugeln formen und diese auf einer bemehlten Arbeitsfläche zu Kreisen von etwa 8 cm Durchmesser ausrollen.

5. Die Teigstücke nacheinander füllen. Dafür 1 Teigstück auf eine Handfläche legen und etwas Pilzfüllung in die Mitte setzen. Teig darum schlagen und die Zipfel locker über der Füllung zu offenen Körbchen zusammendrehen.

6. Den Boden eines Dämpfkorbs gleichmäßig mit Öl bepinseln, Teigtaschen darauf setzen und im Dampf garen. Dafür den Dämpfkorb mit dem Deckel verschließen. Den Korb in einen zu etwa 1/3 mit Wasser gefüllten Wok setzen. Das Wasser aufkochen lassen, die Hitze reduzieren und die Teigtaschen etwa 5 Minuten dämpfen.

→ Tipp

Für das Dämpfen von Dim sum braucht man keinen speziellen Dämpfeinsatz. Es genügt eine hitzebeständige Tasse und ein, ebenfalls hitzebeständiger, kleiner Teller. Die Tasse einfach mit der Öffnung nach unten in einen Topf oder den Wok setzen. Das Wasser in den Topf geben und den Teller mit den Dim sum auf die umgekehrte Tasse setzen. Den Topf bzw. Wok fest schließen, damit die Teighäppchen gar dämpfen können.

Vegetarische Snacks

Vegetarische Snacks und kleine Zwischengerichte, mit viel Gemüse raffiniert zubereitet, werden in dem folgenden Kapitel vorgestellt: unterschiedlichste Rezeptideen von mediterranen Gerichten wie weiße Bohnen mit Schafkäse bis hin zu Kürbisterrine oder typisch englischen Spinat-Pies.

Bohnen mit Feta und Tomatensauce zählen zu den klassischen, aber ebenso einfachen wie leckeren »Mezedes«, den griechischen Vorspeisen. Sie werden lauwarm serviert.

Weiße Bohnen mit Feta überbacken

»Gigantes«, Riesenbohnen, so heißen in Griechenland die großen Bohnenkerne, die für dieses Gericht verwendet werden. Man findet sie in griechischen oder türkischen Lebensmittelläden – sogar als Konserve, fix und fertig gekocht, samt der zugehörigen Tomatensauce. Das zusätzliche Überbacken mit Feta ist zwar nicht zwingend, denn Bohnen und Tomatensauce schmecken, gut gemischt, auch schon so, gibt aber dem Ganzen extra Pfiff und Würze.

Bohnen mit Tomatensauce

250 g getrocknete große weiße Bohnenkerne

je 50 g Möhre und Stangensellerie

60 g Zwiebel

1 Lorbeerblatt, Salz

Für die Tomatensauce:

400 g Tomaten

50 g Zwiebel

2 Knoblauchzehen

3 EL Olivenöl

Salz, frisch gemahlener Pfeffer

1 EL gehackte glatte Petersilie

Außerdem:

80 g Feta

2 EL Olivenöl

1. Die getrockneten Bohnenkerne mit kaltem Wasser bedecken und über Nacht einweichen. Am nächsten Tag abgießen und abspülen.

2. Die Bohnen in einen Topf füllen und mit kaltem Wasser bedecken. Möhre, Stangensellerie und Zwiebel schälen beziehungsweise putzen und zufügen. Das Lorbeerblatt einlegen. Alles zum Kochen bringen, die Hitze reduzieren und leicht salzen. Die Bohnen kochen, bis sie gar sind, aber noch Biss haben. Gemüse und Lorbeerblatt aus dem Topf nehmen. Die Bohnen abgießen und gut abtropfen lassen.

3. Die Tomaten für die Sauce blanchieren, häuten und vierteln, die Stielansätze entfernen. Die Samen durch ein Sieb passieren, den Saft auffangen. Das Tomatenfruchtfleisch klein würfeln. Die Zwiebel und den Knoblauch schälen und fein hacken.

4. Das Olivenöl in einem Topf erhitzen. Zwiebel und Knoblauch darin farblos anschwitzen. Die Tomatenwürfel kurz mitschwitzen, dann den Tomatensaft zugießen. Salzen, pfeffern, die Petersilie einstreuen und die Sauce bei reduzierter Hitze etwa 20 Minuten köcheln lassen.

5. Die Bohnen in 4 feuerfeste Förmchen füllen und die Tomatensauce darüber verteilen. Den Feta zerbröckeln und die Bohnen damit belegen. Alles mit etwas Olivenöl beträufeln und das Bohnengericht bei 200 °C im vorgeheizten Ofen 15 bis 20 Minuten überbacken. Die Bohnen je nach Geschmack heiß aus dem Ofen oder lauwarm mit Fladenbrot servieren.

→ Tipp

Als Feta werden in Lake (Wasser mit 5 bis 15 % Kochsalz) eingelegte Käse aus Schaf-, Kuh- und Ziegenmilch bezeichnet. Der Schafmilch-Feta aus Griechenland ist der bekannteste Lake-Käse. Er ist von halbfester bis weicher Konsistenz und von weißer Farbe.

Blumenkohl in knuspriger Hülle

Eine ideale Vorspeise als Auftakt zu einem orientalischen Menü. Gemüse, in einen pikant gewürzten Teig gehüllt und im Fett schwimmend ausgebacken, gehört im Mittleren Osten sozusagen zum vegetarischen Standardprogramm. Man genießt dazu mit Vorliebe eine scharfe Sauce oder, wie in diesem Rezept vorgeschlagen, einen kühlen Joghurtdip. Die Häppchen werden solo, als Snack oder als Vorspeise zu warmem Fladenbrot oder zu Reis gegessen.

Frittierter Blumenkohl

1 Blumenkohl (etwa 1,5 kg)

Wasser, Salz

Saft von 1/2 Limette

Für den Ausbackteig:

150 g Buchweizenmehl

50 g Mehl, 1 TL Salz

2 TL Currypulver

1 TL Kurkuma

15 g frisch geriebene Ingwerwurzel

1/4 l Wasser

1 Eigelb

Für die Joghurtsauce:

50 g Frühlingszwiebeln

2 rote Chilischoten

200 g Joghurt (3,5 % Fett)

50 g Crème fraîche

1 Knoblauchzehe, fein gehackt

1/2 TL Salz

1 EL gehackte Petersilie

1 EL gehacktes Koriandergrün

1 EL Limettensaft

Außerdem:

1/2 l Öl zum Frittieren

1. Den Blumenkohl putzen und waschen, den Strunk entfernen und den Kopf in mittelgroße Röschen teilen (ergibt etwa 800 g). In einem entsprechend großen Topf genügend Wasser mit Salz und Limettensaft zum Kochen bringen und die Röschen darin 5 Minuten blanchieren. Mit der Schöpfkelle herausnehmen, kalt abschrecken und sorgfältig abtropfen lassen.

2. Für den Ausbackteig beide Mehlsorten mit den Gewürzen in einer Schüssel vermischen. Wasser und Eigelb zufügen und alles zu einem glatten Teig verrühren. Beiseite stellen und zugedeckt 30 Minuten ruhen lassen.

3. Für die Joghurtsauce die Frühlingszwiebeln putzen und in feine Ringe schneiden. Die Chilischoten halbieren, Samen und Scheidewände entfernen und das Fruchtfleisch fein hacken. Den Joghurt mit der Crème fraîche cremig rühren. Die Frühlingszwiebelringe, Chilischoten- und Knoblauchwürfel, Salz, Petersilie, Koriandergrün und den Limettensaft zufügen und alles gut vermischen.

4. Das Öl in einem Wok oder einer Fritteuse auf 180 °C erhitzen. Die Blumenkohlröschen frittieren, wie links in der Bildfolge gezeigt, und sofort mit der Joghurtsauce servieren.

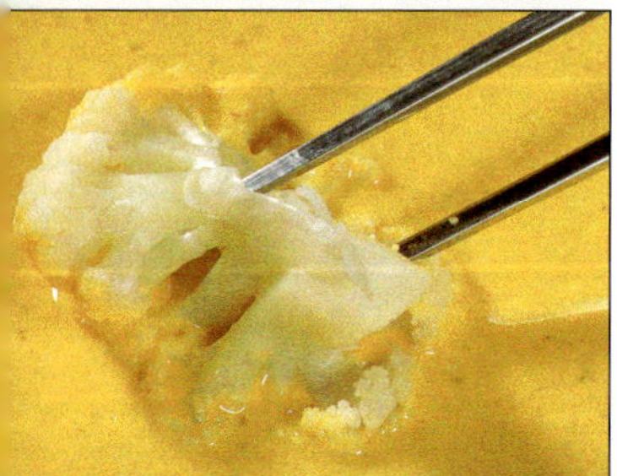

Die Blumenkohlröschen einzeln aufspießen und nacheinander durch den Ausbackteig ziehen.

Im heißen Öl in 2 bis 3 Minuten goldbraun frittieren, aus dem Fett heben und abtropfen lassen.

Zarte Blumenkohlröschen in knuspriger Hülle und dazu eine erfrischende Joghurtsauce – diese Vorspeise ist in der Türkei und in Griechenland besonders beliebt.

Avocado mit zweierlei Saucen

Tomatillos oder grüne Tomaten sind bei uns selten frisch zu bekommen. Für die grüne Salsa sind sie jedoch unerlässlich, weshalb man durchaus zur Konserve greifen darf.

Ob grün oder rot – in beiden Salsas dürfen Chilischoten, Knoblauch und frisches Koriandergrün nicht fehlen.

Avocado mit roter und grüner Salsa

2 Avocados, etwas Limettensaft

Für die grüne Salsa:

1 Dose Tomatillos (Abtropfgewicht etwa 220 g)

2 Knoblauchzehen, 3 grüne Chilischoten

2 EL gehacktes Koriandergrün

Salz nach Belieben

Für die rote Salsa:

4 rote Chilischoten

250 g Flaschentomaten

2 Knoblauchzehen

2 EL gehacktes Koriandergrün

Salz, Weinessig nach Belieben

Außerdem:

2 Eier, 80 g rote Zwiebeln

einige Blätter Friséesalat

frisch gemahlener schwarzer Pfeffer

1. Für die grüne Salsa die Tomatillos in einem Sieb abtropfen lassen, dabei 80 ml Sud auffangen. Knoblauchzehen schälen und fein hacken. Chilischoten halbieren, Stielansätze, Samen und Scheidewände entfernen. Den Sud erhitzen, die Chilischoten darin 5 Minuten köcheln. In der Flüssigkeit abkühlen lassen, dann in ein feines Sieb gießen. Den Sud auffangen. Chilis, die Hälfte des Suds, Tomatillos und Knoblauch im Mixer fein pürieren. Das Koriandergrün einrühren und die Salsa nach Belieben salzen.

2. Für die rote Salsa in einem Topf Wasser zum Kochen bringen. Die Chilischoten halbieren und von Stielansätzen und Samen befreien. Die Tomaten in das kochende Wasser geben und 3 Minuten, die Chilis insgesamt 5 Minuten kochen. Herausnehmen und abkühlen lassen. Die Tomaten häuten und vierteln, Stielansätze und Samen entfernen. Den Knoblauch schälen und grob zerkleinern. Tomaten, Chilis und Knoblauch im Mixer pürieren. Das Koriandergrün einrühren, die Salsa salzen und nach Belieben mit etwas Weinessig würzen.

3. Die Eier etwa 7 Minuten kochen, das Eigelb sollte noch wachsweich sein, dann abschrecken und schälen. Die Zwiebeln ebenfalls schälen und in dünne Ringe schneiden.

4. Die Avocados der Länge nach mit einem Messer rings um den Kern einschneiden. Die Hälften mit beiden Händen vorsichtig gegeneinander drehen und eine Hälfte ablösen. Dabei darauf achten, dass die Frucht nicht zerdrückt wird. Den Kern entfernen und das Fruchtfleisch mit Limettensaft einpinseln. Die Avocadohälften mit einem Sparschäler vorsichtig schälen und das Fruchtfleisch längs in etwa 1/2 cm dicke Spalten schneiden.

5. Die Avocadospalten fächerförmig auf Tellern arrangieren. Die Eier quer halbieren und daneben anrichten. Die beiden Saucen auf den Avocados verteilen, mit Salatblättern und Zwiebeln garnieren, mit Pfeffer bestreuen.

Das milde Fleisch der Avocado schmeckt besonders gut, wenn es mit fruchtig-scharfen Saucen angerichtet wird. Die rote Salsa erhält ihre Farbe durch Tomaten, die grüne durch Tomatillos.

Aus der Provence kommen die kleinen Artischocken, die in Frankreich, im Ganzen gekocht, für dieses Gericht verwendet werden. Doch auch kleine italienische Sorten eignen sich bestens.

Artischocken frisch gekocht

Die leicht bitteren Blütenknospen zählen in Frankreich zu den Klassikern der Küche. Aber: ohne Fleiß kein Preis! Es bedarf schon eines gewissen zeitlichen Aufwands, um die Artischocken vorzubereiten, vor allem wenn kleine Sorten gefragt sind. Doch die Mühe ist in jedem Fall gerechtfertigt, denn der unvergleichliche Geschmack des edlen Gemüses kommt am besten zur Geltung, wenn es frisch zubereitet wird. Falls es schnell gehen muss: Die verzehrfertig in Gläsern oder Dosen angebotenen Artischockenherzen sind ein passabler Ersatz – allerdings sollte zumindest die Eier-Vinaigrette frisch gerührt werden.

Artischocken mit Eiersauce

12 Artischocken mit Stiel (je etwa 150 g)

Saft von 1 Zitrone, Salz

Für die Eiervinaigrette:

4 hart gekochte Eier

2 TL Dijon-Senf

30 ml Weißweinessig

150 ml Olivenöl

Salz, frisch gemahlener schwarzer Pfeffer

1 Prise Zucker

3 EL Schnittlauchröllchen

1 TL gehackte Zitronenmelisse

Außerdem:

Zitronenmelisseblätter zum Garnieren

1. Von den Artischocken den Stiel direkt unter dem Blütenansatz mit einem Ruck abbrechen (so werden harte Fasern aus dem Blütenboden herausgezogen). Den Boden sofort mit Zitronensaft bestreichen. Die kleinen harten Blätter rund um den Stielansatz mit den Fingern abzupfen. Von den äußeren Blättern die stacheligen Spitzen mit einer Küchenschere und von jeder Artischocke die Spitze mit einem scharfen Messer gerade abschneiden. Das Heu vom Artischockenboden mit einem Löffel entfernen.

2. In einem großen Topf reichlich Wasser mit dem restlichen Zitronensaft und Salz zum Kochen bringen. Die Artischocken einlegen und 10 Minuten darin kochen. Wenn sich ein Blatt leicht herausziehen lässt, ist die Artischocke gar.

3. In der Zwischenzeit für die Eier-Vinaigrette die Eier schälen und fein hacken. Senf, Essig und Öl in einer Schüssel mit einem Schneebesen gründlich miteinander verrühren. Die gehackten Eier, Salz, Pfeffer, Zucker, Schnittlauch und Zitronenmelisse untermischen.

4. Die Artischocken mit einem Schaumlöffel aus dem Kochwasser heben und kopfüber gut abtropfen lassen. Mit der Sauce auf Tellern anrichten, mit den Zitronenmelisseblättern garnieren und sofort servieren.

→ Tipp

Kaltgepresstes, natives Olivenöl – in Frankreich kommt das beste aus dem Vallée des Baux – ist die Basis der würzigen Eiersauce, die hervorragend mit den Artischocken harmoniert.

Paprikaschoten mit Schafkäse

Aus den Paprikaschoten den Stielansatz mit einem scharfen Messer kreisförmig herausschneiden.

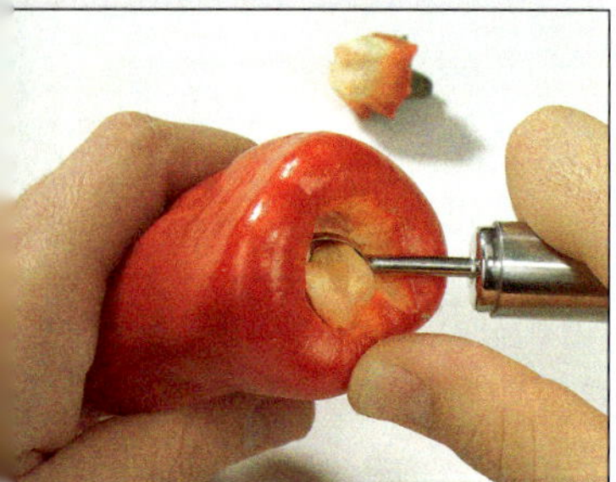

Samen und Scheidewände aus den Schoten kratzen – das geht am einfachsten mit einem Kugelausstecher.

Dazu passen eine pikante Kapern-Vinaigrette und türkisches Fladenbrot. Eine Vorspeise, die so einfach wie delikat ist. Vinaigrette und Füllung verlangen allerdings ein wenig Fingerspitzengefühl – beim Salzen nämlich, denn sowohl Käse als auch Kapern können unter Umständen genügend Salz mitbringen.

Paprikaschoten mit Feta-Füllung

6 rote Spitzpaprika (je etwa 80 bis 100 g)

Für die Käsefüllung:

250 g Feta, 80 ml Sahne

1 Eigelb

1 EL gehackte Petersilie

frisch gemahlener Pfeffer, Salz

Für die Kapern-Vinaigrette:

30 g in Salz eingelegte Kapern

5 EL Olivenöl

2 EL Weinessig, 1 EL Zitronensaft

30 g gehackte weiße Zwiebel

1 fein gehackte Knoblauchzehe

1 TL Thymianblättchen

frisch gemahlener schwarzer Pfeffer

Salz nach Belieben

Außerdem:

Öl zum Auspinseln der Form

2 EL Olivenöl zum Beträufeln

einige kleine Blätter Romanasalat zum Garnieren

1. Die Paprikaschoten vorbereiten, wie in den beiden Bildern oben links gezeigt. Im auf 220 °C vorgeheizten Ofen backen, bis die Haut Blasen wirft. Die Schoten unter einem feuchten Tuch oder in einer Plastiktüte »schwitzen« lassen, anschließend die Haut abziehen.

2. Für die Füllung den Feta mit einer Gabel zerdrücken. In einer Schüssel mit Sahne, Eigelb, Petersilie und Pfeffer gründlich vermengen. Die Käsemischung nach Belieben salzen und in die vorbereiteten Schoten füllen.

3. Eine feuerfeste Form mit Öl auspinseln und die Schoten einlegen. Mit Olivenöl beträufeln und im vorgeheizten Ofen bei 190 °C etwa 15 Minuten garen. Herausnehmen und vollständig erkalten lassen.

4. Für die Vinaigrette die Kapern kurz in einem Sieb mit kaltem Wasser abspülen und gut abtropfen lassen. Das Olivenöl, den Essig, den Zitronensaft, die Zwiebel, den Knoblauch, den Thymian und den Pfeffer verrühren und die Kapern untermischen. Die Vinaigrette nach Belieben salzen.

5. Den Romanasalat putzen, waschen und gut abtropfen lassen. Die Paprikaschoten mit einigen Salatblättern auf Tellern anrichten, mit der Vinaigrette beträufeln und servieren.

Schwarzkümmel sorgt mit seinem pfeffrigen Aroma für den unverwechselbaren Geschmack des türkischen Fladenbrots.

Zucchiniblüten mit Krebsfüllung

Diese gefüllte Zucchiniblüten bilden einen exquisiten und attraktiven Auftakt für ein leichtes sommerliches Menü. Das gewisse Etwas in der Füllung ist zweifellos das in der Court-bouillon gegarte Krebsfleisch. Beim Kauf der Zucchini unbedingt auf kleine Früchte und große (das sind die weiblichen) Blüten achten.

Gefüllte Zucchiniblüten

8 Flusskrebse (insgesamt etwa 700 g)

8 große weibliche Zucchiniblüten mit jungen Früchten

Für die Court-bouillon:

80 g Möhren

50 g Stangensellerie mit Grün

je 50 g Zwiebel und Lauch

1 Knoblauchzehe

1 TL Meersalz

175 ml Weißwein

5 Petersilienstängel

1 Thymianzweig

Für die Füllung:

20 g Butter

50 g Weißbrot ohne Rinde, gewürfelt

40 g Möhre, 30 g Knollensellerie

25 g Schalotten

1 TL Pflanzenöl, 1/2 Eiweiß

1 TL gehackte Petersilie

1 EL Crème double

Salz, frisch gemahlener Pfeffer

Für die Tomatensauce:

500 g Tomaten, 2 EL Olivenöl

1 Knoblauchzehe

1 EL gehackte Kräuter (etwa Basilikum, Petersilie)

Salz, frisch gemahlener Pfeffer

Außerdem:

Pflanzenöl für die Form

grobes Meersalz, grob gemahlener Pfeffer

50 ml Weißwein

Petersilienblättchen

1. Für die Court-bouillon das Gemüse putzen bzw. schälen. Die Möhren und den Knollensellerie in Scheiben, Zwiebel und Lauch in Ringe schneiden, Selleriegrün grob zerzupfen. Knoblauchzehe leicht andrücken. 2 1/2 l Wasser mit Salz und Gemüse aufkochen, bei reduzierter Hitze 20 Minuten köcheln. Weißwein und Kräuter zufügen, weitere 10 Minuten köcheln. Sprudelnd aufkochen und die Krebse darin nacheinander je 5 bis 6 Minuten garen. Herausheben und leicht abkühlen lassen.

2. Das Krebsfleisch ausbrechen. Dafür den Schwanz vom Brustpanzer abdrehen. Den Schwanzfächer mit Daumen und Zeigefinger greifen, vom Körper abdrehen und den Darm vorsichtig herausziehen, er darf nicht reißen. Den Panzer an der Unterseite mit einer kleinen Schere aufschneiden oder so aufbiegen, dass er an der Unterseite zerbricht und sich das Fleisch im ganzen herausziehen lässt. Die Scheren abdrehen und behutsam aufklopfen, das Fleisch herausziehen. Es sollten sich dabei etwa 140 g Krebsfleisch ergeben.

3. Für die Füllung die Butter zerlassen und die Brotwürfel darin goldgelb rösten. Abkühlen lassen. Das Gemüse schälen, sehr fein würfeln und im erhitzten Öl 2 bis 3 Minuten anschwitzen. Das Krebsfleisch bis auf das von 8 Scheren grob zerkleinern und mit Gemüse, Brot, Eiweiß, Petersilie und Crème double vermischen. Salzen und pfeffern.

4. Die Zucchiniblüten von den Stempeln befreien und mit etwas von der Masse, 1 Krebsschere und wieder etwas von der Gemüsemasse füllen. Die Spitzen zusammendrehen. Die anhängenden kleinen Zucchini in Fächer schneiden. Eine Form mit Öl ausstreichen und mit Salz und Pfeffer bestreuen. Die Blüten einlegen. Mit Wein beträufeln und mit Alufolie abdecken. Die Zucchiniblüten bei 180 °C im vorgeheizten Ofen 30 Minuten garen.

5. Tomaten blanchieren, häuten, von Stielansätzen und Samen befreien. Die Samen passieren und den Saft dabei auffangen. Das Fruchtfleisch klein würfeln. Knoblauch schälen und hacken. Öl erhitzen und den Knoblauch farblos darin anschwitzen. Tomatenwürfelchen und Kräuter mitschwitzen, den Saft zugießen und die Sauce 10 Minuten köcheln.

6. Die Zucchiniblüten aus dem Ofen nehmen. Den Bratfond in die Sauce rühren, alles salzen und pfeffern. Die Blüten mit Sauce und Petersilienblättchen auf Tellern anrichten, die Zucchini dabei etwas auffächern.

So kommen die gefüllten Zucchiniblüten aus dem Ofen. Sie sollten rasch auf den Tellern angerichtet werden, damit sie nicht zu stark abkühlen. Dazu passen ein spritziger Weißwein und frisches Baguette.

Begleitung? Eigentlich bedürfen die kleinen Säckchen außer der Kräuter-Rahm-Sauce keiner weiteren. Bissfest gedünstete Möhren, weiße Rübchen oder gestiftelte Zucchini harmonieren jedoch perfekt.

Pfifferlinge in knuspriger Hülle

Die Zubereitung eines Nudelteigs entfällt, wenn man für dieses exquisite Rezept dünne Teigblätter verwendet, wie es sie küchenfertig unter verschiedenen Bezeichnungen in türkischen oder griechischen Spezialläden gibt. Auch Frühlingsrollenteigblätter sind geeignet.

Pfifferlinge im Teigsäckchen

Für 8 Stück

4 Yufka-Blätter, 50 g flüssige Butter

8 Schnittlauchhalme (zum Zubinden)

Für die Füllung:

1 kg frische Pfifferlinge, 100 g Butter

80 g Zwiebeln, 1 Knoblauchzehe

400 g fest kochende Kartoffeln

1 EL Pflanzenöl

250 g Tomaten, 80 g Frühlingszwiebeln

2 EL gehackte glatte Petersilie

1 EL Schnittlauchröllchen, Salz

frisch gemahlener schwarzer Pfeffer

1 TL Trüffelöl

Für die Kräuter-Rahm-Sauce:

30 g Zwiebel, 20 g Butter

100 ml Weißwein

400 ml Sahne, 1 EL gehackte Kräuter

Salz, frisch gemahlener weißer Pfeffer

1 TL Zitronensaft

Außerdem:

Butter für das Blech

1. Die Pfifferlinge putzen und mit Küchenpapier abreiben, möglichst nicht waschen. Kleinere Exemplare ganz lassen, größere halbieren. Die Butter in einer Pfanne zerlassen und die Pfifferlinge darin rundum anbraten. Aus der Pfanne nehmen und abkühlen lassen.

2. Zwiebeln und Knoblauch schälen und fein hacken. Kartoffeln waschen, schälen und in 5 mm große Würfel schneiden. Das Öl in einer Pfanne erhitzen, Zwiebeln und Knoblauch darin glasig anschwitzen. Die Kartoffelwürfel 5 Minuten mitschwitzen. Abkühlen lassen.

3. Tomaten blanchieren, häuten und vierteln, Stielansätze und Samen entfernen, das Fruchtfleisch fein würfeln. Frühlingszwiebeln putzen und in feine Ringe schneiden.

4. Pfifferlinge, Kartoffelmischung, Tomaten und Frühlingszwiebeln mit der Petersilie, dem Schnittlauch, den Gewürzen und dem Trüffelöl in einer Schüssel gut vermischen.

5. Die Yufkablätter quer halbieren, mit flüssiger Butter bepinseln und die Pilz-Kartoffel-Mischung darauf verteilen. Die Blätter zu Säckchen formen und jeweils mit einem Schnittlauchhalm zubinden. Auf ein gut gebuttertes Blech legen und bei 200 °C im vorgeheizten Ofen 15 bis 20 Minuten backen. Nach etwa 5 Minuten Backzeit die Spitzen abdecken, da sie sonst zu braun werden.

6. Für die Sauce die Zwiebel schälen und sehr fein hacken. Die Butter in einer Kasserolle zerlassen und die Zwiebel darin glasig schwitzen. Mit Weißwein ablöschen und auf etwa 1/3 reduzieren. Sahne zugießen, unter Rühren bei geringer Hitzezufuhr vorsichtig aufkochen lassen und bis zur gewünschten sämigen Konsistenz reduzieren. Kräuter (Rosmarin, Oregano, Salbei, Basilikum) einstreuen, mit Salz, Pfeffer und Zitronensaft würzen und die Sauce mit dem Stabmixer aufschlagen. Die Pfifferlingsäckchen mit der Kräuter-Rahm-Sauce auf vorgewärmten Tellern anrichten und servieren.

→ Tipp

In der Türkei heißt der hauchdünn ausgerollte blättrige Teig Yufka-, in Griechenland Filoteig. Dieser Teig kann Gemüse und/oder Fleisch und Fisch in unterschiedlicher Form umhüllen. Im Notfall nimmt man statt dessen Strudelteig aus dem Kühlregal. Oder man bereitet den Teig aus 1 kg Mehl, 2 TL Backpulver und so viel Wasser zu, bis sich der Teig gut ausziehen lasst, ähnlich wie Strudelteig.

Omeletts mit Tapenade

Ob als Vorspeise oder als Snack – dieses leichte Eiergericht ist einfach unwiderstehlich. Mit typisch provenzalischen Zutaten ist es zudem überzeugend im Geschmack. Und schnell gemacht ist es außerdem. Allerdings sollte man frische Eier und reife, aromatische Tomaten verwenden.

Omelett mit Tapenade und Tomaten

Für die Tomaten-Concassée:

400 g Tomaten, 60 g Zwiebel

3 bis 4 EL Olivenöl

1 TL gehackte Thymianblättchen

Salz, frisch gemahlener Pfeffer

Für die Tapenade:

10 g Kapern, in Salz eingelegt

20 g Sardellenfilets, in Salzlake eingelegt

1 Knoblauchzehe, gehackt

100 g schwarze Oliven, entsteint

4 Basilikumblätter

3 EL Olivenöl

Salz, frisch gemahlener Pfeffer

Für die Omeletts:

3 Eier

2 EL Sahne

Salz, frisch gemahlener Pfeffer

Außerdem:

Butter zum Ausbacken

einige schwarze Oliven

einige Basilikumblättchen

1. Die Zutaten für die Tomaten-Concassée vorbereiten: Dafür die Tomaten blanchieren, kalt abschrecken, häuten. Stielansätze und Samen entfernen und das Fruchtfleisch in kleine Würfel schneiden. Die Zwiebel schälen und in sehr feine Würfel schneiden.

2. Die Kapern für die Tapenade 10 Minuten wässern, dann abgießen und gut abtropfen lassen. Die Sardellen abspülen und ebenfalls gut abtropfen lassen. Die Sardellen mit dem Knoblauch in einen Mixer füllen. Kapern, Oliven und die Basilikumblättchen zufügen und alles im Mixer fein pürieren. Dabei nach und nach das Olivenöl zugießen und die Tapenade mit Salz und Pfeffer würzen, dabei sparsam salzen, denn Sardellen und Kapern können noch recht salzig sein.

3. Die Eier für die Omeletts mit der Sahne in einer Schüssel verquirlen. Salzen und pfeffern. Etwas Butter in einer Pfanne von 10 bis 12 cm Durchmesser zerlassen. 1/4 der verquirlten Eimasse hineingießen. Das Omelett von beiden Seiten ausbacken. Weitere 3 Omeletts backen. Jedes Omelett auf einen vorgewärmten Teller legen und etwas Tapenade darauf verteilen.

4. Die Tomaten-Concassée rasch fertigstellen. Dafür das Öl in einer kleinen Pfanne nicht zu heiß werden lassen und die vorbereiteten Zwiebelwürfel darin farblos anschwitzen. Tomatenwürfel und Thymianblättchen zufügen, die Concassée mit Salz und Pfeffer würzen und 1 bis 2 Minuten durchschwenken.

5. Die Tomaten-Concassée auf der Tapenade verteilen. Alles mit ein paar Oliven und den Basilikumblättchen garnieren und die Omeletts sofort servieren.

Olivenernte in der Provence. Dank ausgebreiteter Netze lassen sich die vor der Vollreife geernteten Oliven gut einsammeln. Sie haben den besten Geschmack.

Gefüllte Crêpes schmecken sowohl mit süßer als auch herzhafter Füllung. Diese hier sind ganz nach mexikanischem Vorbild mit pikantem Gemüse gefüllt und werden mit Bohnensauce serviert.

Gefüllte Crêpes mit Bohnensauce

Gemüse einmal anders – nicht als Eintopf oder Gratin, sondern in hauchdünn gebackene Pfannkuchen gefüllt.

Crêpes mit Gemüsefüllung

Für die Bohnensauce:

100 g schwarze Bohnen, 1 EL Pflanzenöl

50 g Schalotten, gehackt, 1/2 l Gemüsefond

50 ml Rotwein, 2 EL helle Sojasauce

Salz, gemahlener schwarzer Pfeffer

1 schwach gehäufter TL Speisestärke

Für die Crêpes:

90 ml Milch, 30 ml Wasser, 50 g Mehl

Salz, 1 Ei, 1 Eigelb, 10 g zerlassene Butter

Butter zum Ausbacken

Für das Gemüse:

150 g rote Paprikaschoten, 150 g Mangold

100 g gelbe Zucchini, 100 g grüne Zucchini

50 g weiße Zwiebel, 1 Chilischote

3 EL Pflanzenöl

Salz, frisch gemahlener Pfeffer

100 ml Gemüsefond

1 TL gehackter Oregano

Außerdem:

1 EL geröstete Sesamsamen

Oreganoblättchen

1. Die Bohnen in einer Schüssel mit kaltem Wasser bedecken und über Nacht einweichen. Das Einweichwasser anschließend abgießen und die Bohnen gut abtropfen lassen.

2. Das Öl erhitzen und die Schalottenwürfel darin glasig anschwitzen. Die Bohnen zufügen. Gemüsefond und Rotwein zugießen, aufkochen und bei reduzierter Hitze etwa 50 Minuten kochen lassen. Mit Sojasauce, Salz und Pfeffer würzen. Die Speisestärke mit wenig Wasser anrühren und die Sauce damit binden.

3. Für die Crêpes Milch und Wasser vermischen. Das Mehl in eine Schüssel sieben und die Milch mit einem Schneebesen unterrühren. Salz, Ei und Eigelb zufügen. Zum Schluss mit der flüssigen Butter zu einem glatten Teig rühren. Zugedeckt 1 Stunde ruhen lassen. Den Teig vor dem Backen nochmals durchrühren.

4. Für das Gemüse die Paprikaschoten halbieren, von Samen und Scheidewänden befreien und in 1 cm große Würfel schneiden. Mangold waschen, die Blätter in etwa 1 cm breite Streifen, die Stiele in 4 cm lange und 5 mm breite Stifte schneiden. Die Zucchini putzen, längs halbieren und in Scheiben schneiden. Zwiebel schälen und in feine Ringe schneiden. Chilischote halbieren, Samen und Scheidewände entfernen und das Fruchtfleisch fein hacken.

5. Das Öl in einer Pfanne erhitzen und die Zwiebelringe darin glasig anschwitzen. Paprikawürfel und Mangoldstiele 4 Minuten mitdünsten. Die Chiliwürfel und die Zucchinischeiben unterrühren, den Gemüsefond zugießen und alles weitere 2 Minuten dünsten. Die Mangoldblätter in die Pfanne geben, salzen und pfeffern. Den Oregano einstreuen. Alles weitere 3 Minuten dünsten.

6. Etwas Butter in einer Pfanne von 18 cm Durchmesser erhitzen. Die Pfanne leicht schräg halten, etwas Teig hineingießen und durch eine leichte Drehbewegung gleichmäßig und hauchdünn in der Pfanne verteilen. Mit einer Palette wenden, dann fertig backen. Auf diese Weise drei weitere Crêpes backen.

7. Die Crêpes einzeln zu Tüten formen, auf Teller legen und mit dem Gemüse füllen. Mit den Sesamsamen bestreuen und mit der Bohnensauce und den Oreganoblättchen anrichten.

→ Tipp

Wer die Bohnensauce spontan zubereiten möchte und deshalb nicht genügend Zeit zum Einweichen der Bohnen hat, kann statt der schwarzen Bohnenkerne auch rote Kidneybohnen aus 1 kleinen Dose verwenden.

Mangoldroulade mit Tomatenfüllung

Zum Aufrollen der Gemüseroulade kann man entweder eine lange Palette zu Hilfe nehmen, oder man stürzt den Teig auf ein Küchentuch, bestreicht ihn mit der Sauce und wickelt ihn auf.

Der Teig ist hier kein »richtiger« Biskuit, sondern wird auf der Basis einer cremigen Béchamelsauce zubereitet.

Mangoldroulade mit Blattsalaten

Für die Füllung:
800 g Tomaten, 60 g weiße Zwiebel
2 Knoblauchzehen, 4 EL Olivenöl
Salz, frisch gemahlener Pfeffer
Für den Teig:
200 g Mangoldblätter, Salz
50 g Butter, 50 g Mehl
220 ml Milch
frisch gemahlener Pfeffer
frisch geriebene Muskatnuss, 3 Eier
Für den Salat:
1/2 Chicorée, 1/2 Radicchio di Treviso
20 g Rucola, 1 Hand voll Friséesalat
20 g weiße Zwiebel, 1 Knoblauchzehe
20 entsteinte schwarze Oliven
1 EL Weißweinessig
Salz, frisch gemahlener Pfeffer
4 EL Olivenöl
1 EL gehackte Kräuter
1 Spritzer Zitronensaft
Zesten von 1/4 unbehandelten Zitrone

1. Die Tomaten für die Füllung blanchieren, abschrecken und häuten. Von Stielansätzen und Samen befreien und das Fruchtfleisch klein würfeln. Zwiebel und Knoblauch schälen und fein hacken. Das Olivenöl in einer Pfanne erhitzen, Zwiebel- und Knoblauchwürfel darin anschwitzen. Die Tomatenwürfel zufügen, kurz mitbraten, salzen und pfeffern.

2. Für den Teig die Mangoldblätter putzen und gründlich waschen. In Salzwasser blanchieren und kalt abschrecken, anschließend gut ausdrücken und fein hacken.

3. Die Butter zerlassen und das Mehl unter Rühren darin anschwitzen. Die Milch zugießen und alles etwa 10 Minuten unter Rühren köcheln. Würzen und abkühlen lassen. Die Eier trennen, die Eigelbe vorsichtig unter die Sauce ziehen und den Mangold untermengen.

4. Die Eiweiße mit einer Prise Salz steif schlagen und unterheben. Die Masse auf ein mit Backpapier ausgelegtes, 30 x 40 cm großes Blech streichen und bei 190 °C im vorgeheizten Ofen 15 bis 20 Minuten backen. Herausnehmen und auf eine Arbeitsfläche stürzen. Das Backpapier von der Unterseite abziehen und die Tomatenmasse darauf verstreichen. Die Roulade aufrollen und in 3 cm dicke Scheiben schneiden.

5. Für den Salat die verschiedenen Blattsalate in einzelne Blätter teilen. Diese putzen, waschen, in Stücke zerpflücken und trockenschleudern. Zwiebel und Knoblauch schälen, beides fein hacken. Die Oliven halbieren. Essig, Salz und Pfeffer verrühren, bis sich das Salz gelöst hat, dann das Olivenöl untermischen. Zwiebel, Knoblauch, Oliven, Kräuter (Rosmarin, Thymian, Salbei, Petersilie), Zitronensaft und Zesten unter die Vinaigrette mischen.

6. Die Salatblätter auf Teller verteilen und mit der Oliven-Vinaigrette beträufeln. Die Scheiben der Mangoldroulade daneben anrichten und servieren.

Ein festlicher Einstieg ins Menü: Eine Scheibe von zarter Mangoldroulade wird mit gemischten Blattsalaten und einer würzigen Oliven-Vinaigrette angerichtet.

Kürbisterrine mit Brokkoli

An jede Längsseite eine Reihe Brokkoli, in die Mitte Paprika legen. Darauf 1/4 der Kürbismasse verteilen.

Dann umgekehrt: Paprika an jede Längsseite, in die Mitte Brokkoli legen. Mit 1/4 der Kürbismasse abdecken.

Problemlos stürzen lässt sich die Terrine, wenn die Form mit Klarsichtfolie ausgelegt wurde.

Farbenfroh und bekömmlich: Brokkoli und Paprikaschoten, eingebettet in Kürbispüree. So eine Gemüseterrine sieht komplizierter aus, als ihre Herstellung tatsächlich ist. Allerdings sollte man schon etwas Zeit dafür einplanen. Auch muss man wirklich sorgfältig arbeiten, um ein befriedigendes Ergebnis zu erzielen.

Kürbisterrine mit Paprikasauce

750 g Kürbisfleisch

20 g Butter

80 g fein gehackte weiße Zwiebeln

2 fein gehackte Knoblauchzehen

20 g Zucker

1 TL frisch geriebene Ingwerwurzel

5 Eier

Salz, frisch gemahlener weißer Pfeffer

400 g rote Paprikaschoten

300 g Brokkoliröschen

Für die Paprikasauce:

450 g rote Paprikaschoten

20 g Butter, 20 g fein gehackte Schalotte

1/2 fein gehackte Knoblauchzehe

Salz, frisch gemahlener weißer Pfeffer

1 Thymianzweig, 1 Lorbeerblatt

40 ml Weißwein

150 ml Gemüsefond

Außerdem:

Butter und Klarsichtfolie für die Form

1. 1/3 des Kürbisfleischs in 5 mm große Würfel schneiden, die restlichen 2/3 klein hacken. Die Kürbiswürfel in kochendem Salzwasser 3 Minuten blanchieren. Abgießen, dabei 150 ml der Kochflüssigkeit auffangen.

2. Butter zerlassen, Zwiebeln und Knoblauch darin hell anschwitzen. Das gehackte Kürbisfleisch zugeben. Den Zucker einstreuen und karamellisieren. Mit dem Kochfond ablöschen. Ingwer einstreuen und alles zugedeckt 5 Minuten schmoren. Abdecken und weiterkochen, bis die Flüssigkeit vollständig verdampft ist. Die Masse abkühlen lassen, dann im Mixer mit den Eiern pürieren. Salzen, pfeffern und die Kürbiswürfel unterrühren.

3. Die Paprikaschoten bei 220 °C im vorgeheizten Ofen backen, bis die Haut Blasen wirft. In einer Plastiktüte »schwitzen« lassen, dann häuten. Samen und Scheidewände entfernen, das Fruchtfleisch längs in etwa 1,5 cm breite Streifen schneiden. Den Brokkoli in kochendem Salzwasser blanchieren. Herausheben und gut abtropfen lassen.

4. Eine Terrinenform (von 1 l Inhalt) leicht buttern, mit Klarsichtfolie auslegen und 1/4 der Kürbismasse einfüllen. Weiterverfahren, wie gezeigt. Als letzte Schicht längs Brokkoli, in der Mitte Paprika auslegen und mit der restlichen Kürbismasse abdecken. Die Form einmal fest auf der Tischplatte aufstauchen, um Luftbläschen zu verhindern.

5. Die Terrine zugedeckt im Wasserbad bei 150 °C im vorgeheizten Ofen garen. Für die Sauce die Paprikaschoten waschen und vierteln, Samen und Scheidewände entfernen, das Fruchtfleisch in Würfel schneiden. Die Butter zerlassen, Schalotte und Knoblauch darin anschwitzen und Paprikawürfel zufügen. Salzen, pfeffern und die Kräuter einlegen. Mit Wein und Fond ablöschen und bei geringer Hitze weich garen. Alles pürieren und durch ein feines Sieb passieren. Die Terrine aus dem Ofen nehmen, lauwarm abkühlen lassen, auf ein Brett stürzen und die Folie abziehen. In Scheiben schneiden und mit Paprikasauce anrichten.

Perfekt in der Zusammenstellung: Die luftig-leichte Kürbisterrine mit roten Paprikastreifen und grünen Brokkoliröschen. Dazu wird eine fruchtig-aromatische Paprikasauce gereicht.

Selleriescheiben in Sesamhülle

Der zarte Sellerie schmeckt unter einer knusprigen Kruste aus Sesamsamen besonders gut. Wem die Eiersauce zu konventionell erscheint, dem sei Pepper-Jelly empfohlen, das mit seiner Süße und Schärfe im interessanten Kontrast zu den gebackenen Selleriescheiben steht.

Selleriescheiben mit Eiersauce

4 junge Sellerieknollen (je 250 g)

Saft von 1 Zitrone

Für die Panade:

1 EL Mehl, 1 Ei

160 g Sesamsamen

80 g Butter, 2 EL Öl

Für die kalte Eiersauce:

150 g Crème fraîche

2 hart gekochte Eier, fein gehackt

35 g Schalottenwürfel

1 grüne Chilischote, fein gehackt

2 EL Schnittlauchröllchen

1 TL frische grüne Pfefferkörner

Salz, frisch gemahlener Pfeffer

1 EL Sherryessig

1 EL gehackter Borretsch, Borretschblüten

Für das Pepper-Jelly:

500 g säuerliche Äpfel, 1/4 l Wasser

Abgeriebenes von 1/2 Zitrone, 900 g Zucker

je 75 g rote und grüne Chiliwürfel

50 g Zwiebelwürfel, 1/8 l Apfelessig

1. Die Sellerieknollen waschen, schälen und in 1 bis 1,5 cm dicke Scheiben schneiden. In einem entsprechend großen Topf Salzwasser mit dem Zitronensaft aufkochen, die Selleriescheiben einlegen und 8 bis 10 Minuten darin kochen.

2. Herausnehmen, abtropfen und auf einem Küchentuch auskühlen lassen. Selleriescheiben nacheinander in Mehl, Ei und Sesam wenden.

3. In einer Pfanne Butter mit Öl erhitzen und die panierten Scheiben bei mäßiger Hitze von jeder Seite etwa 3 Minuten goldbraun braten, anrichten und sofort servieren.

4. Für die Eiersauce die Crème fraîche in eine Schüssel geben. Die vorbereiteten Zutaten und die Pfefferkörner untermischen. Mit Salz, Pfeffer und Essig würzen. Zu den Selleriescheiben anrichten und mit Borretsch garnieren.

5. Für das Pepper-Jelly die Äpfel waschen, vierteln und mit Wasser, Zitronenschale und etwa 1/3 des Zuckers zum Kochen bringen. Bei reduzierter Temperatur zugedeckt etwa 45 Minuten köcheln lassen.

6. Ein Sieb mit einem Passiertuch auslegen und auf einen Topf setzen. Die Äpfel hineinschütten, den Saft ablaufen lassen, die Äpfel dabei aber nicht ausdrücken. Chili- und Zwiebelwürfel mit dem Essig aufkochen. Den restlichen Zucker unter Rühren darin kochen, bis er aufgelöst ist. Den Apfelsaft zugießen, aufkochen, die Temperatur reduzieren und den Saft bei offenem Topf köcheln.

7. Gelierprobe machen: Dafür einen Teelöffel Gelee auf einen Teller geben. Sobald er geliert, das Gelee vom Herd nehmen. In Gläser füllen, verschließen und während des Abkühlens mehrmals drehen, damit sich die Chilistücke nicht absetzen.

Knollensellerie-scheiben mit interessanter Panade werden in Eiersauce oder Pepper-Jelly getunkt.

Auberginenscheiben gefüllt und gebacken

»Melitzánes tiganités«, gebackene Auberginen, präsentieren sich hier in ungewöhnlicher Form: gefüllt und paniert.

Auberginen mit Tzatziki

400 g Auberginen
Olivenöl zum Bepinseln
Salz, frisch gemahlener Pfeffer
40 g Mehl
etwa 100 g Semmelbrösel
2 Eier

Für die Füllung:

80 g frisch geriebener Kasseri (ersatzweise Provolone)
80 g Feta, zerbröckelt
1 kleines Ei
1 EL fein geschnittener Dill
frisch gemahlener Pfeffer, Salz

Für das Tzatziki:

200 g Salatgurke, Salz
2 Knoblauchzehen
300 g griechischer Schafmilchjoghurt
1 EL Olivenöl
frisch gemahlener Pfeffer
1 EL fein geschnittener Dill

Außerdem:

Pflanzenöl zum Frittieren
Dill zum Garnieren

1. Die Auberginen von Blüten- und Stielansätzen befreien und schälen. Die Früchte quer in etwa 8 mm dicke Scheiben schneiden. Sie sollten alle einen Durchmesser von etwa 6 cm haben. Zu große Scheiben von 6 cm Durchmesser ausstechen. Insgesamt sollten 12 bis 16 Scheiben entstehen.

2. Auberginenscheiben auf beiden Seiten mit Öl bepinseln und auf ein Backblech legen. Bei 190 °C im vorgeheizten Ofen 8 bis 10 Minuten backen. Aus dem Ofen nehmen, abkühlen lassen und auf beiden Seiten salzen und pfeffern.

3. Für die Füllung beide Käsesorten, Ei, Dill, Pfeffer und Salz nach Belieben (die Menge richtet sich nach dem Salzgehalts des Fetas) in einer Schüssel gut vermischen. Die Masse auf der Hälfte der Auberginenscheiben verteilen, mit jeweils einer zweiten Auberginenscheibe abdecken und gut festdrücken.

4. Für das Tzatziki die Salatgurke schälen, längs halbieren und mit einem kleinen Löffel die Kerne entfernen. Die Gurke grob raspeln, mit Salz bestreuen und 10 Minuten ziehen lassen. Anschließend die Gurkenraspel gut ausdrücken. Den Knoblauch schälen und durch die Knoblauchpresse in eine Schüssel drücken. Den Joghurt mit dem Knoblauch glatt rühren. Die Gurkenraspel und das Öl untermischen. Salzen, pfeffern und den geschnittenen Dill einrühren.

5. Das Öl in einem Topf oder einer Fritteuse auf 170 °C erhitzen. Das Mehl und die Semmelbrösel auf zwei flache Teller verteilen. Die Eier in einem tiefen Teller verquirlen und leicht pfeffern. Weiterverfahren, wie in der Bildfolge rechts unten gezeigt. Die panierten Auberginenscheiben in das heiße Öl legen und in etwa 3 Minuten goldgelb frittieren. Mit dem Schaumlöffel herausheben und die Auberginenscheiben gut abtropfen lassen. Mit Tzatziki anrichten, mit Dill garnieren und servieren.

Variante: Wer eine einfachere und schnellere Variante probieren möchte, serviert zum Tzatziki gewürzte, ungeschält in Scheiben geschnittene und in Olivenöl gebratene Auberginen. Die Auberginenscheiben sollte man allerdings vor dem Braten, ob im Ofen oder in der Pfanne, mit Salz bestreut etwa 1/2 Stunde ziehen lassen, dann abspülen und trockentupfen. Bevor die Auberginen in die Pfanne kommen, werden sie mit etwas Mehl bestäubt.

Die zusammengesetzten Auberginenscheiben zum Panieren zuerst mit Hilfe von 2 Gabeln im Mehl wenden.

Anschließend die Gemüsescheiben nacheinander wieder mit Hilfe von 2 Gabeln durch die verquirlten Eier ziehen.

Danach so in den Semmelbröseln wenden, dass sie gleichmäßig rundum damit bedeckt sind.

Köstlich mit Käse überbacken – so kommen die gefüllten Tomaten aus dem Ofen. Am besten wartet man mit dieser Vorspeise die Tomatensaison ab, denn reife Früchte sind hier das A und O.

Gefüllte Tomaten mit Käse überbacken

Peperoni und grob geschroteter Pfeffer bringen die richtige Schärfe – und zerlassene Butter bringt den runden Geschmack. Für die delikate Füllung benötigt man keine exotischen Zutaten: ein bisschen Spinat, ein bisschen Paprika, Zwiebel, Knoblauch und Rohschinken, das ist alles. Und wer die Tomaten vegetarisch servieren möchte, lässt den Schinken einfach weg.

Gefüllte Tomaten

4 große runde Tomaten, je etwa 100 g

Für die Füllung:

40 g weiße Zwiebel, 1 Knoblauchzehe

30 g Rohschinken

100 g Blattspinat, geputzt

50 g rote Paprikaschote

1 kleine Peperoni (etwa 5 g)

2 EL Sonnenblumenöl

Salz, frisch gemahlener Pfeffer

Außerdem:

20 g Weißbrot vom Vortag, ohne Rinde

80 g Emmentaler, Butter für die Form

40 g zerlassene Butter zum Beträufeln

grob geschroteter schwarzer Pfeffer

1 EL gehackte Petersilie

1. Die Tomaten waschen, oben einen Deckel von den Früchten abschneiden und den unteren Teil mit einem kleinen Löffel aushöhlen. Die ausgehöhlten Tomaten mit der Öffnung nach unten auf Küchenpapier setzen und innen abtropfen lassen.

2. Zwiebel und Knoblauchzehe schälen und fein hacken. Den Rohschinken in kleine Würfel schneiden. Den Spinat gründlich waschen, dann abtropfen lassen. Die Paprikaschote von Stielansätzen, Samen und Scheidewänden befreien, das Fruchtfleisch 1/2 cm groß würfeln. Von der Peperoni den Stielansatz entfernen, die Schote in feine Ringe schneiden und diese von den Samen befreien.

3. Das Öl in einer Pfanne erhitzen und die Zwiebel- und Knoblauchwürfel darin farblos anschwitzen. Den Schinken kurz mitschwitzen. Paprikawürfel und Peperoniringe zugeben und 1 Minute mitdünsten. Den Spinat zufügen und zusammenfallen lassen. Alles gut vermengen, salzen und pfeffern. Die Mischung in die Tomaten füllen.

4. Das Weißbrot in sehr kleine Würfel schneiden. Den Emmentaler in Würfel von etwa 4 mm Kantenlänge schneiden. Die Brotwürfel und den Käse auf den Tomaten verteilen.

5. Eine Auflaufform mit Butter ausstreichen und die gefüllten Tomaten nebeneinander in die Form setzen. Mit der Hälfte der zerlassenen Butter beträufeln und die gefüllten Tomaten bei 200 °C im vorgeheizten Ofen 15 bis 20 Minuten backen. Die Tomaten nach der Hälfte der Garzeit mit der restlichen Butter beträufeln.

6. Die Form aus dem Ofen nehmen. Die Tomaten mit dem geschroteten Pfeffer und der Petersilie bestreuen und servieren.

Paradeiser, wie Tomaten in Österreich genannt werden, schmecken am besten frisch vom Strauch, vorausgesetzt sie haben genügend Sonne abbekommen.

Spargelstangen mariniert & gegrillt

Zum reinen Luxus wird diese Vorspeise, wenn zum Spargel noch ein halber Langusten- oder Hummerschwanz hinzukommt. Dafür 2 gekochte Langustenschwänze von je 300 g halbieren, Darm entfernen und das Fleisch auslösen. Salzen und pfeffern, rundum mit Öl bepinseln und von jeder Seite 2 bis 3 Minuten grillen.

Dieses Rezept zeigt eine ausgefallene Art, das feine Gemüse zu reichen. Die Marinade verleiht den Spargelstangen zusätzlich Geschmack, und das gewisse Etwas kommt durch das Grillen hinzu. Vor dem Grillen müssen beide Spargelsorten blanchiert werden, da sie sonst allzu bissfest wären. Vom weißen Spargel sind mitteldicke Stangen am besten geeignet, und beim grünen sollte man sich für sehr dünne Stangen entscheiden, damit 1 bis 2 Minuten Blanchierzeit reichen. Dickere Stangen brauchen 1 bis 2 Minuten mehr.

Gegrillter Spargel

350 g weißer Spargel
120 g dünner grüner Spargel
Salz
1 Zitronenscheibe
1 Prise Zucker
10 g Butter

Für die Marinade:

20 g Frühlingszwiebel
3 EL trockener Weißwein, Salz
4 EL Traubenkernöl
frisch gemahlener Pfeffer
1 EL gehackter Estragon

Außerdem:

Salz, frisch gemahlener Pfeffer
3 bis 4 EL erhitzte Demiglace
Estragonzweige

1. Von den weißen Spargelstangen die unteren Enden abschneiden und die Stangen mit einem Spar- oder Spargelschäler von oben nach unten schälen. Dafür dicht unter dem Spargelkopf ansetzen und zum Stangenende hin dicker schälen. Vom grünen Spargel nur die Stielenden abschneiden und, falls nötig, das untere Drittel der Stangen schälen.

2. In einem Topf ausreichend Wasser mit Salz, Zitronenscheibe, Zucker und Butter zum Sieden bringen. Den weißen Spargel hineingeben und 6 bis 8 Minuten darin kochen. In den letzten 2 Minuten den grünen Spargel zufügen. Die Spargelstangen herausheben, kalt abschrecken und gut abtropfen lassen. Den Spargel in eine längliche Form legen.

3. Für die Marinade die Frühlingszwiebel putzen und in feine Ringe schneiden. Wein und Salz in einer Schüssel so lange verrühren, bis sich das Salz aufgelöst hat. Öl, Pfeffer, Estragon und die Zwiebelringe einrühren und über den Spargel gießen. Zugedeckt alles 1 Stunde durchziehen lassen.

4. Die Spargelstangen aus der Marinade heben und abtropfen lassen. Die weißen Stangen längs halbieren, mit der Schnittfläche nach unten auf eine vorgeheizte Grillplatte legen und von jeder Seite etwa 1 Minute grillen. Die grünen Spargel dazulegen und 1 weitere Minute mitgrillen.

5. Die Spargelstangen auf vorgewärmten Tellern anrichten und mit etwas Marinade beträufeln. Die Demiglace mit Salz und Pfeffer würzen und die Spargelstangen damit umgießen. Mit Estragonzweigen garnieren und servieren.

Eine originelle Art, das königliche Gemüse zuzubereiten: Weiße und grüne Spargelstangen ziehen in einer Marinade aus Wein und Frühlingszwiebeln durch und werden anschließend kurz unter den Grill geschoben.

Das bunte Gemüse im knusprigen Kartoffelkörbchen wird umrahmt von einer Rote-Bete-Sauce, der sowohl Rotwein als auch Portwein einen kräftigen Geschmack verleihen.

Gemüse – raffiniert serviert

Gemüse im Kartoffelkörbchen

Für die Rote-Bete-Sauce:
200 g Rote-Bete-Knollen
20 g Schalotte
20 g Butter
1/2 TL Rotweinessig
1/4 l Rotwein, 50 ml Portwein
Salz, frisch gemahlener Pfeffer
30 bis 40 g kalte Butter, in Stückchen
Für das Gemüse:
60 g grüne Bohnen, etwa Bobby-Bohnen
40 g Zuckerschoten, 60 g Babymöhren
4 runde Minizucchini (je etwa 20 g)
60 g gelbe Paprikaschote
250 bis 300 ml Gemüsebrühe
80 g Brokkoliröschen
40 g Butter
Salz, frisch gemahlener Pfeffer
Für die Kartoffelkörbchen:
200 g Kartoffeln
Pflanzenöl zum Frittieren
Salz, frisch gemahlener Pfeffer

1. Für die Sauce von den Roten Beten die Wurzeln und die Blätter abschneiden. Anschließend die Knollen schälen und klein würfeln. Die Schalotte schälen und fein würfeln.

2. In einer Sauteuse die Butter zerlassen und die Schalotten darin farblos anschwitzen. Die Rote-Bete-Würfel zugeben und 2 bis 3 Minuten mitschwitzen. Den Essig einrühren, den Rotwein und den Portwein angießen. Die Hitze reduzieren und alles 30 Minuten leise köcheln lassen. Die Rote-Bete-Sauce durch ein feines Sieb passieren: Es sollten 150 ml Flüssigkeit entstehen. Die Sauce salzen und pfeffern.

3. Bohnen und Zuckerschoten putzen, die Bohnen quer halbieren. Die Möhren so putzen und schälen, dass ein wenig vom Grün stehenbleibt. Zucchini von Blüten- und Stielansätzen befreien und vierteln. Paprikaschote von Stielansatz, Samen und Scheidewänden befreien und in dünne Streifen schneiden.

4. Die Gemüsebrühe aufkochen. Bohnen und Möhren darin 3 Minuten garen. Das restliche Gemüse zufügen und noch 5 Minuten mitgaren. Herausheben und abtropfen lassen.

5. Die Kartoffeln schälen und in feine Streifen schneiden (es sollten 120 g sein). Ein Ausbacksieb gut ölen, mit 30 g Kartoffelstreifen auslegen, diese zwischen den beiden Siebteilen etwas festdrücken.

6. Das Öl auf 170 °C erhitzen und die Kartoffelkörbchen darin nacheinander goldgelb ausbacken. Jeweils herausnehmen, vorsichtig aus dem Sieb lösen und entfetten. Leicht salzen, pfeffern und auf vorgewärmte Teller stellen.

7. In einer Pfanne die Butter für das Gemüse zerlassen und dieses darin schwenken. Das Gemüse salzen, pfeffern und in die Kartoffelkörbchen füllen. Die Rote-Bete-Sauce erwärmen, die kalte Butter einmontieren und die Sauce abschmecken. Die Kartoffelkörbchen mit etwas Sauce anrichten.

Um solch filigrane Kartoffelkörbchen zu backen, braucht man lediglich ein spezielles Ausbacksieb. Dieses besteht aus 2 Sieben, die man zusammenklappen kann. Dazwischen kommen die Kartoffelstreifen, die so beim Frittieren ihre Form behalten.

Die Zutaten für den Pie-Teig müssen rasch miteinander vermischt werden. Dann zur Kugel formen und den Teig kühl ruhen lassen, damit die Törtchen später schön knusprig werden. Vorgebacken kann man die Pies übrigens gut einfrieren. Nach Bedarf dann auftauen, füllen und fertig backen.

Spinat-Pies mit Cheddarkäse

Die kleinen Spinat-Pies sind heiß oder kalt eine schmackhafte Vorspeise für ein vegetarisches Menü. Würzigem Cheddar verdankt der Pie-Teig sein besonders kräftiges Aroma. Und damit er schön knusprig wird, müssen die Törtchen erst einmal blindgebacken werden. Dadurch bleiben auch die Ränder stehen, und der Boden bleibt flach, bevor Spinatfüllung und Sahneguss hineinkommen.

Kleine Spinat-Pies

Für den Pie-Teig:

125 g Mehl, 125 g Butter

125 g frisch geriebener, ungefärbter Cheddar

1 Eigelb

1/2 TL Salz

1/2 TL Paprikapulver

Für den Belag:

1 kg geputzter Spinat

100 g Zwiebeln, 1 Knoblauchzehe

20 g Butter

Für den Guss:

1/8 l Sahne

1 Ei, 1 Eigelb

Salz, frisch gemahlener weißer Pfeffer

frisch geriebene Muskatnuss

Außerdem:

Backpapier und Hülsenfrüchte zum Blindbacken

20 g gehackte, geröstete Macadamianüsse

1. Das Mehl auf eine Arbeitsfläche sieben und in die Mitte eine Mulde drücken. Die Butter in Würfeln, den Käse, das Eigelb und die Gewürze hineingeben. Alles rasch zu einem glatten Teig verarbeiten. In Folie wickeln und 1 Stunde im Kühlschrank ruhen lassen.

2. Den Spinat waschen und blanchieren. In Eiswasser abschrecken, abtropfen lassen und gut ausdrücken. Zwiebeln und Knoblauch schälen und fein hacken. Die Butter zerlassen, Zwiebel- und Knoblauchwürfel darin glasig anschwitzen und den Spinat untermischen. Vom Herd nehmen und abkühlen lassen.

3. Für den Guss die Sahne mit dem Ei und dem Eigelb verquirlen. Mit Salz, Pfeffer und Muskatnuss würzen.

4. Auf einer bemehlten Arbeitsfläche den Teig etwa 5 mm dick ausrollen und die Torteletttförmchen (von 12 cm Durchmesser) damit auslegen, dabei die Teigränder an die Formen drücken und die überstehenden Ränder abschneiden. Den Boden mit einer Gabel mehrmals einstechen. Zurechtgeschnittenes Backpapier einlegen und die Hülsenfrüchte einfüllen. Die Torteletts bei 200 °C im vorgeheizten Ofen 15 Minuten blindbacken.

5. Die Förmchen aus dem Ofen nehmen, die Hülsenfrüchte und das Backpapier entfernen. Die Spinat-Zwiebel-Mischung gleichmäßig in die Förmchen verteilen und den Sahneguss darübergießen. Die Förmchen wieder in den Ofen schieben und bei 200 °C in 20 Minuten fertig backen. Werden die Ränder zu dunkel, die Spinat-Pies mit Folie abdecken. Herausnehmen, mit den gerösteten Macadamianüssen bestreuen und servieren.

Traditionell in Tüchern hergestellter, ungefärbter Cheddar, wie auf dem Bild zu sehen, wird nur noch selten angeboten. Heute reift der Käse meist in Folie oder unter einer Wachsschicht. Orange gefärbt wird er mit Anatto, einem Farbstoff, der aus den Samen des in Südamerika beheimateten Orleanstrauchs gewonnen wird.

Spargelkuchen mit Gemüsebelag

Die ausgerollte Teigplatte locker um das Wellholz wickeln und vorsichtig über der Form abrollen.

Den Teig mit einem Teigrest in die Form drücken und überstehende Ränder mit einem Messer abschneiden.

Dies ist ein Paradebeispiel der anspruchsvollen vegetarischen Küche, bei dem frischer Spargel die Hauptrolle spielt. Auch für Eier und Erbsen ist Frische oberstes Gebot. Hat man die richtigen Produkte erst einmal zusammen und vorbereitet, verbinden sich in dem Spargelkuchen die Aromen unter dem feinen goldgelben Eierguss aufs Angenehmste. Der schonende Backprozess schafft ein eigenes, intensives Aroma, wobei das saftige Innere des Kuchens einen hervorragenden Kontrast zum knusprig gebackenen Teig darstellt.

Spargelkuchen

Für den Teig:

250 g Mehl

125 g Butter, Salz

1 bis 2 EL kaltes Wasser

1 Ei

Für den Belag:

250 g frische Erbsenschoten (ausgepalt etwa 125 g)

700 g weißer Spargel

Für den Guss:

3 Eier, 1/8 l Sahne

Salz, frisch gemahlener Pfeffer

1 Eiweiß

Außerdem:

1 Bund Schnittlauch, in Röllchen geschnitten

1. Das Mehl auf eine Arbeitsplatte häufen, die leicht gekühlte Butter in Stückchen darüber verteilen und beides mit den Händen zu einer bröseligen Masse zerreiben. Salz, Wasser und das Ei in eine kleine Mulde der Mehl-Fett-Mischung geben und mit den Händen rasch zu einem glatten Teig verkneten. Den Teig zur Kugel formen, in Folie schlagen und mindestens 1 Stunde im Kühlschrank ruhen lassen.

2. Die Erbsen auspalen. Die Spargelstangen schälen und in 4 cm große Stücke schneiden. In sprudelnd kochendem Salzwasser 5 bis 8 Minuten kochen. Herausnehmen und gut abtropfen lassen. Den Teig auf einer bemehlten Arbeitsfläche etwa 5 mm dick ausrollen, dann in eine Form von 26 cm Durchmesser legen, wie in der Bildfolge links gezeigt.

3. Den Teig zunächst blindbacken, damit der Boden unter der Füllung schön knusprig bleibt. Dafür ein in Form geschnittenes Pergamentpapier einlegen und mit Hülsenfrüchten bis 1 cm unter den Rand auffüllen. Bei 200 °C im vorgeheizten Ofen 15 Minuten backen. Herausnehmen, Hülsenfrüchte und Backpapier entfernen und etwas abkühlen lassen.

4. Erbsen und Spargelstücke auf dem Teigboden verteilen. Für den Guss die Eier in einer Schüssel mit der Sahne verquirlen, salzen und pfeffern. Das Eiweiß steif schlagen und unterheben. Den Eierguss über das Gemüse gießen und bei 200 °C im vorgeheizten Ofen 35 bis 40 Minuten backen. Herausnehmen und leicht abkühlen lassen. Den Kuchen mit Schnittlauch bestreuen und noch lauwarm servieren.

Zur Spargelsaison ist der Spargelkuchen ein optimales Partygericht, da er sich gut im Voraus zubereiten lässt. Der Kuchen muss dann nur noch einmal kurz aufgebacken werden, bevor man ihn serviert.

Die Gemüsequiche nach original französischem Rezept schmeckt frisch aus dem Ofen zweifellos am besten. Nur die erfrischende Kräutercreme dazu steigert noch das Geschmackserlebnis.

Gemüsequiche mit Kräutersauce

Der französische Klassiker: intensive Aromen unter feinwürzigem Eierguss. Damit der Mürbteig unter dem saftigen Gemüsebelag nicht zu feucht wird, muss er erst mal solo in den Ofen. Die Fachwelt spricht in diesem Zusammenhang von »blindbacken«. Denn nur so bleibt der Boden schön knusprig. Aber auch optisch ist dieses Verfahren von Vorteil: Die Ränder fallen nicht ein, und der Boden bleibt flach.

Gemüsequiche

Für den Teig:

150 g Grahammehl

50 g Weizenmehl (Type 405)

100 g Butter, in Stücken

1/4 TL Salz

Für die Füllung:

je 200 g kleine Zucchini und Flaschentomaten

je 80 g Frühlingszwiebeln und weiße Champignons

40 g Butter

Salz, frisch gemahlener weißer Pfeffer

1 EL gehackte Kräuter (Salbei und Thymian)

Für den Guss:

100 ml Sahne

100 g Crème fraîche

1 Knoblauchzehe, gepresst

3 Eier

Salz, weißer Pfeffer

Für die Sauce:

150 g Crème fraîche

Salz, weißer Pfeffer

1 EL gehackte Kräuter (Schnittlauch und Petersilie)

1/2 Knoblauchzehe, gepresst

Außerdem:

Backpapier und Hülsenfrüchte zum Blindbacken

80 g frisch geriebener Comté zum Bestreuen

1. Beide Mehlsorten auf eine Arbeitsfläche häufen, in die Mitte eine Mulde drücken, Butter, 4 EL Wasser und Salz hineingeben. Zügig zu einem glatten Teig verkneten, in Folie wickeln und 1 Stunde kühl stellen.

2. Zucchini putzen und in dünne Scheiben schneiden. Tomaten blanchieren, häuten und achteln, Stielansätze entfernen. Zwiebeln und Champignons putzen und in dünne Scheiben schneiden. Die Butter zerlassen, Gemüse 2 bis 3 Minuten darin anschwitzen, salzen, pfeffern, die Kräuter einstreuen und auskühlen lassen.

3. Den Teig etwa 4 mm dick ausrollen und etwas größer als die Form (26 cm Durchmesser) ausschneiden. Weiterverfahren, wie in der Bildfolge rechts gezeigt. Hülsenfrüchte und Papier entfernen und den Teigboden etwas abkühlen lassen. Dann die Füllung darauf verteilen und mit dem Käse bestreuen.

4. Für den Guss alle Zutaten gut verquirlen, über die Quiche gießen und bei 200 °C im vorgeheizten Ofen etwa 40 Minuten backen. Für die Sauce Crème fraîche, Salz, Pfeffer und Kräuter cremig rühren, den Knoblauch unterziehen und zur ofenwarmen Quiche servieren.

Teig über die Form abrollen. Rand andrücken, überstehenden Teig abschneiden. Boden einstechen.

Ein in die Form passendes Backpapier mit Hülsenfrüchten beschweren, Teigboden damit abdecken.

Restliche Hülsenfrüchte auf dem Boden verteilen, bei 200 °C im vorgeheizten Ofen 10 Minuten blindbacken.

Snacks mit Fisch und Co.

Feine und besonders exquisite Vorspeisen werden meist mit Fisch oder verschiedensten Meeresfrüchten zubereitet. Viele bekannte, aber auch außergewöhnliche Gerichte und Varianten aus den Küchen der Welt kann man mit Hilfe der folgenden Rezepte gut nachkochen.

Salate mit Muscheln, Garnelen und Kalmaren

In einem Salat wird Muschelfleisch kombiniert mit kräftig schmeckenden Blattsalaten, im anderen kommen die verschiedensten köstlichen Meeresfrüchte fast pur zur Geltung.

Muschelsalat

1 kg kleine Venusmuscheln (Vongole)

30 g Zwiebel, 50 g Möhre

80 g Stangensellerie, 30 g Lauch

2 EL Pflanzenöl, 100 ml Weißwein

1 Lorbeerblatt, 1 Thymianzweig

80 g Apfel, 100 g Cocktailtomaten

150 g Radicchio di Treviso

1 Hand voll Salatkräuter (Brunnenkresse, Rucola, Sauerampfer)

4 Jakobsmuscheln, 20 g Butter

Salz, frisch gemahlener Pfeffer

1/4 TL rote Pfefferkörner

Für die Vinaigrette:

2 EL Apfelessig (5 % Säure)

Salz, frisch gemahlener Pfeffer

2 EL Walnussöl, 4 EL Sonnenblumenöl

1. Venusmuscheln unter fließendem kaltem Wasser abbürsten, geöffnete Exemplare aussortieren. Gemüse putzen. 30 g Sellerie und restliches Gemüse 1/2 cm groß würfeln. Öl erhitzen, Gemüse darin anschwitzen. Muscheln zufügen, Wein angießen, Lorbeerblatt und Thymian einlegen. Alles zugedeckt 5 bis 6 Minuten garen. Muschelfond durch ein Sieb seihen, auffangen. 6 EL Fond abmessen. 2/3 der Muscheln auslösen, die restlichen in der Schale belassen.

2. Für die Vinaigrette den Apfelessig, den Muschelfond, Salz und Pfeffer verrühren, bis sich das Salz aufgelöst hat. Dann die beiden Ölsorten kräftig unterrühren.

3. Restlichen Sellerie putzen. In etwa 5 cm lange, dünne Streifen schneiden. Apfel waschen, vom Kerngehäuse befreien und in Streifen schneiden. Tomaten blanchieren, häuten und vierteln, Stielansätze und Samen entfernen. Radicchio in einzelne Blätter zerteilen, diese längs halbieren. Mit Brunnenkresse, Rucola, Sauerampfer waschen und trockenschleudern.

4. Jakobsmuscheln säubern und öffnen. Mit dem Messer das Muschelfleisch um den grauen Rand herum auslösen. Diesen vom weißen Muskel und dem orangefarbenen Corail abziehen. Butter zerlassen. Muskelfleisch und Corail leicht salzen und pfeffern. Von jeder Seite etwa 1 Minute in der Butter braten. Salat mit Jakobsmuscheln, Venusmuschelfleisch und Venusmuscheln in der Schale auf Tellern anrichten. Mit den roten Pfefferkörnern bestreuen, mit der Vinaigrette beträufeln und servieren.

Meeresfrüchtesalat

400 g küchenfertige Kalmare

60 g Zwiebel, 80 g Möhre

1/8 l trockener Weißwein, 4 EL Weißweinessig, 1 Lorbeerblatt

1 kg Miesmuscheln

Für die Vinaigrette:

1 bis 2 Knoblauchzehen

1 Bund Petersilie, 2 kleine Peperoncini

Saft von 1 Zitrone, Salz

6 bis 8 EL Olivenöl

250 g gekochte, geschälte Garnelen

Außerdem:

1 Zitrone, in Schnitze geschnitten

1. Die Kalmare innen und außen unter fließendem kaltem Wasser waschen. In Ringe schneiden. Zwiebel und Möhre schälen und grob zerkleinern. Wein und Essig in eine Kasserolle gießen, mit dem Lorbeerblatt und dem vorbereiteten Gemüse zum Kochen bringen.

2. Die Kalmarringe zum Gemüse in den Topf geben und im Sud etwa 50 Minuten bei schwacher Hitze garen, bis sie schön weich sind. Die Ringe herausnehmen und gut abtropfen lassen. 1 EL vom Kochsud für die Salatsauce abmessen und beiseite stellen.

3. Die Muscheln unter fließendem kaltem Wasser waschen, Bärte und eventuell vorhandene Kalkreste entfernen. Geöffnete Muscheln wegwerfen, sie könnten verdorben sein. Die Muscheln in 1/4 l Wasser etwa 6 bis 8 Minuten dämpfen, bis sich die Schalen geöffnet haben. Jetzt noch geschlossene Exemplare wegwerfen, da sie verdorben sind. Das Muschelfleisch aus den geöffneten Muscheln lösen.

4. Für die Vinaigrette den Knoblauch schälen und fein hacken. Die Petersilie ebenfalls fein hacken. Die Peperoncini von Stielansätzen, Samen und Scheidewänden befreien, das Fruchtfleisch fein würfeln. Den Zitronensaft und den aufgefangenen Kochsud mit dem Salz in einem Schälchen verrühren, bis sich das Salz aufgelöst hat. Dann das Olivenöl einrühren, Knoblauch und Peperoncini untermischen.

5. Kalmare, Muschelfleisch und Garnelen in einer Schüssel miteinander mischen. Mit der Salatsauce beträufeln und den Salat zugedeckt im Kühlschrank etwa 1 Stunde durchziehen lassen. Auf Tellern anrichten, mit den Zitronenschnitzen garnieren und servieren.

Frische Mies- und Venusmuscheln schmecken in einer fruchtigen Tomatensauce, die reichlich aromatisches Gemüse und duftende Kräuter enthält, am allerbesten.

Muscheln in pikanter Sauce

Eine klassische Vorspeise von der französischen Mittelmeerküste. Beim Einkauf von Muscheln sollte man unbedingt auf Frische achten, da verdorbenes Muscheleiweiß zu unangenehmen Lebensmittelvergiftungen führen kann. Gute Qualität erkennt man am Zustand der Schalen: Frische, lebende Muscheln halten sie geschlossen oder reagieren auf einen Schlag mit Schließen der Klappen. Offene Exemplare müssen darum aussortiert werden. Im Zweifelsfall wirft man lieber einmal eine Muschel zu viel weg, einen gewissen Ausschuss muss man – zumindest im Binnenland – einfach akzeptieren.

Muscheln in Tomatensauce

je 700 g Miesmuscheln und Venusmuscheln

50 g Zwiebel, 50 g Möhre

30 g Lauch, 50 g Stangensellerie

1 EL Olivenöl, 100 ml Weißwein

1 Lorbeerblatt, 2 Thymianzweige, 2 Petersilienstängel

Für die Tomatensauce:

800 g reife Flaschentomaten

100 g Zwiebeln, 2 Knoblauchzehen

2 kleine Chilischoten, 2 EL Olivenöl

frisch gemahlener Pfeffer, Salz

2 EL gehackte Kräuter (Petersilie, Thymian)

Zesten von 1/2 unbehandelten Zitrone

1. Die Muscheln unter fließendem kaltem Wasser gründlich waschen und abbürsten, dabei noch vorhandene Sand- und Kalkreste entfernen. Von den Miesmuscheln mit den Fingern die Bärte (Byssusfäden) abziehen. Offene Muscheln aussortieren und wegwerfen, da sie verdorben sind.

2. Die Zwiebel und die Möhre schälen, den Lauch und den Sellerie putzen und alles in etwa 1/2 cm große Würfel schneiden.

3. Das Öl in einem Topf erhitzen und die Gemüsewürfel darin hell anschwitzen. Muscheln zufügen und Wein angießen. Lorbeer, Thymian und Petersilie einlegen. Den Topf schließen und die Muscheln 6 bis 8 Minuten dämpfen. Die Muscheln in ein Sieb schütten, dabei den Sud auffangen: 200 ml davon abmessen und beiseite stellen. Noch geschlossene Muscheln entfernen, denn sie sind verdorben.

4. Die Flaschentomaten für die Sauce blanchieren, abschrecken, häuten und vierteln. Stielansätze und Samen entfernen. Letztere durch ein Sieb passieren, dabei den Saft auffangen. Das Tomatenfruchtfleisch klein würfeln. Die Zwiebeln und den Knoblauch schälen und fein hacken. Die Chilischoten halbieren, Stielansätze, Samen und Scheidewände entfernen und das Fruchtfleisch fein hacken.

5. Das Öl erhitzen. Die Zwiebel- und Knoblauchwürfel darin hell anschwitzen. Die Tomaten- und Chiliwürfel kurz mitschwitzen. Den aufgefangenen Tomatensaft und den Muschelsud zugießen. Mit Pfeffer und (wenig!) Salz würzen. Kräuter und die Hälfte der Zitronenzesten einstreuen und die Sauce bei geringer Hitze 20 Minuten köcheln.

6. Die Muscheln in der Sauce erwärmen, das Gericht abschmecken. Die Muscheln samt Sauce auf tiefe Teller verteilen, mit den restlichen Zitronenzesten bestreuen und servieren. Dazu passt ofenfrisches, knuspriges Baguette.

→ Tipp

Die richtige Zeit für die Zubereitung von frischen Muschelgerichten sind die Monate, deren Name ein »r« enthält, also die Monate September bis April. Wer sich satt essen möchte an diesen Meeresfrüchten, sollte nicht zu knapp kalkulieren: 500 g müssen pro Portion schon eingeplant werden. Schließlich bestehen Muscheln zu etwa 80 Prozent aus Schale – und die ist nicht essbar.

Ährenfische mit Kräutersauce

Die kleinen Ährenfische werden in allen Küstenländern des Mittelmeers ähnlich zubereitet. Sie schmecken so zart, wie sie aussehen, und ihr feines Aroma kommt beim Frittieren am besten zur Geltung. Außerdem ist dies eine sehr praktische Methode der Zubereitung, denn sie macht wenig Mühe. In diesem Rezept werden die Fischchen nur in Milch getaucht und in Mehl gewälzt. In Griechenland werden sie auch mit einem Teig aus Eiern, Wein und Mehl überzogen und dann frittiert. In Spanien, wo sie »pejerrey« heißen und in Portugal werden sie vorher einfach mit Mehl, oft Reismehl, bestäubt. In Italien sind die kleinen Fische als »latterini in saor« eine Delikatesse. Dafür ruhen sie erst in einer Kräutermarinade und werden anschließend kurz gebraten.

→ Tipp

Die kalte Kräutersauce zum Eintauchen ist eine feine Ergänzung der ausgebackenen Fischchen. Knoblauch und Kapern machen aus dem Gericht eine typisch mediterrane Delikatesse.

Frittierte Ährenfische

800 g kleine Ährenfische

100 ml Milch, 1 TL Salz

100 g Mehl

Olivenöl zum Ausbacken

Für die Kräutersauce:

1 EL Kapern, in Salz eingelegt

2 EL Pinienkerne

2 Sardellenfilets

2 Knoblauchzehen, geschält

1 hart gekochtes Ei

1 EL ganz fein gehackte Zwiebeln

4 EL gehackte Kräuter (Petersilie, Dill, Schnittlauch)

50 ml Olivenöl

50 ml Gemüsefond

Außerdem:

Zitronenspalten

1. Für die Sauce Kapern, Pinienkerne, Sardellenfilets und Knoblauchzehen sehr fein hacken. Das Ei schälen, das Eigelb durch ein Sieb streichen, das Eiweiß fein würfeln. Zusammen mit den gehackten Zwiebeln und den Kräutern in einer Schüssel mit dem Öl gründlich verrühren. Den Gemüsefond ebenfalls gut unterrühren.

2. Die Milch in einen tiefen Teller gießen und salzen. Das Mehl in einen zweiten Teller geben. Die Ährenfische zuerst in die gesalzene Milch eintauchen. Herausheben und abtropfen lassen. Die Fische anschließend in dem Mehl wenden, bis sie gleichmäßig damit bedeckt sind. In ein Sieb legen und durch vorsichtiges Schütteln das überschüssige Mehl entfernen.

3. Das Öl auf 180 °C erhitzen und jeweils eine Hand voll Fischchen darin in 2 bis 3 Minuten goldbraun ausbacken. Herausnehmen und auf Küchenpapier kurz abtropfen lassen. Sofort mit der Sauce und Zitronenspalten servieren.

Der Ölbaum und das Meer – das Öl und die Fische. Sie sind die Basis für viele großartige Gerichte.

Sardinen und Aal in Öl ausgebacken

Fisch und Meeresfrüchte spielen in der portugiesischen Küche eine große Rolle. Sie werden meist nicht sehr aufwändig zubereitet, sondern einfach gegrillt oder paniert und ausgebacken wie hier.

Frittierte Sardinen

8 Sardinen von je 50 g, etwa 40 g Mehl

100 g Semmelbrösel, 2 Eier

Salz, frisch gemahlener Pfeffer

Für die Tomatensauce:

500 g Tomaten

50 g Zwiebel, geschält

30 g roh geräucherter durchwachsener Speck

1 TL Olivenöl

2 EL Sahne

Salz, frisch gemahlener Pfeffer

Außerdem:

Pflanzenöl zum Frittieren

Basilikum zum Garnieren

1. Die Sardinen am Bauch mit einem spitzen Messer aufschneiden, ausnehmen, gründlich kalt abspülen und trockentupfen. Zum Panieren Mehl und Semmelbrösel auf jeweils einen Teller schütten. Die Eier verquirlen. Die Sardinen würzen, zuerst im Mehl wenden, dann durch die Eier ziehen und zum Schluss in den Semmelbröseln wenden.

2. Die Tomaten halbieren, von Stielansätzen und Samen befreien und vierteln. Die Zwiebel und den Speck klein würfeln. Das Öl erhitzen, den Speck darin auslassen und die Zwiebeln glasig schwitzen. Tomaten zufügen und alles 20 Minuten köcheln lassen. Dann fein pürieren, die Sauce durch ein Sieb passieren und die Sahne unterrühren. Salzen und pfeffern.

3. Das Öl auf 180 °C erhitzen und die Sardinen darin 3 bis 4 Minuten frittieren. Auf Küchenpapier abtropfen lassen.

Gebackener Aal

1 Stück Aal, ausgenommen etwa 250 g
Salz, frisch gemahlener Pfeffer
30 g Mehl, 100 g Semmelbrösel, 1 Ei
Für die Sauce Tartare:
1 Ei, 1/2 TL Salz
1/4 TL gemahlener weißer Pfeffer
1/2 TL Weinessig, 1/4 TL scharfer Senf
175 ml Sonnenblumenöl
1 hart gekochtes Ei, geschält
75 g Gewürzgurken
1 EL Kapern, 3 Sardellenfilets
je 1 EL gehackter Kerbel und Estragon
je 1/2 EL Schnittlauchröllchen und gehackte Petersilie
Cayennepfeffer, Salz, gemahlener Pfeffer
Für den Salat:
1/4 Kopf Friséesalat
50 g Cocktailtomaten
80 g Salatgurke
2 EL Balsamico bianco
Salz, frisch gemahlener schwarzer Pfeffer
1 Prise Zucker, 4 EL Sonnenblumenöl
30 g fein gehackte Schalotten
1 EL gehackte Kräuter
Außerdem:
3 EL Sonnenblumenöl
30 g Butter

1. Den Aal häuten und filetieren. Die Filets in 7 cm lange Stücke schneiden, längs halbieren und mit Salz und Pfeffer würzen.

2. Für die Sauce Tartare Ei, Salz, Pfeffer, Essig und Senf bei niedrigster Stufe im Mixer glatt rühren, dabei das Öl in kräftigem Strahl einlaufen lassen. Die Mayonnaise in eine Schüssel umfüllen. Hart gekochtes Ei, Gewürzgurke, Kapern und Sardellenfilets fein würfeln und mit den Kräutern unter die Mayonnaise mischen. Die Sauce würzen.

3. Den Friséesalat in mundgerechte Stücke zerpflücken. Salat, Tomaten und Gurke waschen. Die Tomaten halbieren, die Stielansätze entfernen. Die Gurke in Scheiben schneiden. Essig, Salz, Pfeffer und Zucker verrühren, bis sich das Salz aufgelöst hat, erst dann das Öl zufügen. Gehackte Schalotten und Kräuter einrühren.

4. Den Aal panieren, wie bei den Sardinen links beschrieben. In einer großen Pfanne Öl und Butter erhitzen und die panierten Aalstücke darin auf beiden Seiten goldbraun und knusprig braten. Mit dem Salat anrichten, diesen mit der Vinaigrette beträufeln und das Gericht sofort servieren.

Im portugiesischen Aveiro kennt man die besten Aalrezepte. Und das ist kein Wunder, denn in den dortigen Flussmündungen tummeln sich zur Saison Mengen von Aalen.

Die Schüler des Institutio Professionale di Stato per i Servizi Alberghieri e della Ristorazione in Finale Ligure bereiten für die Sardinen eine höchst schmackhafte Füllung zu. Dazu gibt es einen feinen Salat.

Sardinen mit Kräuterfüllung

»Sarde«, »sardelle« oder »sardine« werden Sardinen in Italien genannt. Und die gibt es mit sehr unterschiedlichen Füllungen im ganzen Land. Auch wenn das Füllen etwas Arbeit macht, die Mühe lohnt sich. Man findet das folgende Gericht von Venedig bis Sizilien, und das Basisrezept ist immer weitgehend gleich, allein die Kräutermischung variiert ständig. So verwendet man in Ligurien Basilikum pur, in Venetien hingegen werden Petersilie und Rosmarin gemischt, und in Kampanien bevorzugt man eine Kombination, die geschmacklich vom Oregano dominiert wird. »Sardelle ripiene« werden häufig als Vorspeise gereicht (maximal 3 Stück pro Portion), aber sie können auch ein vollwertiger Fischgang (5 bis 6 Stück pro Portion) sein.

Sardelle ripiene

500 g frische Sardinen

Für die Füllung:

2 Knoblauchzehen

80 g geriebenes Weißbrot, ohne Rinde

50 g geriebener Parmesan

1 EL fein gehacktes Basilikum

1/2 EL fein gehackter Oregano

1/2 TL Salz

frisch gemahlener weißer Pfeffer

Olivenöl

1. Von den frischen Sardinen die Köpfe mit zwei Fingern abdrehen – wer möchte, kann mit einem Messer etwas nachhelfen. Dabei gleich die Eingeweide mit herausziehen.

2. Die Sardinen auf der Bauchseite mit einem spitzen Messer aufschneiden. Die Fische aufklappen und unter fließendem kaltem Wasser gründlich waschen. Gut abtropfen lassen und mit Küchenpapier trockentupfen.

3. Für die Füllung die Knoblauchzehen schälen und fein hacken. Das Weißbrot mit dem Parmesan, den fein gehackten Knoblauchzehen und den Kräutern gut vermischen. Alles salzen und pfeffern. Die Brotmischung mit wenig Olivenöl zu einer relativ festen, formbaren Masse verrühren.

4. Die Hälfte der Sardinen aufgeklappt auf die Arbeitsfläche legen (Innenseite nach oben) und die Füllung gleichmäßig darauf verteilen. Dann jede mit Füllung bestrichene Sardine mit einer zweiten aufgeklappten Sardine (diesmal Innenseite nach unten) belegen.

5. Die Fische nebeneinander auf ein leicht gefettetes Blech legen und bei 180 °C im vorgeheizten Ofen 10 bis 12 Minuten braten. Sofort anrichten. Mit einem knackigen Salat und frischem italienischem Weißbrot servieren.

→ Tipp

Sardellen oder Anchovis heißen in Italien »alici« und eingelegt nennt man sie »acciughe«. In diesem Rezept hier geht es jedoch um Sardinen, die auf italienischen Speisekarten unter anderem als »Sardelle« aufgeführt werden.

Die Auster mit einem Spezialhandschuh mit der gewölbten Seite nach unten festhalten. Mit dem Austernmesser am Scharnier einstechen, durchtrennen.

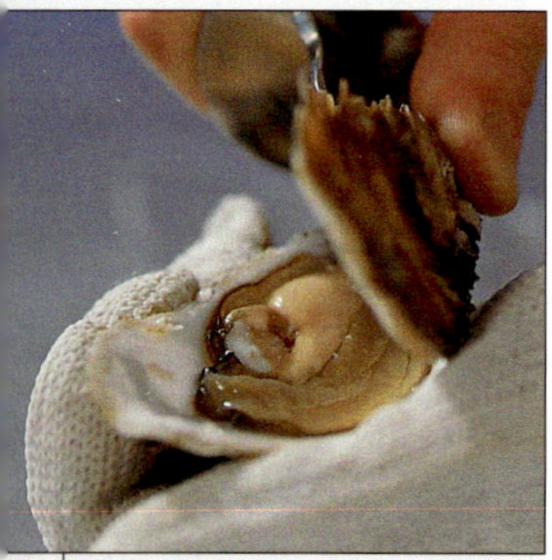

Das Messer zwischen den beiden Schalenhälften entlangführen. Obere, flache Klappe abnehmen. Für die Rezept-Variante das Austernwasser dabei auffangen.

Austern mit Käsesauce gratiniert

Dieses Rezept beweist einmal mehr, dass man die exquisiten Meeresbewohner keinesfalls nur roh schlürfen kann. In der Tat ist es nicht jedes Feinschmeckers Sache, Austern so zu genießen. Manche stört die Konsistenz, andere der pure Meeresgeschmack. Wie auch immer, für solche Skeptiker sind die beiden hier vorgestellten Austernvariationen wie geschaffen.

Austern gratiniert

12 Austern (Fines de Claires)

80 g Zwiebeln, 2 Knoblauchzehen

200 g rote Paprikaschoten

2 EL Olivenöl

50 ml Weißwein

Salz, frisch gemahlener Pfeffer

1 EL gehackte Petersilie

Für die Sauce Mornay:

10 g Butter, 15 g Mehl

1/4 l Milch, Salz

frisch gemahlener weißer Pfeffer

1/2 Eigelb, 50 ml Sahne

20 g frisch geriebener Cantal oder Beaufort

Außerdem:

Meersalz, Petersilienblättchen

1. Für die Sauce Mornay in einer Kasserolle die Butter zerlassen, das Mehl einrühren und dieses 1 bis 2 Minuten hell anschwitzen. Die Milch zugießen, glatt rühren, salzen und pfeffern. Die Sauce unter ständigem Rühren etwa 20 Minuten köcheln lassen. Eigelb und Sahne verquirlen und die Sauce damit binden. Kräftig aufkochen lassen. Die Sauce durch ein feines Sieb passieren, erneut erhitzen und den Käse darin schmelzen.

2. Die Austern vorsichtig öffnen, wie in den beiden Steps links gezeigt. Ein Backblech mit ausreichend Meersalz füllen, die tiefen Schalenhälften mit dem Austernfleisch darin auf das Meersalz-Bett setzen und die Muscheln bis zur weiteren Verwendung kühl stellen.

3. Die Zwiebeln schälen und sehr fein hacken. Die Knoblauchzehen schälen und ebenfalls sehr fein hacken. Die Paprikaschoten halbieren, Stielansätze, Samen und Scheidewände entfernen und das Fruchtfleisch in kleine Würfel schneiden.

4. Das Olivenöl in einer Pfanne erhitzen und Zwiebel- und Knoblauchwürfel darin hell anschwitzen. Die Paprikawürfel unter Rühren 1 bis 2 Minuten mitschwitzen. Den Weißwein zugießen, etwas reduzieren. Mit Salz und Pfeffer würzen. Die gehackte Petersilie einstreuen und 2 bis 3 Minuten mitgaren.

5. Das angeschwitzte Gemüse über die Austern verteilen und die Sauce Mornay darüber gießen. Die Austern auf dem Blech unter dem vorgeheizten Grill kurz gratinieren. Mit Petersilie garnieren und sofort servieren.

Variante ohne Käsesauce: Hier löst man das Muschelfleisch aus und fängt das Austernwasser dabei auf. Dann bereitet man das Gemüse vor, wie beschrieben. Statt des Weins gibt man die Austern mitsamt der Flüssigkeit zu und lässt sie 1 Minute im Gemüse ziehen. Dann salzen und pfeffern. Die Petersilie unterrühren, die Gemüsemischung und je 1 Muschel in die gesäuberten tiefen Schalenhälften füllen und die Austern sofort servieren.

Eine gleichermaßen köstliche Variante des obenstehenden Rezeptes, bei der die Austern nicht mit einer Käsesauce überbacken werden.

Jakobsmuscheln mit grünem Salat

30 g Butter in einer Pfanne zerlassen. Schalotten, Knoblauch und Chili darin farblos anschwitzen.

Das Muschelfleisch zufügen und unter Wenden leicht angehen lassen. Mit Salz und Pfeffer würzen.

Den Fischfond angießen und einkochen lassen. Petersilie einstreuen. Eingekochte Sahne unterrühren.

Sie sind schon eine echte Delikatesse für sich, die schönen Jakobs- oder Pilgermuscheln, französisch »coquilles Saint-Jacques«, »peignes« oder »pèlerines« genannt. Ihr zartes Fleisch eignet sich für eine Vielzahl von Zubereitungen, ja sogar zum Grillen! Mit etwas Sahnesauce und Brotbröseln gratiniert, wie in diesem Rezept, sind die Muscheln jedoch ganz besonders köstlich.

Gratinierte Jakobsmuscheln

8 Jakobsmuscheln in der Schale

100 g Schalotten, 2 Knoblauchzehen

Fruchtfleisch von 1 roten Chilischote (etwa 5 g)

150 ml Sahne, 50 g Butter

Salz, frisch gemahlener Pfeffer

50 ml Fischfond

2 EL gehackte Petersilie

30 g Weißbrot vom Vortag, grob gerieben

Für den grünen Salat:

100 g Pflücksalat, 20 g Schalotte, geschält

1/2 Knoblauchzehe, geschält

100 g Tomaten

2 EL Champagneressig

Salz, frisch geriebener Pfeffer

2 EL Walnussöl

2 EL Sonnenblumenöl

1 EL gehackte Kräuter (Schnittlauch, Petersilie)

1. Die Muscheln sorgfältig waschen, säubern und aus der Schale lösen. Dafür jede Jakobsmuschel mit einem Tuch so festhalten, dass die flache Schale nach oben zeigt. Ein spitzes, starkes Messer zwischen die Schalen schieben und den Muskel an der flachen Innenseite durchtrennen. Die flache Schale abheben.

2. Die gewölbte untere Schale festhalten und mit dem Messer entlang dem grauen Mantelrand fahren. Das Fleisch aus der Schale heben. Den grauen Rand vom weißen Muskelfleisch (es wird in der Fachsprache als »Nüsschen« bezeichnet) und dem orangefarbenen Rogen (auch »Corail« genannt) abziehen. Muskelfleisch und Rogen vorsichtig voneinander trennen und beides in etwa 1,5 cm große Stücke schneiden. Die 4 gewölbten Muschelschalen auswaschen.

3. Schalotten und Knoblauch schälen und sehr fein hacken. Das Fruchtfleisch der Chilischote sehr fein würfeln. Die Sahne auf etwa ein Drittel einkochen lassen. In der Zwischenzeit die Salatblätter waschen, Schalotte und Knoblauch fein hacken. Die Tomaten häuten, Stielansätze sowie Samen entfernen und das Fruchtfleisch fein würfeln.

4. Die restlichen Zutaten für den Salat zu einer Vinaigrette verrühren, die Schalotten-, die Knoblauch- und die Tomatenwürfel untermischen. Mit den Muscheln weiterverfahren, wie in der Bildfolge links gezeigt. Die Füllung auf die gewölbten Muschelschalen verteilen, mit den Bröseln bestreuen, mit der restlichen Butter in Flöckchen belegen und unter dem vorgeheizten Grill kurz gratinieren. Die Salatblätter auf Tellern arrangieren, mit der Vinaigrette beträufeln, die Muscheln daneben anrichten und das Gericht sofort servieren.

Jakobsmuscheln, köstlich gratiniert und in der Schale serviert, dazu ein kleiner Salat: Das ist ein Entrée, wie man es nicht nur in der Bretagne liebt, sondern das überall gut ankommt.

Das mexikanische Brot aus der Pfanne schmeckt natürlich mit einem köstlichen Belag wie den Garnelen gleich doppelt gut. Allerdings darf die Auflage nicht zu flüssig sein.

Garnelen auf Tortillas

Wieder einmal stellt die mexikanische Küche unter Beweis, dass sie zu den besten von ganz Lateinamerika zählt. Ursprünglich wurden Tortillas aus Maismehl gebacken. Spanier und Portugiesen brachten jedoch viele Produkte aus ihrer Heimat mit, darunter auch Weizenmehl. Und im Lauf der Zeit wurde dieses von der indianischen Bevölkerung zum Backen ihres Brotes mit verwendet. So gibt es heute die Fladen aus Maismehl, aus beiden Mehlsorten oder aber nur aus Weizen, so wie hier.

Garnelenragout auf Weizentortillas

Für die Tortillas:

250 g Weizenmehl (Type 405)

Salz

Für das Garnelenragout:

400 g geschälte rohe Garnelenschwänze

350 g Tomaten

100 g weiße Zwiebeln

2 Knoblauchzehen

2 rote Chilischoten

5 EL Pflanzenöl

20 g Butter, Salz

frisch gemahlener Pfeffer nach Belieben

1 EL gehackte Petersilie

Außerdem:

Mehl, Petersilienblättchen zum Garnieren

1. Für die Tortillas das Mehl in eine Schüssel sieben und mit dem Salz mischen. Nach und nach 150 ml lauwarmes Wasser zugießen und alles zu einem glatten, geschmeidigen Teig verkneten. Den Teig zur Kugel formen und in Folie wickeln. 30 Minuten ruhen lassen.

2. Den Teig in 12 gleichmäßig große Stücke teilen und diese jeweils zu Kugeln formen. Jede Kugel auf einer bemehlten Arbeitsfläche zu einem dünnen Fladen von etwa 15 cm Durchmesser ausrollen. Ohne Zugabe von Fett in einer erhitzten Pfanne auf jeder Seite 1 bis 2 Minuten backen und warm halten.

3. Für das Garnelenragout die Garnelenschwänze in etwa 1 cm große Stücke schneiden. Die Tomaten blanchieren, kalt abschrecken, häuten und vierteln. Stielansätze und Samen entfernen und das Fruchtfleisch in kleine Würfel schneiden.

4. Die weißen Zwiebeln und die Knoblauchzehen schälen, beides fein hacken. Die Chilischoten halbieren, die Stielansätze, Samen und Scheidewände entfernen und das Fruchtfleisch ebenfalls fein hacken.

5. Das Öl und die Butter in einer Pfanne erhitzen. Zwiebel- und Knoblauchwürfel darin goldbraun braten. Tomaten- und Chiliwürfel zufügen und 10 Minuten mitköcheln, dabei öfter rühren. Die Garnelen in die Pfanne geben und unter Rühren kurz mitgaren. Mit Salz und Pfeffer nach Belieben würzen. Alles weitere 5 Minuten köcheln lassen und die gehackte Petersilie einstreuen. Abschmecken.

6. Die Tortillas auf Teller legen und jeweils in die Mitte ein Häufchen des Garnelenragouts setzen, nach Belieben mit Petersilienblättchen garnieren. Die Tortillas noch warm servieren.

→ Tipp

Wer mag, kann die Garnelen durch gewürfeltes und gegartes Hähnchenbrustfilet ersetzen.
Gut schmeckt das Ragout auch in vegetarischer Form. Dafür einfach 2 grüne, in Würfel geschnittene Paprikaschoten statt der Garnelen verwenden.

Die mit Garnelen gefüllten Teigtaschen, Empanadas genannt, sind eine Spezialität aus der östlichen Küstenregion am Golf von Mexiko.

Teigtaschen mit Garnelen gefüllt

Für die entsprechende Schärfe der Salsa sowie der Füllung sorgen hier die »Chiles jalapeños«, Vertreter einer Chilisorte, die zuweilen sehr scharf sein kann. Wer befürchtet, es könnte ihm zu viel werden, entfernt vor der Weiterverarbeitung die schärfetragenden Samen und Scheidewände.

Mais-Empanadas

Für 12 bis 14 Stück

350 g Masa harina (Spezialmehl zur Herstellung von Maisteig), 1/2 TL Salz

1 TL edelsüßes Paprikapulver

4 EL Pflanzenöl

Für die Füllung:

150 g Garnelen, geschält und gekocht

40 g weiße Zwiebel

4 Knoblauchzehen

100 g Tomaten

1 Chile jalapeño

4 EL Öl

1 TL Piment, gemahlen

1 TL getrockneter Oregano, Salz

Für die Salsa Mexicana:

400 g Tomaten, gehäutet, ohne Samen, gewürfelt

100 g Zwiebeln und 2 Chiles jalapeños, fein gehackt

2 EL gehacktes Koriandergrün

Salz, 2 TL Limettensaft

Außerdem:

Öl zum Frittieren

1. Das Mehl mit Salz und Paprikapulver würzen. Das Öl und 300 bis 350 ml Wasser nach und nach einarbeiten, bis ein glatter Teig entsteht. Diesen 1 Stunde ruhen lassen.

2. Für die Füllung die Garnelen fein hacken. Zwiebel und Knoblauch schälen. Die Zwiebel fein hacken und den Knoblauch durch eine Presse drücken. Die Tomaten blanchieren und häuten, Stielansätze und Samen entfernen. Das Fruchtfleisch in sehr feine Würfel schneiden. Die Chilischote klein schneiden.

3. Das Öl in einer Pfanne erhitzen, Zwiebel und Knoblauch darin anschwitzen. Gehackte Garnelen, Tomaten- und Chiliwürfel zufügen und alles würzen. So lange dünsten, bis die Flüssigkeit verdampft ist.

4. Den Teig kurz durchkneten, dann in 12 Stücke teilen. Jedes Stück zwischen Klarsichtfolie ausrollen, anschließend Kreise von etwa 10 cm Durchmesser ausstechen. Die Teigreste erneut ausrollen. Auf jeweils 1 Teighälfte 1 EL Füllung geben, die andere Teighälfte darüberklappen, den Rand festdrücken und mit einem Messerrücken am Rand einkerben.

5. Reichlich Öl in einer Pfanne oder Fritteuse auf 180 °C erhitzen und die Empanadas darin in 3 bis 5 Minuten goldbraun ausbacken. Herausheben und gut abtropfen lassen.

6. Alle vorbereiteten Zutaten für die Salsa in einer Schüssel miteinander vermischen und zu den heißen Empanadas servieren.

Unzählige Chilisorten werden auf mexikanischen Märkten angeboten. Sie unterscheiden sich nicht nur im Aussehen, sondern haben jeweils ihren eigenen Geschmack.

Muschel-Burger ungewöhnlich kombiniert

Eine Luxusvariante des amerikanischen Nationalgerichts, hier einmal nicht mit den übrigen Zutaten in einem dicken, weichen Brötchen verpackt, sondern zwischen Toastscheiben serviert.

Muschel-Burger

Für die Muscheln:

800 g Miesmuscheln

50 g Zwiebel, 1 Knoblauchzehe

50 g Möhre, 50 g Stangensellerie

2 EL Olivenöl

1 Zweig Thymian

einige Blätter Stangenselleriegrün, 1 Lorbeerblatt

1/8 l Weißwein

Für den Fleischteig:

1 Knoblauchzehe

60 g Frühlingszwiebeln

50 g rote Paprikaschote

1 Chilischote

1 TL Limettensaft

1/4 TL sehr fein gehackte Limettenschale

1 EL gehackte Petersilie, 1 Ei

300 g Hackfleisch vom Schwein

Salz, frisch gemahlener Pfeffer

Für den Salat:

1/4 Kopf Friséesalat

20 g Frühlingszwiebel

1 Knoblauchzehe

2 EL Weißweinessig

Salz, frisch gemahlener Pfeffer

4 EL Olivenöl

1 EL gehackte Petersilie

Außerdem:

2 Scheiben Sandwich-Toastbrot

3 bis 4 EL Olivenöl

4 Zahnstocher

1. Die Miesmuscheln unter fließendem kaltem Wasser gründlich abbürsten, um alle Sand- und Kalkreste zu entfernen. Die Bärte mit den Fingern abziehen. Bereits geöffnete Muscheln wegwerfen, da sie verdorben sein können.

2. Zwiebel, Knoblauch, Möhre und Sellerie schälen bzw. putzen und klein würfeln. Das Öl in einem großen Topf erhitzen und das Gemüse darin kurz anschwitzen. Muscheln und Kräuter zufügen, mit Weißwein ablöschen und die Muscheln zugedeckt etwa 8 Minuten garen, bis sie sich geöffnet haben.

3. Die Muscheln aus dem Sud heben, geschlossene Exemplare aussortieren, sie sind verdorben. Das Fleisch der geöffneten Muscheln – bis auf 12 Stück – aus der Schale lösen. Vom Muschelsud 2 EL für die Salatvinaigrette abmessen und beiseite stellen.

4. Die Knoblauchzehe für den Fleischteig schälen und fein hacken. Die Frühlingszwiebeln putzen und ebenfalls fein hacken. Die Paprikaschote mit einem Kartoffelschäler schälen. Paprika- und Chilischote halbieren. Stielansätze, Samen und Scheidewände entfernen und das Fruchtfleisch klein würfeln. Knoblauch, Frühlingszwiebeln, Paprika und Chili sowie Limettensaft und -schale, Petersilie und Ei gründlich mit dem Hackfleisch vermengen.

5. Das Muschelfleisch in kleine Stücke schneiden. Weiterverfahren, wie in der Bildfolge rechts unten gezeigt. Anschließend das Toastbrot rösten und vierteln.

6. Friséesalat waschen, trocknen und in mundgerechte Stücke teilen. Die Frühlingszwiebel putzen und in feine Ringe schneiden. Den Knoblauch schälen und fein hacken. Den beiseite gestellten Muschelsud, den Essig, Salz und Pfeffer verrühren, dann das Öl unter Rühren einlaufen lassen. Frühlingszwiebel, Knoblauch und Petersilie untermischen. Die Muscheln in der Schale einlegen und in der Vinaigrette wenden.

7. Zum Servieren je ein Toastviertel mit einem Muschel-Burger belegen, mit einer zweiten Scheibe Brot und einer weiteren Frikadelle »aufstocken« und alles mit einem Zahnstocher zusammenstecken. Die Burger auf Tellern anrichten, mit dem Friséesalat und je 3 Muscheln in der Schale garnieren. Die Vinaigrette darüber träufeln und die Muschel-Burger mit dem Salat servieren.

Ernte aus dem Meeresgarten: Miesmuscheln werden häufig an Pfählen gezüchtet, was den Vorteil hat, dass die sie dann fast sandfrei sind.

Für die Burger das Muschelfleisch zum vorbereiteten Fleischteig in die Schüssel geben und alles gut miteinander verkneten. Zum Schluss den Teig mit Salz und Pfeffer pikant abschmecken.

Das Olivenöl in einer Pfanne erhitzen. Die Muschel-Burger hineingeben und von beiden Seiten etwa 5 Minuten braten, bis sie knusprig und durchgegart sind.

Gurken aus dem Ofen mit Fischfarce gefüllt

Serviert mit einer Sahnesauce und einem Tomaten-Concassée, wird die klassische Kombination von Fisch, Gurken und Dill hier einmal nicht als Salat aufgetischt, sondern als überbackene, warme Vorspeise.

Gefüllte Gurken

Für 6 Portionen

300 g Salatgurke, Salz

Für die Fischfarce:

150 g weißes Fischfilet (etwa Kabeljau), gut gekühlt

Salz, frisch gemahlener weißer Pfeffer

1 Prise Cayennepfeffer

1 Prise edelsüßes Paprikapulver

2 Eiweiße

50 ml Sahne, gut gekühlt
5 g fein gehackte Pistazien
Für die Weißweinsauce:
60 g Zwiebel
100 ml Weißwein
150 ml Fischfond
5 weiße Pfefferkörner
150 ml Sahne
Salz, frisch gemahlener Pfeffer
1 EL fein geschnittener Dill
Für das Tomaten-Concassée:
150 g Tomaten, 20 g Butter
Salz, frisch gemahlener Pfeffer
Außerdem:
1 feuerfeste Form
1 Stück Pergamentpapier, etwas größer als die Form
Butter für die Form und das Pergamentpapier
1/2 TL fein geschnittener Dill

1. Die Salatgurke waschen und quer in 3,5 cm lange Stücke schneiden. Die Schale mit dem Ziseliermesser in regelmäßigen Abständen längs einkerben. Das Fruchtfleisch mit einem kleinen Kugelausstecher bis auf 1 cm an Seiten und Boden aushöhlen.

2. Das gekühlte Fischfilet für die Farce klein würfeln und im Mixer mit Salz, Pfeffer, Cayennepfeffer, Paprikapulver und den Eiweißen fein pürieren. Die Masse mit einem Metallspatel durch ein feinmaschiges Sieb streichen. Die ebenfalls gut gekühlte Sahne unterrühren, die Farce abschmecken und die Pistazien untermischen. Die Farce bis zur weiteren Verwendung kühl stellen.

3. Reichlich gesalzenes Wasser zum Kochen bringen und die Gurkenstücke 1 Minute darin blanchieren. Herausnehmen, kurz in Eiswasser legen, mit der Höhlung nach unten auf ein Küchentuch setzen und gut abtropfen lassen.

4. Eine feuerfeste Form mit Butter ausstreichen. Die Gurkenstücke mit der Höhlung nach oben in die Form setzen. Die gekühlte Farce in einen Spritzbeutel mit Lochtülle füllen und in die Gurken spritzen. Das Pergamentpapier mit Butter fetten und die Form damit abdecken. Die Gurken bei 175 °C im vorgeheizten Ofen 20 bis 25 Minuten garen.

5. Die Zwiebel für die Sauce schälen und fein hacken. Den Weißwein und den Fischfond in eine Kasserolle gießen, die Zwiebel zufügen und die Pfefferkörner einstreuen. Bei nicht zu starker Hitze auf 100 ml reduzieren und dann durch ein Sieb passieren. Die Sahne zugießen und die Sauce einköcheln lassen, bis sie eine cremige Konsistenz erreicht hat. Mit Salz und Pfeffer würzen und den Dill einstreuen.

6. Die Tomaten für das Concassée blanchieren, kalt abschrecken, häuten und halbieren. Die Stielansätze und die Samen entfernen, das Fruchtfleisch in kleine Würfel schneiden. Die Butter zerlassen und die Tomatenwürfel 1 bis 2 Minuten darin anschwitzen. Mit Salz und Pfeffer würzen.

7. Die Form aus dem Ofen nehmen und das Pergamentpapier entfernen. Die gefüllten Gurkenstücke auf vorgewärmte Teller setzen und mit Dill bestreuen. Mit der Sauce und dem Tomaten-Concasée anrichten und sofort servieren.

Die langen, schlanken Salatgurken, auch Schlangengurken genannt, stammen hierzulande meist aus Unterglasanbau. Die rankenden Pflanzen sind kälteempfindlich, was nicht verwundert, wenn man bedenkt, dass sie ursprünglich aus Indien stammen.

Artischocken mit Miesmuschelfüllung

Gefüllte Artischocken

4 Artischocken mit Stiel (je etwa 150 g)
Saft von 1/2 Zitrone, Salz
100 ml Weißweinessig

Für die Muschelfüllung:

1 kg Miesmuscheln
40 g Zwiebel, 1/2 Knoblauchzehe
40 g Möhre, 20 g Petersilienwurzel
30 g Stangensellerie
1 EL Olivenöl
etwas unbehandelte Zitronenschale
100 ml trockener Weißwein
1 EL Zitronensaft

Für die Vinaigrette:

4 EL Madeira, 4 EL Noilly Prat
1 EL Himbeeressig, 1 EL Aceto balsamico
Salz, frisch gemahlener Pfeffer
4 EL Olivenöl, 150 g Tomaten
30 g Schalotten, 1 EL gehackte Petersilie

Außerdem:

Basilikumblättchen zum Garnieren

1. Die Muscheln für die Füllung unter fließendem kaltem Wasser gründlich waschen und abbürsten, um alle Sand- und Kalkreste zu entfernen. Mit Daumen und Zeigefinger die Bärte abziehen. Geöffnete Muscheln unbedingt wegwerfen, sie sind verdorben. Die Miesmuscheln in einem Sieb gut abtropfen lassen.

2. Die Zwiebel und den Knoblauch schälen, beides fein hacken. Das Gemüse putzen oder schälen und in kleine Würfel schneiden.

3. In einem großen Topf das Öl erhitzen und darin Zwiebel und Knoblauch hell anschwitzen. Die Gemüsewürfel unter Rühren 4 bis 5 Minuten mitbraten. Zitronenschale und Muscheln zufügen, Weißwein und Zitronensaft zugießen. Den Topf zudecken, den Inhalt kurz aufkochen und bei reduzierter Hitze 6 bis 8 Minuten dämpfen, zwischendurch mehrmals kräftig am Topf rütteln. Nach dem Kochen noch geschlossene Muscheln entfernen, sie sind verdorben. Die Muscheln aus dem Sud heben und das Muschelfleisch aus den Schalen lösen.

4. Von jeder Artischocke mit einer Küchenschere die stacheligen Blätter am Stiel abschneiden. Den Stiel bis auf etwa 10 cm kürzen, eventuell vorhandene kleine harte Blätter rund um den Stielansatz abzupfen. Die stacheligen Spitzen der äußeren Blätter zu etwa einem Drittel mit der Küchenschere gleichmäßig abschneiden und den Stiel schälen. Die Artischocken dann sofort in mit Zitronensaft versetztes Wasser legen, damit sie sich nicht verfärben.

5. In einem entsprechend großen Topf etwa 1,5 l Wasser zum Kochen bringen. Salz und Weinessig zufügen, die vorbereiteten Artischocken einlegen und 10 bis 15 Minuten garen.

6. Für die Vinaigrette Madeira und Noilly Prat getrennt jeweils auf die Hälfte einkochen lassen. Beide Konzentrate in einer Schüssel miteinander verrühren und abkühlen lassen. Himbeeressig, Aceto balsamico, Salz und Pfeffer zufügen und anschließend das Öl unterrühren.

7. Die Tomaten waschen, blanchieren, häuten und vierteln. Stielansätze und Samen entfernen und das Fruchtfleisch etwa 1/2 cm groß würfeln. Die Schalotten schälen und fein hacken. Tomaten, Schalotten und Muschelfleisch zur Vinaigrette geben. Die Petersilie einstreuen, alles gut vermischen und abschmecken.

8. Die gegarten Artischocken aus dem Wasser heben, gut abtropfen lassen und längs halbieren. Das Heu entfernen. Je zwei Hälften auf einem Teller anrichten und den Muschelsalat einfüllen. Mit Basilikumblättchen garniert servieren.

Nur ganz kleine und junge Artischocken sind so zart, dass sie sich im Ganzen genießen lassen. Zum Füllen dürfen es jedoch ruhig die etwas größeren Exemplare von etwa 150 g sein.

Avocadohälften, mit einer pikanten Eier-Tunfisch-Mischung gefüllt, sind eine üppigere Vorspeise, die durchaus auch ein kleines Hauptgericht ersetzen kann.

Gefüllte Avocado mit Ei und Tunfisch

Die Früchte mit ihrer cremigen Farce und der knackige Salat schmecken am besten mit frischem Weißbrot. Avocados sind nur vollständig reif und weich genießbar. In Supermärkten werden diese Früchte von vielen Kunden häufig genau auf ihren Reifezustand hin überprüft, weshalb sie in der Regel zahlreiche Druckstellen aufweisen. Darum empfiehlt es sich, Avocados in guten Gemüsegeschäften zu kaufen.

Avocado mit Tunfisch

3 reife Avocados
350 g Tomaten
80 g Zwiebeln
2 hart gekochte Eier
200 g Tunfisch im eigenen Saft
Salz, frisch gemahlener Pfeffer
1 EL Zitronensaft
1 EL Olivenöl
1 TL gehackte Petersilie
1 TL gehacktes Koriandergrün
1/4 Kopf Friséesalat

Für die Vinaigrette:

1/2 TL Salz
1 Messerspitze grob gemahlener Pfeffer
1 EL Weißweinessig, 4 EL Olivenöl
1 EL gehackte Petersilie
20 g gehackte Zwiebel

Außerdem:

1 EL gehackte glatte Petersilie

1. Die Tomaten blanchieren, kalt abschrecken, häuten und vierteln. Die Früchte von Stielansätzen und Samen befreien, dann in kleine Würfel schneiden. Die Zwiebeln schälen und fein hacken. Die hart gekochten Eier schälen und in kleine Würfel schneiden. Den Tunfisch aus der Dose in einem Sieb gut abtropfen lassen und am besten mit zwei Gabeln in kleine Stücke zerpflücken.

2. Die Avocados halbieren und die Kerne entfernen. Das Fleisch einer Frucht aus der Schale lösen, auf einem Teller mit Zitronensaft beträufeln und mit einer Gabel zerdrücken.

3. Etwa die Hälfte der Tomatenwürfel, die Zwiebeln, die Eier und den Tunfisch unterheben. Die Creme mit Salz, Pfeffer, Olivenöl und den Kräutern würzen und in die halbierten Avocados füllen.

4. Den Salat putzen, waschen, gut abtropfen lassen und trockenschleudern. Für die Vinaigrette Salz, Pfeffer und Weißweinessig in einer Schüssel mit dem Schneebesen verrühren, bis sich das Salz aufgelöst hat. Das Öl hinzufügen und verrühren. Die Kräuter und die Zwiebelwürfel untermischen.

5. Die gefüllten Avocados auf Tellern anrichten. Den Salat daneben arrangieren, mit den übrigen Tomatenwürfeln bestreuen und mit der Vinaigrette beträufeln. Das Ganze mit der gehackten Petersilie garnieren und servieren.

Tunfisch fangfrisch zu kaufen und vor der Verwendung für die Füllung zu kochen wäre selbstverständlich ideal für dieses Rezept. Doch auch mit Tunfisch aus der Dose kann man eine äußerst schmackhafte Füllung zubereiten.

Lachsmousse mit Dillsauce

Schön gebunden und dennoch herrlich locker – dank einer Bechamelsauce als Grundlage. Trotz seines teilweise unglaublich niedrigen Preises genießt Lachs, der »König der Fische«, nach wie vor ein ungebrochen hohes Image. Dabei darf man jedoch nicht übersehen, dass erstklassige Qualität wie und je ihren Preis hat. Für eine edle Mousse vom Räucherlachs sollte man deshalb, falls man die Wahl hat, besser nicht zu aufgeschnittener, in Folie eingeschweißter Ware greifen, sondern sich lieber vom Fischhändler ein Stück von einer ganzen Lachsseite abschneiden lassen – auch wenn das etwas mehr kostet. Das hat den Vorteil, dass man die Ware, die man kauft, selbst prüfen und sicher sein kann, dass das Fischfleisch nicht von allzu dicken Fettadern durchzogen ist, aber genau das delikate Räucheraroma mitbringt, das eine solche Mousse letztendlich so unwiderstehlich macht.

Mousse vom Räucherlachs

Für 10 bis 12 Portionen

60 g Zwiebel

20 g Butter, 20 g Mehl

1/4 l Milch

Salz, frisch gemahlener weißer Pfeffer

2 EL Zitronensaft, 1 Prise Zucker

3 Blatt Gelatine

500 g Räucherlachs am Stück

200 ml Schlagsahne

Für die Joghurt-Dill-Sauce:

150 g Naturjoghurt (3,5 % Fett)

60 g Crème fraîche

20 g Frühlingszwiebel, 2 EL Dill

1 EL Sherry (Fino)

1 Spritzer Zitronensaft

1 EL Weißweinessig (5 % Säure)

Salz, frisch gemahlener weißer Pfeffer

Außerdem:

1 Terrinenform von 1 l Inhalt

Frischhaltefolie zum Auskleiden der Form

1 unbehandelte Zitrone zum Garnieren

Tomaten und Dillzweige zum Garnieren

1. Zwiebel schälen und fein hacken. Butter in einer Kasserolle zerlassen, Zwiebel darin glasig anschwitzen. Mehl darüber streuen, unter Rühren 1 bis 2 Minuten mitschwitzen, ohne es Farbe nehmen zu lassen. Milch zugießen und die Sauce glatt rühren. Mit Salz, Pfeffer, Zitronensaft und Zucker würzen. Aufkochen lassen, unter ständigem Rühren 10 Minuten köcheln lassen.

2. In der Zwischenzeit die Gelatine in kaltem Wasser einweichen. Die Sauce durch ein feines Sieb passieren, damit die Zwiebelstückchen und eventuell entstandene Klümpchen nicht in der Sauce verbleiben. Die Gelatine aus dem Wasser nehmen, gut ausdrücken und in der heißen Sauce auflösen. Die Sauce nach Belieben abschmecken und etwas abkühlen lassen.

3. Den Lachs falls nötig häuten und entgräten. Das Fleisch grob zerkleinern und portionsweise im Mixer pürieren. Das Lachspüree gründlich mit der Béchamelsauce verrühren.

4. Sobald die Masse zu erstarren beginnt, die Sahne steif schlagen und unterziehen. Die Terrinenform mit Frischhaltefolie auskleiden. Die Lachsmasse einfüllen, glatt streichen und zugedeckt für 2 bis 4 Stunden in den Kühlschrank stellen, bis die Mousse völlig erstarrt ist.

5. Für die Sauce Joghurt und Crème fraîche glatt rühren. Die Frühlingszwiebel putzen und in feine Ringe schneiden, den Dill fein hacken. Frühlingszwiebel, Dill, Sherry, Zitronensaft und Essig unter die Joghurtmasse rühren, die Sauce salzen und pfeffern.

6. Zum Anrichten die Form kurz in heißes Wasser tauchen, die Mousse auf eine Platte stürzen und die Folie entfernen. Die Mousse in Scheiben schneiden und auf Tellern anrichten. Die Scheiben mit Tomatenvierteln, Zitronenscheiben und Dill garnieren. Nach Belieben mit Toast servieren und die Joghurt-Dill-Sauce separat dazu reichen.

Zitrone und Dill sind für Fisch und Fischgerichte die passende Garnitur – optisch und geschmacklich.

Damit die Vinaigrette zusammen mit dem Gericht das volle Aroma entwickeln kann, sollten Spargel und Scampi wirklich nur lauwarm auf den Tisch kommen.

Spargel mit Scampi

Für solch eine delikate Vorspeise sollten es wirklich Scampi (Kaisergranate) sein, das sind diejenigen mit den langen Scheren aus der Familie der Hummer. Leider werden sie im Handel immer noch mit den viel billigeren Garnelen verwechselt. Scampi müssen garantiert frisch sein, weil sie schon nach wenigen Tagen nicht mehr genießbar sind. Also beim Händler darauf bestehen, dass man daran riechen darf, und zwar zwischen Rückenpanzer und Schwanz, nur so kann man ihre Frische wirklich feststellen.

Lauwarmer Spargel mit Scampi

24 mittelgroße Spargelstangen, weiß und grün

1 Scheibe Zitrone

Für die Vinaigrette:

1/4 l Kalbsfond, 2 Frühlingszwiebeln

50 ml Sherryessig, 70 ml Walnussöl

1 Knoblauchzehe

1/2 TL Salz, gemahlener weißer Pfeffer

2 cl Sherry Amontillado

Für die Scampi:

12 Scampischwänze

Salz, frisch gemahlener weißer Pfeffer

30 g Butter

Außerdem:

1 Hand voll Löwenzahn oder Rauke

Zitronenmelisse zum Garnieren

1. Von beiden Spargelsorten das untere Ende abschneiden, die weißen Stangen mit einem Messer oder einem Spargelschäler von oben nach unten schälen, den grünen Spargel nur schälen, wenn die Schale sehr dick ist. Beide Sorten zu kleinen Bündeln binden und in kochendem Salzwasser mit der Zitronenscheibe in 10 bis 15 Minuten gar kochen. Herausnehmen und warm stellen.

2. Für die Vinaigrette den Kalbsfond in einer Kasserolle bei mittlerer Hitze auf 3 bis 4 EL einkochen. Die Frühlingszwiebeln waschen, abtrocknen und in Scheiben schneiden. In einer Schüssel den reduzierten Fond mit dem Sherryessig und dem Walnussöl verrühren. Knoblauch schälen, ganz fein hacken und zufügen. Mit Salz und Pfeffer würzen, den Sherry Amontillado unterrühren. Die Frühlingszwiebelringe unter die Vinaigrette mischen.

3. Die Scampi mit einer feinen Schere oder einem kleinen, scharfen Messer auf der Unterseite aufschneiden. Die Schale mit beiden Händen auseinander drücken, damit das Schwanzfleisch herauskommt. An der Oberseite leicht einschneiden und den Darm entfernen. Ganz leicht mit Salz und Pfeffer würzen. Die Butter in einer Pfanne erhitzen, die Scampischwänze hineingeben und von allen Seiten in der Butter kurz goldbraun braten.

4. Löwenzahn oder Rauke waschen und trockenschleudern. Mit den lauwarmen Spargelstangen auf 4 Tellern anrichten, die gebratenen Scampischwänze darauf legen, alles mit der Vinaigrette überziehen und mit der Zitronenmelisse garnieren.

→ Tipp

Spargel, egal ob weiß oder grün, schmeckt lauwarm mit einer Vinaigrette besonders gut. Die Frühlingszwiebeln in diesem Rezept können auch einmal durch frischen Kerbel ersetzt werden. Dieses Kraut passt vorzüglich zu dem königlichen Gemüse.

Tintenfisch auf Fenchelgemüse

Gefüllter Kalmar auf gegrilltem Fenchel

Für die gefüllten Kalmare:

50 g Reis, Salz

100 g Blattspinat

20 g Zwiebel, 1 kleine Knoblauchzehe

20 g Butter

frisch gemahlener Pfeffer

2 Kalmare (je etwa 100 g)

2 g Fenchelsamen

1 EL Olivenöl

Für den gegrillten Fenchel:

200 g Fenchel

Salz, frisch gemahlener Pfeffer

1 EL Olivenöl

Außerdem:

Holzspießchen oder Küchengarn

etwas Olivenöl für die Grillplatte

1 kleine Knoblauchzehe, 60 g Butter

grob geschroteter Pfeffer

1 EL gehacktes Fenchelgrün

1 Spritzer Zitronensaft

1. Den Reis für die Füllung in 150 ml leicht gesalzenem Wasser aufkochen, die Hitze reduzieren und den Reis etwa 20 Minuten garen. Eventuell noch vorhandene Flüssigkeit abgießen, ansonsten den Reis nur ausdampfen lassen. Den Reis mit einer Gabel auflockern.

2. Den Spinat putzen und gründlich waschen. Blanchieren, kalt abschrecken, abtropfen lassen und fein hacken. Die Zwiebel und den Knoblauch schälen und fein hacken.

3. Die Butter zerlassen und die Zwiebelwürfel sowie den gehackten Knoblauch darin anschwitzen. Den Spinat kurz mitbraten, mit Salz und Pfeffer würzen. Den Reis untermischen, die Reis-Spinat-Mischung bis zur weiteren Verwendung beiseite stellen.

4. Die Kalmare waschen und die Haut abziehen. Dann die Tentakel aus dem Körperbeutel ziehen und anderweitig verwenden. Den so genannten Schulp entfernen und die Flossen vom Körperbeutel abziehen.

5. Die Kalmare mit der Reis-Spinat-Mischung nicht zu prall füllen, weil diese sich beim Garen noch ausdehnen könnte. Die gefüllten Kalmare mit Holzspießchen fest zustecken oder mit Küchengarn zunähen.

6. Den Fenchel waschen und trocknen. Den Wurzelansatz und den Stängel abschneiden. Wenn nötig, die harten äußeren Rippen entfernen. Etwas Fenchelgrün hacken und beiseite stellen. Die Knolle längs in 2 mm dünne Scheiben schneiden.

7. Fenchelsamen im Mörser zerstoßen. Kalmare rundum mit Salz, Pfeffer und Fenchelsamen würzen, mit Olivenöl bepinseln und auf einer vorgeheizten, mit Öl bestrichenen Grillplatte 3 bis 4 Minuten auf jeder Seite grillen.

8. Die Fenchelscheiben salzen, pfeffern und mit Olivenöl bepinseln. 1 Minute von jeder Seite mitgrillen. Holzspieße oder Garn von den Kalmaren entfernen, diese in 2 cm dicke Scheiben schneiden und mit dem Fenchel auf vorgewärmten Tellern anrichten.

9. Den Knoblauch schälen und in feine Scheiben schneiden. Die Butter aufschäumen lassen, den Knoblauch farblos darin anschwitzen und mit Pfeffer, Fenchelgrün und Zitronensaft würzen. Über die gegrillten Kalmare gießen und alles sofort servieren.

In diesem Rezept findet alles vom Fenchel seine Verwendung: die Knollen, das Grün und sogar die Samen, die den gefüllten Kalmaren ein feines Anisaroma verleihen.

Die kleinen Quiches mit Garnelenfüllung und sahnigem Eierguss schmecken ofenfrisch am allerbesten. Falls nötig kann man sie vor dem Servieren noch einmal kurz in den heißen Ofen schieben.

Mini-Quiches mit Garnelen

Diese Törtchen sind eine ideale warme Vorspeise, sie können aber auch einfach zu einem guten Glas Wein serviert werden. Für die Füllung kann man statt Garnelen auch die wertvolleren »langoustines« (Kaisergranate oder Scampi) verwenden oder in Scheiben geschnittenen Hummer- oder Langustenschwanz.

Quiches mit Garnelen

Für 6 Förmchen mit je 12 cm Durchmesser

Für den gesalzenen Mürbteig:

250 g Mehl

125 g gewürfelte Butter

1 Eigelb, 1/2 TL Salz

1 bis 2 EL Wasser

getrocknete Erbsen zum Blindbacken

Für die Füllung:

80 g Zwiebel

1 Knoblauchzehe

je 75 g rote und gelbe Paprikaschote

150 g Lauch, 40 g Zucchini

3 EL Öl

8 geschälte Garnelen ohne Darm

Für den Sahne-Eierguss (Royale):

1/8 l Sahne

1 EL frisch gehackte Kräuter

2 Eier

Salz, frisch gemahlener weißer Pfeffer

75 g geriebener Käse (Gruyère)

1. Den Mürbteig zubereiten, wie in den ersten beiden Bildern rechts gezeigt. Für die Füllung die Zwiebel und den Knoblauch schälen und beides fein hacken. Die Paprika, den Lauch und die Zucchini waschen und putzen. Die Paprika in feine Streifen und den Lauch in Ringe schneiden. Die Zucchini fein würfeln.

2. Das Öl in einer Pfanne erhitzen, die Zwiebel und den Knoblauch darin anschwitzen. Lauch, Paprika und Zucchini zugeben und knackig garen. Abkühlen lassen.

3. Den gut gekühlten Teig dünn ausrollen und die gefetteten Förmchen damit auslegen. Mit einer Gabel den Boden mehrmals einstechen, mit Backpapier auslegen und die Erbsen einfüllen. Die Törtchenböden bei 200 °C im vorgeheizten Ofen 10 Minuten blindbacken. Herausnehmen, Erbsen und Papier entfernen.

4. Für die Royale die Sahne mit den Kräutern (Petersilie, Schnittlauch, Basilikum, Kerbel) und den Eiern glatt rühren. Salzen, pfeffern und den Käse unterheben. Die Förmchen füllen, wie im dritten und vierten Bild rechts gezeigt. Die Royale darüber gießen. Die Mini-Quiches in 20 bis 25 Minuten knusprig hellbraun backen. Warm servieren.

Für den Teig Mehl auf eine Arbeitsfläche häufen. Mulde hineindrücken; Butter, Eigelb, Salz zugeben. Hacken.

Wasser zugeben, schnell verkneten. Teig zur Kugel formen, in Folie wickeln, 1 Stunde kühl stellen.

Die Gemüsemischung in die blindgebackenen Förmchen füllen und die Garnelen darauf verteilen.

Zuletzt die Royale über die Füllung gießen – immer nur so viel, dass alle Zutaten der Füllung verbunden sind.

Tartelettes aux fruits de mer

Kleine Quiches, delikat mit Gemüse, Muschel- und Königskrabbenfleisch gefüllt. Das, zugegebenermaßen nicht ganz preiswerte, Fleisch von Königskrabben ist, bereits gekocht, überwiegend als Dosenware im Handel. Man kann es durch andere Krebse oder gekochte Garnelen ersetzen.

Tarteletts mit Meeresfrüchten

Für den geriebenen Teig:

200 g Mehl, 100 g weiche Butter

1 Eigelb, 1/2 TL Salz

Für die Muscheln:

1 kg Miesmuscheln

30 g Zwiebel, 1 Knoblauchzehe

40 g Möhre, 40 g Lauch

30 g Stangensellerie

2 EL Olivenöl

2 Stängel Petersilie, 1 Lorbeerblatt

1 Zweig Thymian

100 ml trockener Weißwein

Für die Füllung:

150 g gekochtes Königskrabbenfleisch

50 g Zwiebel, 2 Knoblauchzehen

je 30 g Möhre, Stangensellerie und Lauch

100 g Tomaten

3 EL Olivenöl

1 EL gehackte Petersilie

Salz, frisch gemahlener Pfeffer

Für den Eier-Sahne-Guss:

80 ml Sahne, 1 Ei

30 g Tomme de Savoie, frisch gerieben

Salz, frisch gemahlener Pfeffer

Außerdem:

4 Tartelettförmchen von 12 cm Durchmesser

Backpapier und Hülsenfrüchte zum Blindbacken

1. Für den Teig das Mehl auf eine Arbeitsfläche sieben, die Butter in Stücken darauf verteilen und beides mit den Händen bröselig verreiben. Mit Eigelb, Salz und 2 bis 3 EL kaltem Wasser rasch zu einem glatten Teig verkneten. Den Teig zur Kugel formen, in Folie wickeln und etwa 1 Stunde kühl stellen.

2. Anschließend den Teig auf einer bemehlten Arbeitsfläche 4 mm dick ausrollen und die Tartelettförmchen damit auslegen. Die Teigränder mit einer Kugel aus Teigresten andrücken, überstehenden Teig abschneiden. Den Boden mehrmals mit einer Gabel einstechen. Je ein passendes Stück Backpapier einlegen und mit Hülsenfrüchten beschweren, damit sich der Teig beim Backen nicht hochwölbt. Die Tartelетts bei 200 °C im vorgeheizten Ofen 15 Minuten blindbacken. Hülsenfrüchte und Backpapier entfernen.

3. Die Miesmuscheln gründlich unter fließendem kaltem Wasser abbürsten, um sie von Kalk- und Sandresten zu befreien. Die Bärte mit den Fingern abziehen. Offene Muscheln wegwerfen. Das Gemüse für den Sud schälen oder putzen und fein würfeln.

4. Das Öl in einem Topf erhitzen und die Gemüsewürfel darin farblos anschwitzen. Muscheln, Petersilie, Lorbeerblatt und Thymian zufügen. Mit Wein ablöschen und die Muscheln 6 bis 8 Minuten zugedeckt dämpfen. Herausheben, noch geschlossene Exemplare wegwerfen, sie sind verdorben. Das Muschelfleisch aus der Schale lösen, es sollten sich etwa 280 g ergeben.

5. Das gekochte Krabbenfleisch für die Füllung in nicht zu kleine Stücke schneiden. Zwiebel, Knoblauch, Möhre, Stangensellerie und Lauch schälen oder putzen und alles sehr fein würfeln. Die Tomaten blanchieren, häuten und vierteln, Stielansätze und Samen entfernen und das Fruchtfleisch klein würfeln. Weiterverfahren, wie in den ersten beiden Steps der Bildfolge rechts gezeigt.

6. Die Masse salzen und pfeffern. Die Füllung gleichmäßig auf die vorgebackenen Tarteletts verteilen. Für den Guss die Sahne mit dem Ei und dem geriebenen Käse verrühren, mit Salz und Pfeffer würzen. Über die Füllung gießen, wie im dritten Step rechts gezeigt. Die Tarteletts im vorgeheizten Ofen bei 200 °C 20 bis 25 Minuten backen, dann aus dem Ofen nehmen, aus den Förmchen lösen und sofort servieren.

Öl für die Füllung erhitzen. Zwiebel, Knoblauch und Gemüse darin 1 bis 2 Minuten anschwitzen.

Das zerkleinerte Krabbenfleisch zufügen, anziehen lassen. Muschelfleisch, Tomaten, Petersilie einrühren.

Den Eier-Sahne-Guss mit einer Schöpfkelle über die Muschel-Krabben-Gemüse-Füllung geben.

Snacks mit Fleisch

Kleine Gerichte mit Fleisch eignen sich oft nicht nur als Appetitanreger oder Zwischenmahlzeit, sondern auch als ganze Mahlzeit. Im folgenden Kapitel findet man berühmte Rezepte, in denen Fleisch die Hauptrolle spielt: gefüllte Weinblätter, Pork-Patty-Salad oder Rindfleischsalat.

Ciabatta mit Entenleber

Für wunderbare Weine sind das Piemont und die Toskana berühmt. Bei dieser Vorspeise geht es in erster Linie um die Trauben, aus denen der Wein gekeltert wird.

Ob als Antipasti oder kleine Zwischenmahlzeit, die auf kleinen Weißbrotscheiben angerichtete Entenleber ist ein Appetithäppchen der besonderen Art. In diesem Rezept wird die frische Geflügelleber nicht, wie sonst für Crostini typisch, mit anderen Zutaten cremig püriert, sondern im Ganzen gebraten und mit süßen, aromatischen Weinbeeren serviert. Und noch ein wichtiger Hinweis zum Schluss: Die Entenlebern sollte man, wie Leber generell, erst nach dem Braten salzen, da sie sonst hart und zäh werden.

Weißbrot mit Entenleber

400 ml Geflügelfond

250 g Entenlebern

50 g Zwiebel

1 Knoblauchzehe

120 g kleine blaue Weintrauben

2 EL Olivenöl

frisch gemahlener Pfeffer

etwas Mehl zum Bestäuben

2 EL Aceto balsamico, möglichst mindestens 10 Jahre gereift

1 EL gehackte Petersilie

1 TL Thymianblättchen

Salz

Außerdem:

4 Scheiben Ciabatta-Brot

1 EL Olivenöl

Petersilie zum Garnieren

1. Den Geflügelfond in einer Kasserolle zum Kochen bringen und bei mittlerer Hitze auf etwa 100 ml Flüssigkeit einkochen lassen.

2. Die Entenlebern gründlich unter fließendem kaltem Wasser waschen, dann trockentupfen und sorgfältig von allen Häutchen und Äderchen befreien. Die Zwiebel und die Knoblauchzehe schälen und beides fein hacken. Die Weintrauben waschen und in einem Sieb gut abtropfen lassen.

3. Das Olivenöl in einer Pfanne erhitzen und die Zwiebel- und Knoblauchwürfel darin unter Rühren farblos anschwitzen. Die Entenlebern mit Pfeffer würzen und leicht mit Mehl bestäuben. Im heißen Öl von beiden Seiten nur ganz kurz braten, dann mit dem Aceto balsamico ablöschen. Die Petersilie sowie den Thymian einstreuen und den reduzierten Fond zugießen.

4. Erst jetzt die Weintrauben zufügen und nur ganz kurz in der heißen Sauce erwärmen. Alles mit Salz und Pfeffer abschmecken.

5. Inzwischen die Ciabattascheiben auf einen Rost legen und mit Olivenöl bestreichen. Bei 250 °C im vorgeheizten Ofen 10 Minuten rösten.

6. Je eine knusprige Brotscheibe auf einen Teller legen und die Entenlebern darauf anrichten. Mit den Weintrauben umlegen und die Balsamicosauce darüber träufeln. Mit etwas Petersilie garnieren und sofort servieren.

Eine besondere Note erhält diese köstliche Vorspeise durch die darüber geträufelten Sauce, die ihr Aroma dem mindestens 10 Jahre gereiften Aceto balsamico verdankt.

Kunstvoll aufgeschichtet werden die dünnen, nur kurz gebratenen Fleischscheiben serviert. Mit dem Salzen des Gemüses sollte man vorsichtig sein, denn die Sojasauce ist bereits salzig.

Lammfleisch mit Wok-Gemüse

Dünne Scheiben Fleisch und dazwischen knackiges Gemüse aus dem Wok sind ein gelungenes Beispiel von »East meets West«: Die aus Frankreich stammende Idee, ein Filet- oder Schnitzelstück sehr flach zu klopfen, wird kombiniert mit asiatischer Gemüsekochkunst. Das Gemüse wird nämlich nicht blanchiert oder weich gekocht, sondern kommt nur kurz in den sehr heißen Wok, wo es unter ständigem Rühren genau auf den Punkt gart. So bleibt es schön knackig und voller Vitamine.

Paillard vom Lamm

16 dünne Scheiben Lammfleisch (aus der Keule; je 20 g)

Salz, frisch gemahlener Pfeffer

edelsüßes Paprikapulver

2 bis 3 EL Erdnussöl

Für das Gemüse:

75 g weiße Zwiebel, 1 Knoblauchzehe

5 g frische Ingwerwurzel

75 g Zuckerschoten

120 g gekochte Bambus- und 50 g frische Bohnensprossen

50 g rote Paprikaschote, 1 rote Chilischote

2 EL Reiswein, 80 ml Gemüsefond

3 bis 4 EL helle Sojasauce

1/4 TL Speisestärke, 3 EL Erdnussöl

Salz, gemahlener Pfeffer

Außerdem:

Korianderblättchen zum Garnieren

1. Für das Gemüse Zwiebel, Knoblauch und Ingwer schälen und fein würfeln. Die Zuckerschoten putzen und in 1 1/2 cm große Rauten schneiden. Die gekochten Bambussprossen in 5 cm lange und 1/2 cm breite Stücke schneiden. Die Bohnensprossen verlesen. Die Paprikaschote von Stielansatz, Samen und Scheidewänden befreien und 1/2 cm groß würfeln. Chilischote in Ringe schneiden, dabei die Samen entfernen.

2. In einer kleinen Schüssel den Reiswein mit dem Gemüsefond und der Sojasauce mischen. Die Speisestärke zufügen und alles glatt rühren.

3. Das Erdnussöl im Wok erhitzen. Zwiebel-, Knoblauch- und Ingwerwürfel sowie die Chiliringe darin kurz braten. Zuckerschoten und Paprikawürfel zufügen und alles 2 bis 3 Minuten bei starker Hitze unter ständigem Rühren braten. Die Bambussprossen 2 und die Bohnensprossen noch 1 Minute mitbraten. Die angerührte Stärke zugießen, kurz aufkochen. Nach Belieben salzen und pfeffern, das Gemüse warm halten.

4. Die Lammscheiben einzeln zwischen Klarsichtfolie plattieren. Die Folie entfernen und die Fleischscheiben mit Salz, Pfeffer und Paprikapulver würzen. Das Öl in einer Pfanne oder im Wok erhitzen und die Lammscheiben darin von beiden Seiten kurz braten.

5. Zum Anrichten je 1 Scheibe Lammfleisch auf einen vorgewärmten Teller legen und eine dünne Schicht Gemüse darauf verteilen. Darauf kommt wieder eine Scheibe Lammfleisch, dann wieder Gemüse. So weiterverfahren, bis alle Fleischscheiben aufgebraucht sind. Jeweils mit einer Scheibe Fleisch abschließen. Das Paillard mit dem restlichen Gemüse und etwas Koriandergrün garnieren, mit etwas Sauce beträufeln und sofort servieren.

→ Tipp

Beim Pfannenrühren werden Gemüse, Fleisch oder Fisch während des gesamten Garprozesses gewendet. Bestandeile, die eine kürzere Garzeit haben, werden dabei auf den hohen, schrägen Rand des Woks geschoben. Dort ist die Hitze niedriger als am Boden. Zum Schluss werden sie wieder untergemischt.

Mini-Paprika mit zweierlei Füllung

Bei diesem Rezept stehen gleich zwei pikante Füllungen zur Auswahl – eine knoblauchwürzige mit Lammhack und eine mit Rindfleisch und Rosinen. Für welche Variante man sich letztlich entscheidet, ist eine Frage des Geschmacks. Das gilt für die Füllung ebenso wie für Sorte und Farbe der Paprikaschoten. Statt zwölf Mini-Paprika können selbstverständlich auch acht kleinere oder vier mittlerer Größe gewählt werden. Zum Füllen kann man die Schoten dann entweder quer halbieren, oder man schneidet einen Deckel ab, befreit die Schoten von Samen und Scheidewänden und stellt sie dann aufrecht in eine feuerfeste Form. Letzteres empfiehlt sich vor allem für die etwas größeren runden Sorten. Bei der Wahl des Käses zum Überbacken sollte man in jedem Fall einen Hartkäse nehmen, etwa einen mittelalten Gouda, ebenso gut passt aber auch ein Cheddar oder der etwas mildere Colby.

Gefüllte Mini-Paprika

12 rote oder grüne Mini-Paprikaschoten, je 35 g
Für die Lammfüllung:
1 Knoblauchzehe
60 g Zwiebel
1 kleine rote Paprikaschote
250 g Hackfleisch vom Lamm
Salz, frisch gemahlener Pfeffer
1 Messerspitze edelsüßes Paprikapulver
1 EL gehackte Petersilie
1 Ei
Für die Rinderhackfüllung:
10 schwarze Oliven, entsteint
150 g Hackfleisch vom Rind
2 EL Rosinen
2 EL gemahlene Erdnusskerne
1 Ei
1 TL Salz
1/2 TL Chilipulver
Außerdem:
Pflanzenöl für die Form
100 g grob geriebener Hartkäse
80 ml Lamm- oder Rinderfond
glatte Petersilie

1. Die Paprikaschoten gründlich waschen, abtropfen lassen, mitsamt den Stielansätzen und Stielen längs halbieren und weiterverfahren, wie in dem ersten Bild rechts gezeigt.

2. Für die Lammfüllung den Knoblauch und die Zwiebel schälen, beides fein hacken. Die Paprikaschote vom Stielansatz, Samen und Scheidewänden befreien und das Paprikafruchtfleisch in sehr kleine Würfel schneiden. Es soll etwa 50 g Fruchtfleisch sein.

3. Das Hackfleisch mit Zwiebel-, Knoblauch- und Paprikawürfeln in eine Schüssel geben. Salz, Pfeffer, Paprikapulver und die gehackte Petersilie zufügen, das Ei aufschlagen und ebenfalls zugeben, dann alles zu einem Fleischteig vermengen.

4. Für die Rinderhackfüllung die schwarzen Oliven vierteln. Das Rinderhack in eine Schüssel geben, die Rosinen, die gemahlenen Erdnusskerne, die Oliven und das aufgeschlagene Ei hinzufügen. Alles zu einem Teig vermengen. Diesen kräftig mit Salz und Chilipulver würzen, nochmals gut vermischen.

5. Die vorbereiteten Paprikaschoten mit der Masse der Wahl füllen und weiterverfahren, wie in der Bildfolge rechts ab dem zweiten Bild beschrieben.

6. Die gefüllten Mini-Paprikaschoten in der Form etwa 15 Minuten bei 180 °C im vorgeheizten Ofen garen. Die Form aus dem Ofen nehmen.

7. Jeweils 3 der gefüllten Paprikaschoten auf einem vorgewärmten Teller anrichten und mit etwas glatter Petersilie garnieren. Die Paprikaschoten sofort servieren. Dazu passt frisches Weißbrot oder körnig gekochter Langkornreis und ein kräftiger Rotwein.

Aus den Paprikaschoten mit einem Messer die Samen und Scheidewände sorgfältig entfernen.

Die Hackfleischmischung gleichmäßig in eine Hälfte der Schoten füllen. Die Füllung dabei hineindrücken.

Eine feuerfeste Form mit Öl ausstreichen, die gefüllten Paprikahälften hineinsetzen und mit Käse bestreuen.

Die Schoten mit der zweiten Hälfte bedecken und den Fond über die Schoten in der Form gießen.

Weinblätter mit Reis-Hack-Füllung

Dolmeh

20 große, eingelegte Weinblätter
Für die Füllung:
100 g Langkornreis
70 g Zwiebel, 50 g Schalotten
4 EL Olivenöl
250 g Hackfleisch (vom Lamm oder Rind)
2 EL gehackte Petersilie, 1 EL gehackter Dill, 1/2 EL gehackte Pfefferminze
Salz, frisch gemahlener Pfeffer
1/2 TL gemahlene Kurkuma
Saft von 1/2 Zitrone
Für die Joghurtsauce:
250 g fester Naturjoghurt
40 g Zwiebel
2 Knoblauchzehen
1 EL gehackte Pfefferminze
Salz, frisch gemahlener weißer Pfeffer
Außerdem:
Olivenöl zum Beträufeln

1. Für die Füllung den Reis in einer Schüssel mit kaltem Wasser bedecken und 30 Minuten einweichen lassen. In ein Sieb schütten, abspülen und abtropfen lassen.

2. In einem Topf 1/2 l Wasser aufkochen und den Reis darin 5 Minuten kochen. In ein Sieb schütten und abtropfen lassen. Die Zwiebel und die Schalotten schälen und getrennt voneinander fein hacken.

3. Das Öl in einer Pfanne erhitzen, die Zwiebel darin unter Rühren 5 Minuten braten und weiterverfahren, wie in den ersten 3 Steps der Bildfolge unten gezeigt.

4. Die Weinblätter kurz in kaltes Wasser legen. Herausnehmen und abtropfen lassen. Mit 4 Blättern den Boden einer entsprechend großen Form auslegen. Die restlichen Blätter füllen und in die Form legen, wie in den letzten 3 Bildern unten gezeigt.

5. Die Form mit Alufolie abdecken und die Weinblätter bei 180 °C im vorgeheizten Ofen 30 etwa Minuten garen.

6. Für die Sauce den Joghurt in einer Schüssel glatt rühren. Zwiebel und Knoblauch schälen, fein hacken und mit der Pfefferminze unter den Joghurt rühren. Salzen und pfeffern. Die Weinblätter mit der Sauce servieren.

Das Hackfleisch in die Pfanne zu den Zwiebeln geben und unter ständigem Rühren krümelig braten.

Den vorgekochten Reis, die Schalotten und die Kräuter unter das Hackfleisch mischen. Alles unter Rühren 3 bis 4 Minuten braten.

Die Hackfleisch-Reis-Mischung mit Salz, Pfeffer, Kurkuma und Zitronensaft kräftig würzen. Alles gut durchmischen.

Die Blätter mit der Oberseite nach unten auf eine Arbeitsfläche legen. Jeweils 1 EL Füllung in die Mitte setzen.

Die Blätter von beiden Seiten über die Füllung schlagen. Aufrollen und dabei darauf achten, dass die Füllung ganz eingehüllt ist.

Die gefüllten Weinblätter jeweils mit der Nahtseite nach unten in die Form legen. Mit 5 EL Wasser und Olivenöl beträufeln.

Mit einem Kugelausstecher lassen sich die Zucchinistücke ganz einfach aushöhlen. Und das Fruchtfleisch geht keineswegs verloren – es kommt klein gehackt mit in die Füllung.

Zucchini mit Lammfüllung

Hier halbiert man die Früchte ausnahmsweise einmal nicht längs, sondern schneidet sie zum Füllen quer in Portionsstücke.

Gefüllte Zucchini

450 g Zucchini

Salz, frisch gemahlener Pfeffer

200 ml Gemüsefond

etwas Paprikapulver, Olivenöl

Für die Lammhackfüllung:

40 g weiße Zwiebel, 1 Knoblauchzehe

20 g entsteinte schwarze Oliven

2 EL Olivenöl

120 g Hackfleisch vom Lamm

1 EL gehackte Kräuter (Petersilie, Pfefferminze, Dill)

Salz, frisch gemahlener Pfeffer

1 kleines Ei

Für die Eigelb-Zitronen-Sauce:

6 Eigelbe

40 ml Zitronensaft

Zesten von 1/2 unbehandelten Zitrone

Salz, frisch gemahlener Pfeffer

Außerdem:

30 g schwarze Oliven, etwa Kalamata

Pfefferminzblättchen zum Garnieren

1. Blüten- und Stielansätze von den Zucchini entfernen und die Früchte quer in Stücke von 5 bis 6 cm Länge schneiden. Jedes Stück mit einem Kugelausstecher bis auf einen Rand von etwa 5 mm aushöhlen. Das Fruchtfleisch (es ergeben sich etwa 80 g) fein hacken.

2. Zwiebel und Knoblauch für die Füllung schälen und fein würfeln. Die Oliven ebenfalls fein würfeln. Das Olivenöl in einer Pfanne erhitzen und die Zwiebel- und Knoblauchwürfel darin farblos anschwitzen.

3. Das Lammhackfleisch zufügen und unter mehrmaligem Rühren krümelig braten. Die gehackten Kräuter zufügen, alles salzen und pfeffern. Die gewürfelten Oliven mit dem gehackten Zucchinifruchtfleisch 1 bis 2 Minuten mitbraten. Vom Herd nehmen und etwas abkühlen lassen. Das Ei untermischen und die Masse abschmecken.

4. Die ausgehöhlten Zucchini salzen und pfeffern. Die Hackfleischmasse einfüllen und etwas festdrücken. In eine entsprechend große feuerfeste Form legen und den Gemüsefond angießen. Die Zucchini mit Alufolie abdecken und bei 180 °C im vorgeheizten Ofen 35 bis 40 Minuten garen. Aus dem Ofen nehmen und den Fond durch ein feines Sieb gießen. Bei Bedarf mit etwas Fond auf 200 ml auffüllen.

5. Für die Sauce die Eigelbe und den Zitronensaft in einer Schüssel gut verquirlen. Den aufgefangenen Gemüsefond erhitzen. 1/3 davon unter die Eigelb-Zitronen-Mischung rühren. Diese dann unter Rühren in den restlichen Fond einlaufen lassen.

6. Die Zesten zufügen und die Eigelb-Zitronen-Sauce unter ständigem Rühren langsam erhitzen, bis sie sämig wird – die Sauce darf keinesfalls kochen. Topf vom Herd nehmen, die Sauce salzen und pfeffern.

7. Die gefüllten Zucchinistücke quer halbieren. Die Schnittflächen leicht mit Paprikapulver besieben, mit wenig Olivenöl bepinseln und auf ein Grillrost legen. Den Grill oder die Grillplatte vorheizen und die Zucchinistücke auf jeder Seite etwa 1 Minute grillen.

8. Je 3 Zucchinistücke auf vorgewärmten Tellern anrichten. Nach Belieben je 2 davon mit einem Spießchen zusammenstecken, wie im großen Bild links zu sehen. Mit etwas Sauce umgießen, mit Oliven und Minze garnieren.

→ Tipp

Auch andere Gemüsesorten können mit der Lammhackmasse gefüllt werden. Besonders eignen sich dafür Auberginen, Paprikaschoten, große Tomaten und Schmorgurken. Die gefüllten Gemüse im heißen Ofen bei 180 °C in 20 bis 30 Minuten (je nach Größe) garen.

Fleischröllchen mit Tomatensauce

Diese Fleischröllchen erinnern an Cevapcici vom Balkan, geschmacklich sind sie jedoch ganz anders. Sie bestechen durch das markante Aroma frischer Salbeiblätter und die Würze des echten Serrano-Schinkens. Er kann aber auch durch einen anderen luftgetrockneten Schinken ersetzt werden.

Fleischröllchen mit Tomatensauce

Für die Fleischröllchen:

2 Knoblauchzehen, 30 g Zwiebel
600 g Hackfleisch vom Rind und Schwein
2 EL fein gehackte Petersilie, 2 Eier
50 g Semmelbrösel
Salz, frisch gemahlener schwarzer Pfeffer
1/2 TL edelsüßes Paprikapulver
28 Salbeiblättchen
28 Scheiben Serrano-Schinken, dünn geschnitten
28 Zahnstocher, 5 EL Olivenöl

Für die Tomatensauce:

100 g Zwiebeln, 1 Knoblauchzehe
800 g reife Tomaten
2 EL Olivenöl
50 ml Sherry Amontillado
1 Lorbeerblatt
1/8 l Gemüsefond
Salz, frisch gemahlener schwarzer Pfeffer

1. Zunächst die Tomatensauce zubereiten. Dafür die Zwiebeln und die Knoblauchzehe schälen und fein hacken. Die Tomaten in kochendem Wasser blanchieren, dann häuten und halbieren, Stielansätze und Samen entfernen. Das Fruchtfleisch klein würfeln.

2. In einer Kasserolle das Öl erhitzen. Die Zwiebeln und den Knoblauch zugeben und hell anschwitzen. Alles mit Sherry ablöschen, dann die Tomatenwürfel unterrühren. Das Lorbeerblatt einlegen, den Gemüsefond zugießen und alles einmal aufkochen. Die Hitze reduzieren, die Sauce salzen, pfeffern und zugedeckt noch etwa 30 Minuten köcheln lassen.

3. Für die Fleischröllchen Knoblauch und Zwiebel schälen und sehr fein hacken. Das Hackfleisch in eine Schüssel geben und mit Zwiebel, Knoblauch, Petersilie, Eiern, Bröseln und Gewürzen vermengen.

4. Aus dem Fleischteig 28 Bällchen (zu je etwa 25 g) und diese dann zu Rollen von etwa 6 cm Länge formen. Jede Rolle mit 1 Salbeiblatt belegen und jeweils in 1 Scheibe Serrano-Schinken (von etwa 5 cm Breite) einwickeln. Mit einem Zahnstocher feststecken.

5. In einer entsprechend großen Pfanne das Olivenöl erhitzen und die mit Schinken umwickelten Fleischröllchen darin rundum 4 bis 5 Minuten braten. Die Salbei-Fleischröllchen auf Tellern anrichten und die Tomatensauce separat dazu reichen. Das Gericht mit frischem Weißbrot servieren.

Die Fleischröllchen jeweils mit einem Salbeiblättchen in eine Scheibe Serrano-Schinken wickeln.

Von einer zartrosa Farbe sollten die gegrillten Leberstückchen innen noch sein, dann sind sie genau richtig. Den geschmacklichen Kontrast bringt die Knoblauchsauce.

Leberspießli mit Knoblauchsauce

Auf dem Rost gegrillte zarte Kalbsleber wird in diesem Rezept mit einem »Nüssli-Salat«, wie der Feldsalat in der Schweiz heißt, serviert. Der wird in knackigen Röschen belassen und mit einer milden Vinaigrette angemacht. Leber darf übrigens nicht zu lange gegrillt werden, da sie sonst trocken und zäh wird.

Leberspieße mit Feldsalat

Für die Leberspieße:

400 g Kalbsleber am Stück

80 g luftgetrockneter durchwachsener Speck

12 Salbeiblätter

3 EL Pflanzenöl

Salz, grob zerstoßener schwarzer Pfeffer

Für die Knoblauchsauce:

3 Sardellenfilets, in Salz eingelegt, 2 Knoblauchzehen

2 Eigelbe, 120 ml Olivenöl

Schale und Saft von 1/2 Zitrone

frisch gemahlener schwarzer Pfeffer, Salz

Für den Nüssli-Salat:

150 g Nüssli (Feldsalat)

30 g Schalotten

40 g rote Paprikaschote

2 EL Weißweinessig

4 EL Pflanzenöl

Salz, frisch gemahlener schwarzer Pfeffer, etwas Zucker

Außerdem:

4 Holzspießchen von etwa 20 cm Länge

1. Zunächst die Sauce herstellen. Dafür von den Sardellen das Salz gut abschütteln. Die Knoblauchzehen schälen und zusammen mit den Sardellenfilets fein hacken. Beides in einer Schüssel mit den Eigelben zu einer glatten Paste verrühren. Das Öl langsam, erst tropfenweise, dann in dünnem Strahl, untermischen, dabei ständig rühren. Die Sauce mit Zitronensaft und -schale sowie Pfeffer würzen. Nach Bedarf salzen und beiseite stellen.

2. Die Zutaten für den Salat vorbereiten. Den Nüssli-Salat sorgfältig putzen – die Blättchen sollen noch zusammenhalten. Dann den Salat waschen und in der Salatschleuder gut trockenschleudern.

3. Die Schalotten schälen und in feine Ringe schneiden. Die Paprikaschote halbieren, von Samen und Scheidewänden befreien und sehr klein würfeln. Aus Weinessig, Öl, Salz, Pfeffer und Zucker eine Vinaigrette herstellen. Salat und Sauce separat beiseite stellen.

4. Von der Leber mit einem spitzen Messer alle Häutchen und Sehnen entfernen. Die Leber in Würfel von etwa 3 cm Kantenlänge schneiden. Den Speck in 4 lange Scheiben schneiden, alle Knorpel und die Schwarte entfernen.

5. Die Holzspieße bestücken und zwar so, dass der Speck die Leber ziehharmonikaartig umhüllt. Auf diese Weise bleibt die Kalbsleber zarter und trocknet beim Grillen weniger aus. Für das Aufspießen jeweils mit einer Speckscheibe beginnen, dann einen Würfel Leber und 1 Salbeiblatt aufstecken. Den Speck darum wickeln und feststecken. Darauf folgt wieder ein Leberwürfel, 1 Salbeiblatt und so fort. So weiterverfahren, bis alle 4 Spieße gleichmäßig bestückt und sämtliche Leberwürfel verbraucht sind.

6. Die Leberwürfel von allen Seiten mit Öl bepinseln und auf dem heißen Grill 5 bis 6 Minuten grillen, dabei öfter wenden. Mehrmals mit Öl bepinseln und die Leberspießchen salzen und pfeffern.

7. Den Salat auf vier Teller verteilen und mit der Vinaigrette beträufeln. Die Leberspießchen und etwas Knoblauchsauce neben dem Salat anrichten. Die restliche Knoblauchsauce separat dazu reichen. Mit knusprigem Landbrot servieren.

Fleischbällchen auf buntem Salat

Mit den Fingern müssen die Pork Patties etwas flach gedrückt werden. So lassen sie sich leichter in der Pfanne wenden und werden auch noch schneller gar als kompakte Kugeln aus Fleischteig.

Lange Zeit führte die Rauke kulinarisch eher ein Schattendasein, bevor sie unter ihrem italienischen Namen »Rucola« zum Modesalat avancierte. Das Kraut mit dem eigenwilligen, intensiven Aroma verträgt sich wunderbar mit asiatischen Spezialitäten, wie etwa chilischarfen »Pork Patties«, gebratenen Bällchen aus Schweinefleisch.

Pork-Patty-Salad

Für das Sambal Oelek:

20 frische rote Chilischoten

Essig oder Tamarindensaft, 1 1/2 TL Salz

Für den Fleischteig:

10 g frische Ingwerwurzel

1 Knoblauchzehe, 80 g Frühlingszwiebeln

400 g Hackfleisch vom Schwein

abgeriebene Schale von 1/2 Limette, 1 Ei

1/2 bis 1 TL Sambal Oelek

Salz, frisch gemahlener schwarzer Pfeffer

2 EL Pflanzenöl

Für den Salat:

125 g Rucola

80 g Zuckerschoten, Salz

150 g rote Paprikaschote

Für das Dressing:

1 grüne Chilischote, 1 Knoblauchzehe

2 EL Pflanzenöl

Saft von 1/2 Limette, Salz

1. Für das Sambal die Chilis waschen, die Stielansätze entfernen und die Schoten in den Mixer füllen. Nur so viel Essig oder Tamarindensaft zugießen, dass die Messer sich beim Pürieren gerade noch drehen. Salzen und in sterilisierte Gläser abfüllen. Im Kühlschrank aufbewahrt, hält sich das Sambal mehrere Wochen.

2. Für den Fleischteig Ingwer und Knoblauch schälen und ganz fein hacken. Die Frühlingszwiebeln putzen und hacken. Hackfleisch mit Ingwer, Knoblauch, Frühlingszwiebeln, Limettenschale, Ei, Sambal Oelek, Salz und Pfeffer vermengen.

3. Aus dem Teig 24 Fleischbällchen von je etwa 20 g formen und jedes etwas abflachen, wie im Bild links oben gezeigt. Das Pflanzenöl in einer Pfanne erhitzen und die Patties darin von beiden Seiten braten. Herausnehmen und abkühlen lassen.

4. Für den Salat vom Rucola die harten Stielenden abknipsen, die Blätter waschen und gut abtropfen lassen. Die Zuckerschoten putzen und in kochendem Salzwasser 1 Minute blanchieren. Herausnehmen, in Eiswasser abschrecken und gut abtropfen lassen. Die Paprikaschote vierteln, Samen und Scheidewände entfernen und das Fruchtfleisch in feine Streifen schneiden.

5. Für das Dressing die Chilischote vom Stielansatz befreien, das Fruchtfleisch in Ringe schneiden, dabei die Samen entfernen. Die Knoblauchzehe schälen und in Scheiben schneiden. Das Öl, den Limettensaft, die Knoblauchscheibchen, Salz und die Chiliringe in einer Schüssel verrühren.

6. Den Rucola, die Zuckerschoten, die Paprikastreifen und die Pork Patties auf Tellern anrichten. Alles mit dem Dressing beträufeln und mit Weißbrot servieren.

Ein Beispiel für die euro-asiatische Küche: chili-scharf gewürzte Fleischbällchen, Pork Patties genannt, werden hier auf einem durch und durch europäischen Salat angerichtet. Die Gegensätze werden durch ein Chili-Dressing verbunden.

Schweinefleisch-Igel aus dem Dämpftopf

Während man die Fleischbällchen im Bambuskorb dämpft, sollte man ab und zu den Wasserstand im Wok kontrollieren und bei Bedarf rechtzeitig Wasser nachgießen.

Fleischbällchen im Reismantel

120 g Klebreis, 600g mageres Schweinefleisch (Oberschale)

40 g rote thailändische Zwiebelchen

1 Knoblauchzehe, 1 EL Pflanzenöl

1 TL brauner Zucker

1 EL gehacktes Koriandergrün

3 EL helle Sojasauce, 1 Eiweiß

1 EL Reiswein, Salz, gemahlener Pfeffer

Für die Chilisauce:

60 g rote Chilischoten, 250 g Tomaten, 40 g Zwiebel, 1/2 Knoblauchzehe

1/2 TL Salz, 1/2 TL Zucker, 1 TL Öl

Außerdem:

1 Bambus-Dämpfkorb, Pflanzenöl

Zuerst den Boden des Bambus-Dämpfkorbs sorgfältig mit etwas Pflanzenöl auspinseln.

Aus dem Fleischteig mit angefeuchteten Händen etwa 28 Bällchen von je 20 g formen.

Die Fleischbällchen in dem abgetropften Klebreis wälzen, bis sie gleichmäßig davon überzogen sind.

Die Fleischbällchen in den Dämpfkorb setzen und diesen mit einem Deckel verschließen.

1. Den Reis in einem Sieb unter fließendem kaltem Wasser waschen und über Nacht in kaltem Wasser einweichen. Abschütten und gründlich abtropfen lassen.

2. Das Fleisch sehr fein hacken oder durch die feinste Scheibe des Fleischwolfs drehen. Die Zwiebelchen und die Knoblauchzehe schälen und beides fein hacken.

3. Das Öl in einer Pfanne erhitzen, Knoblauch- und Zwiebelwürfel zufügen, mit dem Zucker bestreuen und glasig werden lassen. Herausnehmen, etwas abkühlen lassen und mit dem Hackfleisch vermengen. Den Koriander, die Sojasauce, das Eiweiß, den Reiswein, Salz und Pfeffer unterkneten und weiterverfahren, wie in der Bildfolge rechts gezeigt.

4. Einen Wok zu 1/3 mit Wasser füllen. Dieses aufkochen lassen, den Dämpfkorb einsetzen und die Hitze reduzieren. Die Fleischbällchen im Dampf 20 bis 25 Minuten garen.

5. In der Zwischenzeit die Chilischoten für die Sauce längs halbieren, von Stielansätzen, Samen und Scheidewänden befreien und das Fruchtfleisch klein schneiden. Die Tomaten blanchieren, häuten, vierteln, in den Mixer geben und fein pürieren.

6. Chilifruchtfleisch, Zwiebelwürfel, die geschälte Knoblauchzehe, Salz und Zucker im Mixer mit den Tomaten sehr fein pürieren. Die Masse aus dem Mixer in einen entsprechend großen Topf umfüllen, das Öl einrühren und die Sauce bei mittlerer Hitze unter ständigem Rühren etwa 10 Minuten köcheln, bis sie eine dickere Konsistenz erhält.

7. Die Schweinefleisch-Igel mit etwas Chilisauce auf Tellern anrichten, nach Belieben mit Koriandergrün garnieren und sofort servieren.

Lauwarmer Rindfleischsalat

Das Angebot an Gemüse ist groß auf asiatischen Märkten. So auch in Vietnam, wo Gemüse als preiswertes und gesundes Grundnahrungsmittel hoch geschätzt wird. »Eine Mahlzeit ohne Gemüse«, so ein vietnamesisches Sprichwort, »ist genauso gefährlich wie Kranksein ohne Medizin.«

Dieser Salat ist eine asiatische Kombination, mit leuchtend-bunten Kapuzinerkresseblüten europäisch garniert. Mit den hier vorgesehenen Zutaten schmeckt er vorzüglich. Doch sind die Angaben, vor allem was die Salatsorten angeht, nicht zwingend. Je nach Saison und Marktangebot können durchaus andere Blattsalate verwendet werden.

Rindfleischsalat euro-asiatisch

250 g Rinderfilet

3 Knoblauchzehen

100 g Friséesalat, 150 g Lollo bionda

1 Kopfsalatherz, 80 g rote Zwiebeln

Für die Marinade:

1 EL Fischsauce, 2 EL helle Sojasauce

1 TL brauner Zucker, gemahlener Pfeffer

Für die Salatsauce:

1 Knoblauchzehe, 1 TL brauner Zucker

Salz, frisch gemahlener schwarzer Pfeffer

2 EL Weißweinessig

1 EL Limettensaft, 4 EL Wasser

3 EL Pflanzenöl

Außerdem:

2 EL Pflanzenöl

einige Blätter Kapuzinerkresse

4 Kapuzinerkresseblüten

1 EL gehacktes Koriandergrün

1. Das Rinderfilet in 1/2 cm breite und etwa 5 cm lange Streifen schneiden. Knoblauchzehen schälen und in feine Scheibchen schneiden.

2. Für die Marinade die Fisch- und die Sojasauce, den Zucker und den Pfeffer in einer entsprechend großen Schüssel miteinander verrühren, bis sich der Zucker aufgelöst hat. Die Rindfleischstreifen und die Knoblauchscheibchen untermischen, alles zugedeckt im Kühlschrank etwa 20 Minuten durchziehen lassen.

3. Alle Blattsalate putzen, waschen, gut abtropfen lassen und in mundgerechte Stücke zerpflücken. Die Zwiebeln schälen und in dünne Ringe schneiden.

4. Für die Salatsauce die Knoblauchzehe schälen und sehr fein hacken. In einer Schüssel den Zucker, das Salz, den Pfeffer, den Essig, den Limettensaft und das Wasser gründlich miteinander vermischen. Den Knoblauch unterheben und das Öl vollständig unterrühren.

5. Das Öl in einem Wok erhitzen. Die Fleischstreifen und die Knoblauchscheiben aus der Marinade nehmen, gut abtropfen lassen und portionsweise im heißen Öl unter Rühren kurz braten. Herausnehmen.

6. Die vorbereiteten Salatblätter auf Tellern anrichten, die gebratenen Filetstreifen, die Zwiebelringe und die Knoblauchscheibchen darauf verteilen. Den Salat mit Kresseblättern und -blüten garnieren. Zum Schluss mit der Salatsauce beträufeln, mit Koriandergrün bestreuen und servieren.

Die gebratenen Filetstreifen werden zusammen mit Knoblauchscheibchen in einer Marinade aus Fisch- und Sojasauce eingelegt und sind deshalb sehr würzig. Mit milden knackigen Blattsalaten ergeben sie eine hervorragende Kombination.

Je nach Größe der gefüllten Champignons können diese als »amuse-gueule«, Vorspeise oder sogar als Hauptgericht serviert werden. Dann sollten es aber schon die handtellergroßen Wiesenchampignons sein.

Champignons mit Bratwurstfülle

Auf französich heißen alle Pilze »champignons« – dieser Begriff hat sich weltweit für den weißen Kulturchampignon (Agaricus bisporus) durchgesetzt. Der deutsche Name »Egerling« geriet dabei etwas in Vergessenheit, obwohl er den gleichen Pilz bezeichnet. Heutzutage werden in Deutschland vor allem die braunen Varianten des Zuchtchampignons als Egerlinge gehandelt. In Frankreich erfreut sich hingegen der rosafarbene Champignon großer Beliebtheit. Champignons werden in dunklen Kammern auf speziellem Substrat gezüchtet, dessen Hauptbestandteil Pferdemist ist. Champignons werden in konstant guter Qualität das ganze Jahr über frisch angeboten. Sie lassen sich auf vielfältige Art und Weise zubereiten und sind auch zum Rohverzehr geeignet. Da sie sich an der Luft schnell verfärben, ist es ratsam, angeschnittene Pilze sofort mit Zitronensaft zu beträufeln.

Gefüllte Champignons

16 große braune Champignons (Egerlinge)

Für die Füllung:

3 rohe grobe Bratwürste (150 g)

40 g Schalotten

1 Knoblauchzehe

100 g frischer Spinat

1/2 Bund glatte Petersilie

40 g Butter

Salz, frisch gemahlener weißer Pfeffer

Außerdem:

Butter für die Form

2 1/2 EL kräftige Fleischbrühe

1. Von den Pilzhüten die Haut abziehen. Die Stielenden abschneiden. Die Stiele entfernen und zur Seite legen. Die Hüte so weit aushöhlen, dass ein 1 cm breiter Rand stehen bleibt. Die Stiele und das Ausgehöhlte fein würfeln.

2. Für die Füllung die Bratwürste aus der Pelle in eine Schüssel drücken. Die Schalotten und den Knoblauch schälen und fein hacken. Den Spinat waschen, blanchieren, kalt abschrecken, ablaufen lassen, gut ausdrücken und in feine Streifen schneiden. Die Petersilie hacken.

3. Die Butter zerlassen, Schalotten- und Knoblauchwürfel darin hell anschwitzen. Die Pilzwürfel zugeben und 2 Minuten mitschwitzen. Den Spinat und die Petersilie unterrühren, die Masse salzen, pfeffern und abkühlen lassen. Unter das Bratwurstbrät mischen und abschmecken.

4. Die Füllung in die Pilzhüte häufen. Eine Auflaufform mit Butter ausstreichen. Die gefüllten Champignons einsetzen und mit der Fleischbrühe beträufeln. Bei 200 °C im vorgeheizten Ofen in 15 Minuten garen.

→ Tipp

Die gefüllten Champignons können auch in einer geschlossenen Pfanne auf dem Herd gegart werden. Das geht noch schneller als im Ofen. Die Bratwurstfüllung schmeckt übrigens auch sehr gut in Spinat- oder Mangoldblättern. Dafür Röllchen in der Größe von gefüllten Weinblättern zubereiten.

Gemüsezwiebeln mit Hackfleischfüllung

Mit ihrem leicht süßlichen Geschmack bieten Gemüsezwiebeln einen guten Kontrast zur herzhaften Fleischfüllung. Seit mehr als 5000 Jahren ist die Speisezwiebel eine beliebte Gewürz- und Heilpflanze. Die großen Gemüsezwiebeln sind vor allem in den Mittelmeerländern beliebt. Und ihr mildes, süß-würziges Fleisch eignet sich gut zum Schmoren, für Salate und zum Füllen.

Gefüllte Zwiebeln

4 Gemüsezwiebeln (je 250 g)

Für die Füllung:

300 g Hackfleisch (halb Schwein, halb Rind), 1 Ei

1 TL Paprikapulver

Salz, frisch gemahlener Pfeffer

1 TL Senf

80 g grüne Paprikaschote

1 EL gehackte Kräuter

Für die Käsesauce:

15 g Butter, 15 g Mehl

100 ml Milch, 100 ml Sahne

80 g geriebener alter Gouda

1 EL gehackte Kräuter

Salz, frisch gemahlener Pfeffer

Außerdem:

Butter für die Form

400 g Tomaten

Salz, Pfeffer

1. Die Zwiebeln schälen. In einem Topf Wasser zum Kochen bringen, die Zwiebeln einsetzen und 4 bis 5 Minuten sprudelnd kochen. Herausnehmen und etwas abkühlen lassen. Jeweils die Kappe von den Zwiebeln abschneiden und die Knollen zu 2/3 aushöhlen. 100 g von dem Zwiebelfleisch für die Füllung klein schneiden und beiseite stellen.

2. Für die Füllung das Fleisch mit dem gekochten Zwiebelinneren, dem Ei und den Gewürzen vermischen und alles zu einem geschmeidigen Fleischteig verarbeiten. Die Paprikaschote von Samen und Scheidewänden befreien und in kleine Würfel schneiden. Mit den gehackten Kräutern (Petersilie, Melisse, Rosmarin) unter den Fleischteig mengen.

3. Die Fleischmasse auf die ausgehöhlten Zwiebeln verteilen. Eine feuerfeste Form mit der Butter ausstreichen. Die Zwiebeln hineinsetzen und bei 200 °C im vorgeheizten Ofen etwa 15 Minuten garen.

4. Inzwischen für die Sauce die Butter zerlassen. Das Mehl unter ständigem Rühren – mit einem Schneebesen – hell anschwitzen. Milch und Sahne zugießen und dabei ständig in Bewegung halten. Aufkochen lassen, 2 bis 3 Minuten durchkochen und anschließend den Käse darin schmelzen. Die Kräuter (Petersilie, Melisse, Rosmarin) einstreuen, salzen und pfeffern.

5. Die Tomaten blanchieren und häuten, von Stielansätzen und Samen befreien. Die Früchte fein würfeln, salzen und pfeffern.

6. Die Form aus dem Ofen nehmen. Tomatenwürfelchen rund um die Zwiebeln streuen und die Käse-Kräuter-Sauce über die Zwiebeln gießen. Das Gericht in weiteren 20 Minuten fertig garen.

Alter Gouda macht dieses Essen perfekt. Er akzeptiert wunderbar den Dreiklang von herzhafter Fleischfüllung, milden Zwiebeln und sahniger Käsesauce.

Gefüllter
Stangensellerie

Gefüllte Selleriestangen zuerst mit der Fleischseite ins Ei tauchen. Herausheben und abtropfen lassen.

Selleriestangen (Füllung nach unten) ins Brot legen, dann drehen, bis sie rundum bedeckt sind.

In der Form mit Öl beträufeln, würzen. 45 Minuten backen, nach 10 Minuten Fond und Wein angießen.

Dieses Rezept von den britischen Inseln sieht eine Füllung aus Hackfleisch, Paprika und Oliven vor. Die neue englische Küche ist berühmt für ihre multikulturellen Wurzeln – auch bei diesem Gericht treffen die verschiedensten Zutaten aufeinander. So kann der in Großbritannien viel verwendete Bleichsellerie, der gern auch roh mit einem Dip verzehrt wird, nur gewinnen.

Gefüllter Stangensellerie

6 dicke Stängel Stangensellerie (je etwa 15 cm lang)

Für die Füllung:

400 g Hackfleisch (Rind und Schwein)

70 g Zwiebel, 1 Knoblauchzehe

2 EL Olivenöl

20 g entsteinte schwarze Oliven

80 g rote Paprikaschote

1 Ei, 20 g frisch geriebenes Weißbrot

2 EL gehackte Petersilie

Salz, frisch gemahlener Pfeffer

Außerdem:

6 EL Olivenöl, 1 Ei

60 g Weißbrot vom Vortag

1 gestrichener TL edelsüßes Paprikapulver

1/4 TL gemahlener schwarzer Pfeffer

1/2 TL fein gehackter Kümmel

75 ml Rinderfond, 75 ml Weißwein

1 EL gehackte Petersilie

1. Die Selleriestangen waschen und putzen, die groben Fasern abziehen. Jede Stange sollte jetzt etwa 40 g schwer sein. Etwa 60 g vom Selleriegrün abwiegen und hacken.

2. Für die Füllung das Hackfleisch in eine Schüssel geben. Die Zwiebel und den Knoblauch schälen und fein hacken. Das Öl in einer Pfanne erhitzen. Zwiebel- und Knoblauchwürfel zugeben und farblos anschwitzen. Die Mischung abkühlen lassen.

3. Die Oliven fein würfeln. Die Paprikaschote waschen, mit einem Kartoffelschäler schälen. Stielansatz, Samen und Scheidewände entfernen und das Fruchtfleisch fein würfeln.

4. Alle vorbereiteten Zutaten in die Schüssel zum Hackfleisch geben. Das Ei, das geriebene Brot, die Petersilie und das Selleriegrün sowie Salz und Pfeffer hinzufügen und alles zu einem Teig verkneten.

5. Die Selleriestangen nacheinander mit der Fleischmischung füllen und die Oberflächen glatt streichen. Eine feuerfeste Form mit etwas Olivenöl ausstreichen.

6. Das Ei in einem tiefen Teller verquirlen. Das Weißbrot vom Vortag würfeln und auf einen flachen Teller schütten. Paprikapulver, Pfeffer und Kümmel miteinander vermischen. Den Ofen auf 180 °C vorheizen. Weiterverfahren, wie in der Bildfolge links gezeigt. Die gebackenen Selleriestangen aus dem Ofen nehmen, mit Petersilie bestreuen und servieren.

Bleich- oder Stangensellerie auf englische Art: mit Hackfleisch, Oliven und Paprika gefüllt und im Ofen überbacken.

Kartoffelkrapfen mit Fleischfarce gefüllt

Denkt man an kulinarische Genüsse aus Tschechien, so werden manchem zunächst einmal die köstlichen Knödel einfallen. Die gibt es dort in unglaublicher Vielfalt: süß und salzig, aus Semmeln, Grieß, Mehl oder Kartoffeln, mit oder ohne Hefe zubereitet, gefüllt und ungefüllt. Von dieser Tradition inspiriert ist auch die folgende Vorspeise, bei der der Kartoffelteig einmal nicht gekocht, sondern vielmehr in der Pfanne gebraten wird. Was aber auch kein Stilbruch ist, denn in Tschechien stehen schließlich auch Kartoffelpuffer auf der Beliebtheitsskala ganz oben. Beim Käse kann man übrigens zu Parmesan oder Emmentaler greifen, denn beide Sorten werden auch in Tschechien als Parmazán oder Ementálsky syr hergestellt. Typisch tschechisch wäre allerdings Polianka, ein fester Brühkäse, wie er etwa auch in Ungarn oder auf dem Balkan, hier unter dem Namen Kaschkawal, bekannt ist.

Gefüllte Kartoffelküchlein

Für 6 Portionen

600 g mehlig kochende Kartoffeln

1 Knoblauchzehe

20 g frisch geriebener Hartkäse, etwa Parmesan

1 Ei, 1 Eigelb

2 EL gehackte Petersilie

1 EL fein geschnittenes Basilikum

Salz, frisch gemahlener weißer Pfeffer

frisch geriebene Muskatnuss

Für die Kaninchenfüllung:

40 g weiße Zwiebel

100 g Kaninchenleber

100 g Kaninchenrückenfilet, pariert

2 EL Pflanzenöl

1 Schuss roter Portwein

1/2 EL gehackte Petersilie

Salz, frisch gemahlener Pfeffer

Für die Tomatensauce:

400 g Tomaten, 30 g weiße Zwiebel

1 Knoblauchzehe, 3 EL Pflanzenöl

1 EL fein geschnittenes Basilikum

Salz, frisch gemahlener Pfeffer

Außerdem:

5 EL Pflanzenöl

1 Zweig Rosmarin, Alufolie

1. Die Kartoffeln waschen, in Alufolie wickeln, auf ein Gitter legen und bei 180 °C im vorgeheizten Ofen in 1 Stunde garen. Herausnehmen, aus der Folie wickeln, schälen und noch heiß durch eine Kartoffelpresse in eine Schüssel drücken.

2. Den Knoblauch schälen, fein hacken und zu den durchgedrückten Kartoffeln geben. Käse, Ei, Eigelb, Petersilie, Basilikum, Salz, Pfeffer und Muskatnuss hinzufügen und alles zu einem glatten Teig verkneten.

3. Für die Füllung die Zwiebel schälen und fein hacken. Die Leber und das Filet fein würfeln. Das Öl in einer Pfanne erhitzen und die Zwiebel darin farblos anschwitzen. Leber- und Filetstücke zugeben und 3 bis 4 Minuten mitbraten. Alles mit dem Portwein ablöschen, die Petersilie einstreuen, mit Salz und Pfeffer würzen. Etwas abkühlen lassen. Die Mischung im Mixer kurz, aber nicht zu fein, pürieren.

4. Für die Sauce die Tomaten blanchieren und häuten. Stielansätze und Samen entfernen und das Fruchtfleisch in kleine Würfel schneiden. Die Zwiebel und den Knoblauch schälen und fein hacken.

5. Den Kartoffelteig in 12 Portionen von je etwa 40 g teilen. Zu Kugeln formen und jeweils eine auf der Handfläche flach auseinander drücken. Weiterverfahren, wie rechts in der Bildfolge gezeigt.

6. Das Öl für die Sauce erhitzen. Zwiebel und Knoblauch darin farblos anschwitzen. Die Tomatenwürfel 1 bis 2 Minuten mitbraten, dann das Basilikum unterrühren, alles salzen und pfeffern. Jeweils 2 Kartoffelküchlein auf einem Teller anrichten und etwas von der Tomatensauce daneben verteilen.

Jeweils 1 TL von der Fleischfüllung auf die Kartoffeltaler geben und mit dem Teig umhüllen.

Öl mit Rosmarin erhitzen. Die Taler darin bei mittlerer Hitze von beiden Seiten ungefähr 5 Minuten braten.

Mit einer pikant-würzigen Remouladensauce werden die Scheiben der Brokkolisülze serviert. Dazu passen duftendes, ofenfrisches Brot und ein Glas Wein.

Brokkolisülze mit Tafelspitz

Diese Vorspeise ist eine gelungene Kombinbation aus österreichischer und italienischer Küche – wie viele Gerichte aus den norditalienischen Regionen.

Brokkolisülze

1 Zwiebel, 250 g Möhren
150 g Knollensellerie
600 g Tafelspitz
100 g Markknochen
1 Lorbeerblatt, 1 Nelke
1 Bouquet garni
Salz, gemahlener weißer Pfeffer
120 g Zucchini
200 g Brokkoliröschen
12 Blatt weiße Gelatine

Für die Remouladensauce:

50 g Gewürzgurke, 20 g Kapern
1 hart gekochtes Ei, 1 Ei
1/4 TL gemahlener weißer Pfeffer, 1/2 TL Salz
1/2 TL Zitronensaft
1/4 TL scharfer Senf
175 ml Pflanzenöl
1 1/2 EL gehackte Kräuter
Cayennepfeffer

Außerdem:

1 Rehrückenform von 35 cm Länge und 1 l Inhalt

1. Einen großen Topf gut zur Hälfte mit Wasser füllen und das Wasser zum Kochen bringen. Die ungeschälte Zwiebel halbieren und auf der Herdplatte bräunen.

2. 100 g Möhren und 50 g Sellerie schälen und grob zerkleinern. Sobald das Wasser kocht, den Tafelspitz, die Markknochen, die gebräunte Zwiebel, das Lorbeerblatt, die Nelke, das Bouquet garni (etwa aus 3 Petersilienstielen, 1 Liebstöckelstiel, 50 g Stangensellerie, 50 g Lauch) und das vorbereitete Gemüse einlegen. Brühe salzen und pfeffern, Hitze reduzieren. Alles im offenen Topf etwa 1 1/2 Stunden kochen.

3. Das Fleisch aus dem Fond nehmen und abkühlen lassen. Ein Sieb mit einem Passiertuch auslegen und die Flüssigkeit durchseihen. 600 ml davon für das Gelee beiseite stellen, den Rest anderweitig verwenden.

4. Die Zucchini von Blüten- und Stielansatz befreien, die restlichen Möhren und den restlichen Sellerie schälen. Das vorbereitete Gemüse und den Brokkoli in kochendem Salzwasser bissfest garen, dann herausnehmen und in Eiswasser abkühlen. Gründlich abtropfen lassen.

5. Tafelspitz, Zucchini, Möhren und Sellerie zuerst in etwa 1 cm dicke Scheiben, dann in 1 cm breite Streifen schneiden. Die Brokkoliröschen je nach Größe ganz lassen oder halbieren.

6. Die Gelatine in kaltem Wasser einweichen. Inzwischen den Tafelspitzfond erhitzen und mit Salz und Pfeffer abschmecken. Die Gelatineblätter gut ausdrücken und unter Rühren im heißen Fond auflösen.

7. Die Rehrückenform in ein Gefäß mit Eiswasser stellen. Den Boden der Form gleichmäßig 2 bis 3 mm dick mit Gelee ausgießen.

8. Zuerst eine Schicht Fleisch und Gemüse einlegen, dabei darauf achten, dass an den Formwänden ringsum etwa 2 mm frei bleiben. Die Schicht mit Gelee begießen und leicht anziehen lassen. Auf diese Weise weiterverfahren, bis alle Zutaten aufgebraucht sind. Mit einer Geleeschicht abschließen. Die Sülze in den Kühlschrank stellen und über Nacht völlig erstarren lassen.

9. Zum Anrichten die Form kurz in heißes Wasser tauchen, die Sülze auf ein Brett stürzen und im Kühlschrank noch einmal völlig erstarren lassen. In Scheiben schneiden und auf einer Platte anrichten.

10. Für die Remouladensauce Gewürzgurke, Kapern und das geschälte, hart gekochte Ei hacken. Das rohe Ei, Pfeffer, Salz, Zitronensaft und Senf in den Mixer füllen. Alles auf niedrigster Stufe durchmixen, dabei das Öl in kräftigem Strahl dazugießen. Dann Gewürzgurke, Kapern, gekochtes Ei und Kräuter (etwa Kerbel, Petersilie und Schnittlauch) unterrühren und alles mit Cayennepfeffer würzen. Die Sauce separat zur Sülze reichen.

Fingerfood gut vorbereiten

Fingerfood – das sind besonders kleine Snacks, die direkt aus der Hand in den Mund wandern. Fingerfood ist ideal für Büfetts und größere Einladungen, nicht nur, weil es auf Tabletts herumgereicht werden kann, sondern auch, weil es Geschirr spart und sich gut vorbereiten lässt.

Die Nationalfarben Italiens – Weiß, Rot, Grün – spiegeln sich in Mozzarella, Tomaten und Basilikum wider, der beliebten Vorspeise. Hier wird sie zur Abwechslung einmal aufgespießt serviert.

Gefüllte Feigen und Mozzarellaspieße

Die Kombination von reifen, aromatischen Früchten und herzhaften Beilagen war schon immer beliebt. Besonders gut passen süße Feigen und luftgetrockneter Parmaschinken zusammen. Der Reifegrad der Feigen ist für deren geschmackliche Qualität entscheidend. Eine frische reife Feige erkennt man an ihrer fleckenlosen Oberfläche und an der leicht glänzenden gelbgrünen oder blaugrünen bis violetten Haut. Feigen sollten möglichst bald nach dem Kauf verzehrt werden, denn sie halten sich, kühl gelagert, nur etwa zwei Tage. Auch eine weitere Kombination hat weit über Italiens Grenzen hinaus Berühmtheit erlangt: Mozzarella mit Tomaten. Mit fruchtigem Olivenöl und mildem Aceto balsamico beträufelt und mit Basilikum garniert, ist es mittlerweile zum weltweiten Vorspeisen-Klassiker avanciert.

Feigen mit Mascarpone

10 große frische Feigen

100 g Parmaschinken, in feinen Scheiben

Für die Creme:

75 g Mascarpone

Salz, frisch gemahlener Pfeffer

abgeriebene Schale von 1/2 unbehandelten Zitrone

Außerdem:

40 g Pistazienkerne

1. Die frischen Feigen waschen, mit Küchenpapier trockentupfen und in Viertel schneiden. Den Parmaschinken auf eine Arbeitsfläche legen und längs in schmale Streifen schneiden.

2. Die Schinkenstreifen in lockerer Form in die Mitte von Tellern oder einer Platte legen. Die Feigenviertel ringsherum mit den Spitzen nach außen anordnen.

3. Für die Creme den Mascarpone in einer kleinen Schüssel glattrühren. Den Käse mit Salz, Pfeffer und Zitronenschale würzen.

4. Die Mascarponecreme in einen Spritzbeutel mit Sterntülle füllen und je einen kleinen Tupfer auf ein Feigenviertel spritzen. Zum Schluss auf jeden Mascarponetupfen noch 1 Pistazienkern setzen.

Mozzarella-Tomaten-Spieße

200 g kleine Mozarellakugeln

200 g Cocktailtomaten

Basilikumblättchen

Für die Marinade:

4 EL Olivenöl

2 EL Aceto balsamico bianco

1 Spritzer Limettensaft

grob gemahlener Pfeffer, Salz

Außerdem:

kleine Holzspieße

1. Die Mozzarellakugeln in ein Sieb schütten und gut abtropfen lassen. Die Tomaten waschen und die Stielansätze entfernen.

2. Für die Marinade das Olivenöl, den Aceto balsamico bianco, etwas Limettensaft sowie Pfeffer und Salz in einer flachen Form verrühren.

3. Die Mozzarellakugeln und die Tomaten einlegen, etwas in der Marinade wenden und zugedeckt etwa 30 Minuten im Kühlschrank marinieren lassen.

4. Die Basilikumblätter waschen und trockenschütteln. Abwechselnd Mozzarellakugeln und Tomaten auf die Holzspieße stecken. Die fertigen Spießchen auf Teller legen, mit Basilikum garnieren und zum Schluss mit Pfeffer bestreuen.

Kleine Törtchen fein gefüllt

Törtchen aus Mürbteig oder zarte Schälchen aus knusprigem Filoteig – beide können mit Fisch oder Gemüsesalat gefüllt werden. Die hauchdünnen Schalen aus Filoteig sind schnell gemacht. Etwas vorsichtig muss man allerdings dabei sein, damit die Spitzen nicht abbrechen. Die Mürbteigtorteletts können auf Vorrat gebacken und dann eingefroren oder in einer Blechdose kurze Zeit aufgehoben werden.

Filoteig mit Fisch und Meerrettich

1 Blatt Filoteig (48 cm x 36 cm, 40 g)

etwas zerlassene Butter

Für die Füllung:

2 geräucherte Forellenfilets, ohne Haut, je 120 g

200 ml Sahne

40 g frisch geriebener Meerrettich

Salz, frisch gemahlener Pfeffer

Außerdem:

1 Mini-Muffin-Blech mit 12 Vertiefungen

frisch gehobelter Meerrettich

Dillspitzen

Schale von 1 unbehandelten Zitrone, in Streifen

1. Filoteigblatt auf eine Arbeitsfläche legen, dünn mit zerlassener Butter bepinseln und in 48 Quadrate von 6 cm Kantenlänge schneiden.

2. Das Muffinblech mit Butter auspinseln. Je 3 Teigquadrate so in eine Vertiefung des Muffinblechs einlegen, dass die Teigecken in die Höhe stehen. Den Teig am Boden mit den Fingern etwas festdrücken. Bei 180 °C im vorgeheizten Ofen in 6 bis 8 Minuten hellbraun backen. Die Teigförmchen vorsichtig aus dem Blech lösen, etwas abkühlen lassen.

3. Für die Füllung die Forellenfiles in 3 x 2 cm große Stücke schneiden. Die Sahne steif schlagen, salzen und pfeffern. Den Meerrettich unterheben und die Masse in einen Spritzbeutel mit Lochtülle Nr. 12 füllen.

4. Je 1 Tupfer Meerrettichsahne in die Förmchen spritzen, jeweils mit einem Stück Forellenfilet belegen, mit gehobelten Meerrettich, Dill und Zitronenzesten garnieren.

Mürbteig mit Gemüsefüllung

Für den Mürbteig:

150 g Mehl, 75 g Butter, Salz,

1 kleines Eigelb

1 bis 2 EL kaltes Wasser

Für den Salat:

80 g Möhre, 50 g Stangensellerie

30 g Petersilienwurzel, 60 g Zuckerschoten, 80 g grüne Bohnen

80 g ausgepalte Erbsen (250 g brutto)

30 g Schalotte

100 g rote Paprikaschote

Für die Sauce:

80 g Mayonnaise, 1/2 TL mittelscharfer Senf

Salz, frisch gemahlener Pfeffer, Zitronensaft

1 EL Kräuter (Petersilie, Schnittlauch, Thymian)

Außerdem:

20 kleine Förmchen, Butter

eingelegte schwarze Trüffel, in Streifen

1. Die angegebenen Zutaten zu einem Teig verarbeiten. Diesen in Folie einschlagen und 30 Minuten kühl ruhen lassen. Förmchen leicht fetten und nebeneinander stellen.

2. Den Mürbteig dünn ausrollen, über die Förmchen legen, mit einem Rollholz darüber rollen und so den Teig an den Kanten abschneiden. Teigböden mit einer Gabel einstechen. Torteletts bei 180 °C im vorgeheizten Ofen 10 bis 12 Minuten blindbacken.

3. Gemüse schälen oder putzen. Möhre, Sellerie und Petersilienwurzel klein würfeln, Zuckerschoten in Rauten, Bohnen in Stücke schneiden. Vorbereitetes Gemüse mit den Erbsen 5 bis 8 Minuten in Salzwasser garen. Abschrecken und abtropfen lassen. Schalotten schälen, mit Paprika klein würfeln und untermischen.

4. Saucenzutaten verrühren und mit dem Gemüse vermischen. Diesen Gemüsesalat in die Förmchen füllen. Mit Trüffelstreifen garnieren.

Mürbteigtörtchen, mit buntem Gemüsesalat gefüllt, machen sich gut auf dem Büfett und lassen sich prima aus der Hand essen.

Mit Schinken umwickelte Käsewürfel werden mit Semmelbröseln und Sesam paniert, anschließend ausgebacken und aufgespießt – perfektes Fingerfood.

Würziger Käse
paniert und gebacken

Gebackener Käse

Für etwa 20 Stück
300 g Greyerzer am Stück
200 g luftgetrockneter Schinken
Zum Panieren:
40 g Mehl
120 g Semmelbrösel, 2 Eier
1 1/2 EL geschälte Sesamsamen
Außerdem:
Pflanzenöl zum Ausbacken

1. Die Rinde von dem Käse entfernen. Den Greyerzer zuerst in Stücke, dann in Stifte von 4 cm Länge und etwa 1,5 cm Breite schneiden.

2. Den Schinken in dünne Scheiben schneiden, das geht am besten mit einer Brotschneidemaschine. Die Scheiben in 15 cm lange und 4 cm breite Streifen schneiden, sie sollten jeweils etwa 10 g schwer sein. Jeden Käsestift in einen Schinkenstreifen wickeln.

3. Das Mehl auf einen tiefen Teller sieben. Die Semmelbrösel mit den Sesamsamen in einem zweiten Teller vermischen. Die Eier in einem dritten Teller verquirlen. Das Öl zum Ausbacken in einem großen Topf oder in der Fritteuse auf 160 °C erhitzen.

4. Die Käsestücke in Mehl wenden, überschüssiges Mehl abklopfen. Durch die verquirlten Eier ziehen. Zum Schluss die Käsewürfel in der Semmelbrösel-Sesam-Mischung wenden und die Panade leicht andrücken.

5. Die Käsestücke portionsweise im heißen Fett goldgelb frittieren. Herausheben, auf Küchenpapier abtropfen lassen und auf Zahnstocher oder andere kleine Spieße stecken.

Camembertwürfel mit Johannisbeersauce

Für die Sauce:
1 rote Zwiebel, 250 g rote Johannisbeeren
75 g Zucker
1 Gewürznelke, 1/2 Zimtstange
Für die Käsewürfel:
300 g Camembert
1 Ei, 50 g Semmelbrösel, 50 g fein geriebene Haselnusskerne oder Mandeln
Cayennepfeffer
Außerdem:
Pflanzenöl zum Frittieren

1. Für die Sauce die Zwiebel schälen und sehr fein hacken. Die Johannisbeeren waschen und mit einer Gabel von den Rispen streifen.

2. Zwiebel, Johannisbeeren, Zucker, Nelke und Zimt in einem Topf 1 Stunde ziehen lassen. Die Mischung aufkochen und bei mittlerer Hitze 5 Minuten köcheln lassen, bis die Sauce dickflüssig ist. Gewürznelke und Zimtstange entfernen. Die Johannisbeersauce in ein Schälchen umfüllen und abkühlen lassen.

3. Den Camembert in etwa 1 cm große Würfel schneiden. Das Ei in einem tiefen Teller verschlagen. Semmelbrösel, Nüsse und Cayennepfeffer in einem zweiten Teller vermischen.

4. Das Öl in einem Wok oder in einer Fritteuse erhitzen. Die Käsewürfel durch das Ei ziehen, in der Semmelbrösel-Nuss-Mischung wenden. Portionsweise im heißen Fett 2 Minuten frittieren. Herausheben und auf Küchenpapier abtropfen lassen. Die Käsewürfel noch heiß mit der Johannisbeersauce servieren.

Würziger Greyerzer, in aromatischen Schinken gehüllt und paniert. Der nussige Geschmack der Panade rundet das Käsearoma perfekt ab.

Polentawürfel auf dem Spieß

Maiskolben sieht man in den südlichen Ländern im Herbst oft zum Trocknen vor den Scheunen hängen. Aus ihnen wird der Grieß für die Polenta gewonnen.

Mit Sardellenfilets und luftgetrocknetem Parmaschinken werden Polentawürfel wunderbar pikant. Nicht nur als Vorspeise oder Snack eignen sich diese Häppchen, sie machen sich auch gut auf einem warmen Büfett. Allerdings sollte man darauf achten, dass sie nach der Zubereitung nicht allzu lange stehen bleiben oder gar kalt werden – dann bekommt die Polenta eine unerwünschte, harte Kruste.

Polentaspieße mit Tomatensauce

Für 6 bis 8 Portionen

625 ml Gemüsefond

40 g Butter

1/2 TL Salz

180 g Maisgrieß (mittlere Körnung)

Für die Tomatensauce:

600 g reife Tomaten

80 g Zwiebeln, 1 Knoblauchzehe

1 kleiner Peperoncino

5 EL Olivenöl

2 EL gehackte Kräuter

Salz, frisch gemahlener Pfeffer

Außerdem:

250 g Parmaschinken, in dünnen Scheiben

etwa 20 Sardellenfilets, in Salzlake

2 EL Pflanzenöl, 40 g Butter

Zahnstocher

1. Den Fond mit Butter und Salz aufkochen und den Maisgrieß unter Rühren in dünnem Strahl einrieseln lassen. Die Flüssigkeit muss dabei ständig sieden. Im Uhrzeigersinn weiterrühren, bis sich der Polentabrei vom Topfrand löst – das dauert etwa 20 Minuten.

2. Die Polenta auf einem nassen Brett mit einer Palette zu einer 1,5 cm dicken Platte verstreichen. Abkühlen lassen und in 2 bis 3 cm große Rechtecke schneiden.

3. Die Tomaten für die Sauce blanchieren, häuten und halbieren. Die Stielansätze und Samen aus den Früchten lösen, durch ein Sieb passieren und den Saft dabei auffangen. Das Fruchtfleisch klein würfeln.

4. Die Zwiebeln und den Knoblauch schälen und fein hacken. Den Peperoncino halbieren, von den Samen befreien und fein hacken.

5. Das Öl in einer Kasserolle erhitzen, Zwiebel und Knoblauch darin hell anschwitzen. Den fein gehackten Peperoncino, die Tomatenwürfel und die Kräuter (Petersilie, Oregano, Salbei, Rosmarin) zufügen. Den Tomatensaft angießen und alles zugedeckt 15 Minuten bei geringer Hitze dünsten. Die Sauce salzen und pfeffern.

6. Die Schinkenscheiben der Länge nach in 3 cm breite Streifen schneiden. Die Sardellenfilets abspülen und quer halbieren. Weiterverfahren, wie rechts gezeigt. Das Öl und die Butter in einer Pfanne erhitzen und die umhüllten Polentawürfel bei mäßiger Hitze 2 bis 3 Minuten darin braten.

Die Schinkenstreifen auslegen. Je einen Polentawürfel mit einem halbierten Sardellenfilet darauf setzen und in den Schinkenstreifen einschlagen.

Die knusprigen Bällchen aus Kichererbsenteig, nach Belieben mild oder scharf gewürzt, schmecken frisch frittiert und noch warm ebenso gut wie als kalte Häppchen.

Falafel würziger Snack

Frittierte Kugeln aus Kichererbsen oder deren Mehl sind arabischen Ursprungs, heute jedoch im gesamten Vorderen Orient verbreitet. Aus dem Snack, den es in Israel an vielen Straßenständen zu kaufen gibt, wird durch Beigabe einer Gurken-Joghurt-Sauce und eines Salats schnell ein komplettes Hauptgericht.

Kichererbsenbällchen mit Gurken-Joghurt

Für die Falafel:
300 g getrocknete Kichererbsen
80 g Zwiebeln
2 Knoblauchzehen
je 1/2 TL gemahlener Kreuzkümmel und Koriander
1/4 TL Chilipulver
Salz, frisch gemahlener schwarzer Pfeffer
1 TL Zitronensaft
2 EL gehackte Petersilie, 1 Ei
Für die Sauce:
250 g Sahnejoghurt
150 g Salatgurke
Salz, frisch gemahlener schwarzer Pfeffer
1/4 TL gemahlener Kreuzkümmel
1 Messerspitze Paprikapulver
1 Prise Zucker
1 TL gehacktes Koriandergün
Außerdem:
Pflanzenöl zum Frittieren

1. Die Kichererbsen in einer Schüssel mit kaltem Wasser bedecken und über Nacht einweichen. Durch ein Sieb abgießen und gründlich spülen. In einem Topf mit 1 1/2 l Wasser zum Kochen bringen und bei leicht reduzierter Hitze im geschlossenen Topf in 50 bis 55 Minuten weich kochen. Das Kochwasser abgießen, dabei 80 ml auffangen und beiseite stellen. Die Kichererbsen gut abtropfen lassen.

2. Die Zwiebeln schälen, fein hacken und mit den Kichererbsen und dem aufgefangenen Kochwasser pürieren. den Knoblauch schälen, fein hacken und zum Kichererbsenpüree geben. Dieses mit den Gewürzen, Zitronensaft, Petersilie und Ei zu einem Teig vermengen. Daraus mit angefeuchteten Händen 24 Kugeln von je etwa 30 g formen.

3. In einem Topf oder einer Fritteuse das Pflanzenöl auf 180 °C erhitzen und die Falafel darin portionsweise in 3 bis 4 Minuten knusprig ausbacken. Mit einem Schaumlöffel herausheben und auf Küchenpapier abtropfen lassen.

4. Für die Sauce den Joghurt in eine Schüssel geben und mit dem Schneebesen glatt rühren. Die Gurke schälen, in sehr feine Würfel schneiden und zum Joghurt geben. Pfeffer, Kreuzkümmel, Paprikapulver und Zucker sowie das gehackte Koriandergrün zugeben und untermischen. Die Falafel mit der Sauce und einem grünen Salat servieren.

Erfrischend an heißen Tagen: eine kalte Joghurt-Gurken-Sauce zu den würzigen Falafel.

Einfachste Zutaten, clever kombiniert – manch einer wird überrascht sein, wie gut die Aromen von Ziegenkäse, Paprika, Minze und Knoblauch miteinander harmonieren.

Ziegenkäse mit Paprikaschote

Gegrillte Paprikaschoten zwischen paniertem Ziegenkäse: Das ist genau das Richtige für heiße Tage, ob als Zwischenmahlzeit oder Appetithäppchen. Von Bedeutung ist bei diesem an sich recht einfachen Rezept die Vorbereitung der Paprikaschoten. Diese werden nämlich zunächst einmal gehäutet und dann erst gebraten oder gegrillt, wobei das Grillen geschmacklich das überzeugendste Ergebnis bringt. Ein wunderbarer Kontrast dazu wie auch zum Ziegenkäse ist der erfrischende Minzesalat.

Ziegenkäse-Paprika mit Minzesalat

2 rote Spitzpaprikaschoten

4 mittelreife runde Ziegenkäse, je 75 g

2 Eier, Salz, frisch gemahlener Pfeffer

1 TL Thymianblättchen

30 g Mehl

3 bis 4 EL Olivenöl

Für den Minzesalat:

1 Knoblauchzehe, 40 g Zwiebel

4 EL Olivenöl

2 EL Weißweinessig

Salz, frisch gemahlener Pfeffer

50 g frische Pfefferminze

Außerdem:

Olivenöl zum Bepinseln

4 Holzspieße

12 schwarze Oliven zum Garnieren

1. Zunächst die Paprikaschoten häuten. Dafür die Schoten bei 200 °C im vorgeheizten Ofen backen, bis die Haut Blasen wirft und leicht bräunt. Unter einem feuchten Tuch oder in einer Plastiktüte 10 Minuten »schwitzen« lassen. Herausnehmen und die Haut von oben nach unten abziehen. Die Schoten längs halbieren und von Stielansätzen, Samen und Scheidewänden befreien.

2. Für den Salat zunächst eine Vinaigrette herstellen. Dafür die Knoblauchzehe und die Zwiebel schälen. Beides fein würfeln und in eine Schüssel geben. Olivenöl, Essig, Salz und Pfeffer hinzufügen und alles verrühren. Die Pfefferminze waschen, gut abtropfen lassen und grob zerpflücken.

3. Die Ziegenkäse jeweils quer halbieren. Die Eier in einem tiefen Teller verquirlen. Mit Salz, Pfeffer und Thymian würzen. Das Mehl auf einen flachen Teller schütten.

4. Die vorbereiteten Paprikahälften mit Olivenöl bepinseln, auf eine Grillplatte oder in eine Pfanne legen und 2 bis 3 Minuten grillen beziehungsweise braten.

5. Die halbierten Ziegenkäse zuerst im Mehl wenden, überschüssiges Mehl abklopfen, dann in den verquirlten Eiern wenden und zum Schluss nochmals in Mehl wenden. Das Öl in einer Pfanne erhitzen und die Käsehälften darin auf beiden Seiten braten.

6. Die Minze mit der Vinaigrette vermischen. Je eine gebackene Käsehälfte auf vorgewärmten Tellern anrichten und die gegrillte oder gebratene Paprikahälfte der Form entsprechend darauf legen. Die zweite Käsehälfte darauf setzen.

7. Ziegenkäse und Paprika jeweils mit einem Holzspießchen feststecken. Etwas Minzesalat daneben anrichten, den gebackenen Ziegenkäse mit Oliven garnieren und servieren.

→ Tipp

Statt des Minzesalats verschiedene gemischte Blattsalate dazu reichen, oder nur mit frischem knusprigem Weißbrot servieren.

Lammspieße mit Paprikasauce

Die Grenzen zwischen mediterraner und orientalischer Küche gehen in diesem Rezept fließend ineinander über. Auch ein asiatischer Einfluss lässt sich nicht leugnen. Fest steht, dass Knoblauch, Zitronenscheiben, Koriandergrün, etwas Chilischote und viele andere Gewürze für absolut köstliche Fleischspieße sorgen.

Lammfleischspieße

Für den dunklen Lammfond:

80 g Möhren, 120 g Zwiebeln

50 g Stangensellerie, 60 g Knollensellerie

50 g Petersilienwurzel, 100 g Lauch, 250 g Tomaten

2 kg Lammknochen, klein gehackt, 2 EL Olivenöl, 5 Knoblauchzehen

20 g Tomatenmark, 1 Kräuterstrauß

15 schwarze Pfefferkörner, 5 Wacholderbeeren

Für die Spieße:

40 g Frühlingszwiebeln, 1 Knoblauchzehe

1 rote Chilischote

400 g pariertes Lammfleisch (aus Schulter oder Keule)

1 EL gehacktes Koriandergrün

1 Ei, Salz

frisch gemahlener Pfeffer

1/2 TL Kreuzkümmel

1 unbehandelte Zitrone

Für die Paprikasauce:

200 g grüne, rote und gelbe Paprikaschoten, gehäutet

50 g weiße Zwiebel, 1 Knoblauchzehe

2 EL Olivenöl, 1 EL gehackte Petersilie

Salz, frisch gemahlener Pfeffer

Außerdem:

4 Holzspieße

3 bis 4 EL Olivenöl zum Braten

60 g schwarze Oliven

1. Das Gemüse für den Fond schälen oder putzen und grob zerkleinern. Die Tomaten waschen, von den Stielansätzen befreien und vierteln. Die Knochen in einem Bräter mit dem Öl begießen und bei 200 °C im vorgeheizten Ofen 30 Minuten braten.

2. Die Knoblauchzehen andrücken. Das Gemüse (außer den Tomaten) und den angedrückten Knoblauch auf den Knochen verteilen und 20 Minuten mitbraten. Dann Tomaten und Tomatenmark zufügen und alles für weitere 15 Minuten in den Ofen stellen. Gut durchrühren und noch 10 Minuten braten.

3. Alles in einen Topf umfüllen. Den Bräter mit Wasser ausschwenken, dieses über die Knochen schütten. 4 l Wasser angießen und aufkochen, die Hitze stark reduzieren. Den Kräuterstrauß (3 Lorbeerblätter, 1/2 Bund glatte Petersilie, 6 Thymianzweige, 1 Rosmarinzweig, 1 Salbeizweig, 1 Stück Zitronenschale), Pfefferkörner und Wacholderbeeren einlegen.

4. Abschäumen und 5 bis 6 Stunden köcheln lassen, dabei öfter entfetten, jedoch nicht umrühren. Den fertigen Fond durch ein Spitzsieb gießen und leicht ausdrücken. 500 ml vom Fond abmessen, den Rest abkühlen lassen und anderweitig verwenden.

5. Für die Spieße die Frühlingszwiebeln putzen und fein hacken. Den Knoblauch schälen und ebenfalls fein hacken. Die Chilischote putzen, entkernen und sehr fein würfeln. Das Lammfleisch durch die feine Scheibe des Fleischwolfs drehen.

6. In einer Schüssel das Hackfleisch mit Frühlingszwiebeln, Knoblauch, Chiliwürfeln, Koriander, Ei und den Gewürzen verkneten. Aus dem Teig 12 Kugeln von je etwa 35 g formen. Die Zitrone in Scheiben schneiden. Je 3 Kugeln abwechselnd mit Zitronenscheiben auf einen Spieß stecken und kühl stellen. Den abgemessenen Lammfond auf 300 ml reduzieren.

7. Die Paprikaschoten für die Sauce längs halbieren und von Stielansätzen, Samen und Scheidewänden befreien. Das Fruchtfleisch fein würfeln. Die Zwiebel und den Knoblauch schälen und fein hacken. Das Olivenöl erhitzen. Zwiebel und Knoblauch darin farblos anschwitzen. Die Paprikaschoten zufügen und kurz mitschwitzen. Den Lammfond angießen und alles 20 Minuten köcheln lassen. Die Petersilie einstreuen, alles salzen und pfeffern.

8. Zum Braten der Spieße das Olivenöl in einer Pfanne erhitzen und die Lammspieße bei mittlerer Hitze etwa 10 Minuten darin unter häufigem Wenden braten.

→ Tipp

Man kann bei der Zubereitung dieser Spieße etwas Zeit einsparen, indem man frisch durchgedrehtes Lammhack kauft. Das gibt es normalerweise problemlos im türkischen Lebensmittelgeschäft oder beim türkischen Fleischer.

Marinierte Spieße mit Zickleinfleisch

Dass Fleischspieße auch mit zartem Ziegenfleisch, also dem Fleisch vom Zicklein, schmecken, beweist dieses Rezept. Dazu empfiehlt sich frisches Pitabrot.

Marinierte Ziegenfleischspieße

500 g parierter Rücken vom Zicklein

Für die Marinade:

3 Knoblauchzehen
2 Chilischoten
10 g Schale von in Salz eingelegter Zitrone
10 EL Olivenöl
1 EL gehackte Pfefferminze
3 EL gehackte Petersilie
1 TL gemahlener Kreuzkümmel
1 EL edelsüßes Paprikapulver
Salz, frisch gemahlener Pfeffer

Für die Tomatensauce:

600 g reife Tomaten
180 g Zwiebeln
2 Knoblauchzehen
1 Chilischote, ohne Samen
3 EL Olivenöl
1 TL edelsüßes Paprikapulver
1/2 TL gemahlener Kreuzkümmel
Salz, frisch gemahlener Pfeffer

Außerdem:

16 Perlzwiebeln
16 große schwarze Oliven
8 Schaschlikspieße

1. Das Fleisch quer in 24 Stücke schneiden und bis zur weiteren Verwendung kühl stellen. Für die Marinade den Knoblauch schälen und fein hacken. Die Chilischoten halbieren, Stielansätze, Samen und Scheidewände entfernen, das Fruchtfleisch klein würfeln. Die Zitronenschale hacken. Knoblauch, Chili und Zitronenschale mit den restlichen Zutaten für die Marinade verrühren.

2. Die Perlzwiebeln schälen. Das Ziegenfleisch abwechselnd mit den Perlzwiebeln und den Oliven auf die Spieße stecken. Die Spieße mit der Marinade übergießen und zugedeckt im Kühlschrank mindestens 30 Minuten durchziehen lassen.

3. Für die Sauce die Tomaten blanchieren, häuten und vierteln. Die Stielansätze und die Samen entfernen. Die Samen durch ein Sieb passieren, dabei den Saft auffangen. Das Fruchtfleisch würfeln.

4. Zwiebeln und Knoblauch schälen und fein hacken. Das Fruchtfleisch der Chilischote fein hacken. Das Öl erhitzen, Zwiebeln und Knoblauch darin farblos anschwitzen. Tomaten und Chili kurz mitschwitzen. Mit Paprikapulver und Kreuzkümmel würzen und den Tomatensaft angießen. Die Sauce salzen, pfeffern und zugedeckt 20 Minuten köcheln lassen. Durch ein feines Sieb passieren und warm halten.

5. Die Spieße aus der Marinade nehmen und auf dem vorgeheizten Grill von beiden Seiten 5 Minuten grillen, dabei öfter mit der Marinade bepinseln. Mit der Tomatensauce und knusprig-frischem Brot servieren.

Würzig mariniertes Fleisch vom Zicklein im Wechsel mit Perlzwiebeln aufgesteckt – das ist das Geheimnis dieser zarten Fleischspieße. Dazu gibt's eine fruchtige Tomatensauce und frisches Brot.

Den pikanten Fleischbällchen verleihen Ingwer, Knoblauch und Limettenschale einen aparten Geschmack.

Pork Patties auf zweierlei Art

Ob mit Gemüse aufgespießt oder überbacken: Die »Burger« im Mini-Format sind sehr vielseitig.

Patties mit Gemüse

Für die Patties:
10 g frische Ingwerwurzel
1 Knoblauchzehe
1 rote Chilischote
80 g Frühlingszwiebeln
400 g Hackfleisch vom Schwein
abgeriebene Schale von 1/2 Limette
1 Ei, Salz, gemahlener Pfeffer
Für die Paprikasauce:
180 g rote Paprikaschoten
5 rote Chilischoten
2 Knoblauchzehen
8 EL Essig
400 g Zucker, 1/2 TL Salz
Für das Gemüse:
150 g Zucchini
12 Cocktailtomaten
2 EL Pflanzenöl
Salz, frisch gemahlener Pfeffer
Außerdem:
2 EL Pflanzenöl
24 Zahnstocher
1 EL gehackte Petersilie

1. Für die Sauce Paprika- und Chilischoten von Stielansätzen, Samen und Scheidewänden befreien, das Fruchtfleisch fein schneiden. Knoblauch schälen und hacken. Alles im Mörser fein zerreiben. Die Paste mit 1/4 l Wasser, Essig, Zucker und Salz aufkochen und bei schwacher Hitze etwa 30 Minuten köcheln.

2. Inzwischen für den Fleischteig Ingwer und Knoblauch schälen und ganz fein hacken. Chilischoten halbieren, Stielansätze, Samen und Scheidewände entfernen und das Fruchtfleisch fein würfeln. Frühlingszwiebeln putzen, fein hacken.

3. Hackfleisch mit Ingwer, Knoblauch, Chili, Frühlingszwiebeln, Limettenschale, Ei, Salz und Pfeffer vermengen. Aus dem Teig 24 Bällchen von je etwa 20 g formen und jedes etwas abflachen. Öl erhitzen und die Patties darin braten.

4. Die Zucchini waschen, putzen und in 1/2 cm dünne Scheiben schneiden. Tomaten quer halbieren und von den Stielansätzen befreien. Das Öl erhitzen und die Zucchinischeiben darin auf beiden Seiten kurz braten. Tomaten kurz mitbraten, dann salzen und pfeffern.

5. Je 1 Zucchinischeibe, 1 Patty und 1 Tomatenhälfte auf Zahnstocher stecken. Mit Petersilie bestreuen und mit der Sauce servieren.

Patties mit Käse überbacken

Zutaten für die Patties wie im linken Rezept
Außerdem:
2 EL Pflanzenöl
80 g rote Zwiebel
120 g Taleggio, ersatzweise Mozzarella
2 EL Schnittlauchröllchen
12 Holzspieße, etwa 15 cm lang

1. Den Fleischteig, wie im linken Rezept Schritt 2 und 3 beschrieben, zubereiten, zu Patties formen und im Pflanzenöl braten.

2. Die Zwiebel schälen, längs halbieren und in dünne Spalten schneiden. Kurz in der Pfanne mitbraten. Je 2 Patties und Zwiebelspalten auf einen Spieß stecken. Spieße auf ein Blech legen.

3. Den Käse von der Rinde befreien, in dünne Scheiben von 6 x 4 cm schneiden und über die Spieße legen. Die Spieße bei 200 °C im vorgeheizten Ofen mit eingeschaltetem Grill kurz überbacken.

4. Herausnehmen, anrichten, mit Schnittlauchröllchen bestreuen und servieren. Dazu passt eine scharfe Paprikasauce wie im Rezept links.

Teigtaschen mit Lammfüllung

Pasteten und Teigtaschen spielen in der türkischen wie auch in der griechischen Küche eine wichtige Rolle. Teils werden sie mit Spinat, teils mit Schafkäse gefüllt, oder auch mit Fleisch und Gemüse, so wie hier.

Lammfleischtaschen

Für 10 Stück

Für den Teig:

300 g Weizenmehl (Type 405)

1 Eiweiß

Saft von 1/2 Zitrone

1/2 TL Salz

250 g Butter

Für die Füllung:

300 g Lammfleisch aus der Keule

150 g weiße Zwiebeln, 1 Knoblauchzehe

80 g Möhren

3 EL Olivenöl

80 g Erbsen, ausgepalt

Salz, frisch gemahlener Pfeffer

1 TL scharfes Paprikapulver

1 TL gemahlener Kreuzkümmel

1/8 l Lammfond

2 EL gehackte Petersilie

Außerdem:

1 Eigelb zum Bestreichen

Fett für das Backblech

Die Füllung der Teigtaschen erhält durch Kreuzkümmel, Knoblauch und scharfes Paprikapulver seine interessante Note. Besonders hübsch sehen die kleinen Pasteten aus, wenn man sie mit restlichem Teig verziert.

Die Füllung für die Teigtaschen muss am Ende der Garzeit recht trocken sein, damit keine Flüssigkeit aus den Gebäckstücken auslaufen kann.

1. Für den Teig das Mehl auf eine Arbeitsfläche sieben und in die Mitte eine Mulde drücken. Eiweiß, 1/8 l Wasser, Zitronensaft und Salz hineingeben. Alles schnell zu einem Teig verarbeiten. Den Teig mit einem feuchten Tuch bedecken und 10 Minuten ruhen lassen.

2. Die Butter zerlassen. Den Teig auf einer leicht bemehlten Arbeitsfläche dünn ausrollen und mit der Butter begießen. Die Teigplatte von allen Seiten zusammenschlagen, ausrollen und wieder zusammenschlagen. Diesen Vorgang dreimal wiederholen. Den Teig zur Kugel formen und im Kühlschrank weitere 10 Minuten ruhen lassen.

3. Für die Füllung das Fleisch 1/2 cm groß würfeln. Zwiebeln und Knoblauch schälen und fein hacken. Möhren schälen und fein würfeln.

4. Das Öl in einer Pfanne erhitzen, das Fleisch darin anbraten. Zwiebeln und Knoblauch kurz mitbraten. Möhren und Erbsen zufügen, die Gewürze einstreuen und den Lammfond angießen. Die Hitze reduzieren und alles 20 bis 25 Minuten köcheln lassen. Am Ende der Garzeit sollte die Flüssigkeit vollständig verdampft sein. Die Füllung mit Petersilie bestreuen und abkühlen lassen.

5. Den Teig zu einer Platte von 30 x 50 cm ausrollen und 10 Kreise von 12 cm Durchmesser ausstechen. In die Mitte der Kreise jeweils ein Zehntel der Füllung aufsetzen. Mit beiden Händen den Teig so über die Füllung schlagen, dass die Ränder genau aufeinander treffen und Halbkreise entstehen. Mit einem Messerrücken die Ränder gut zusammendrücken, dadurch entsteht auch das dekorative Muster. Die Oberfläche mehrmals einstechen und mit Eigelb bestreichen.

6. Aus dem restlichen Teig 10 kleine Blumen ausstechen und jeweils 1 auf eine Teigtasche setzen. Die Teigtaschen auf ein gefettetes Backblech legen und 20 Minuten ruhen lassen. Anschließend bei 180 °C im vorgeheizten Ofen 20 bis 25 Minuten backen.

Teigpäckchen mit Garnelen

Asiatische Blumenpilze sind zusammen mit Garnelen Bestandteil der köstlichen Füllung.

Wer Glück hat, bekommt die Blumenpilze, englisch »flower mushrooms«, in gut sortierten Asienläden frisch. Findet man sie nicht, sollte man stattdessen zu Shiitake-Pilzen greifen. Diese muss man dann allerdings beim Putzen von den harten Stielen befreien.

Prawn rolls

Für die Garnelen-Pilz-Füllung:

2 Knoblauchzehen

50 g thailändische rote Zwiebelchen

10 g frische Galgantwurzel

2 rote Chilischoten

80 g Blumenpilze

5 g Zitronengras

50 g frische Bohnensprossen

300 g rohe, geschälte Garnelenschwänze

5 EL Erdnussöl

3 EL helle Sojasauce, 2 EL Fischsauce

Salz, frisch gemahlener Pfeffer

5 Blätter Thai-Basilikum, fein gehackt

Für die Chilisauce:

1 Knoblauchzehe, 20 g Frühlingszwiebel

1 rote Chilischote, in Ringen

10 EL helle Sojasauce

Außerdem:

8 Frühlingsrollenblätter von 21,5 x 21,5 cm, 1 Eiweiß

8 blanchierte Lauchstreifen (3 mm breit, 40 cm lang)

Pflanzenfett zum Frittieren

1. Den Knoblauch, die Zwiebelchen und den Galgant schälen. Den Knoblauch und den Galgant fein hacken und die Zwiebeln in feine Scheiben schneiden. Die Chilischoten halbieren, von Stielansätzen, Samen und Scheidewänden befreien und fein würfeln.

2. Die Pilze putzen und die Hüte in dünne Scheiben schneiden. Das Zitronengras fein würfeln. Die Bohnensprossen verlesen. Die Garnelenschwänze längs halbieren, den Darm entfernen und das Fleisch klein würfeln.

3. In einem Wok 2 EL Öl erhitzen. Galgant-, Knoblauch- und Chiliwürfel mit den Zwiebelscheiben und dem Zitronengras unter Rühren kurz darin braten. Sojasprossen und Pilze 1 Minute mitbraten. Herausnehmen.

4. Das restliche Öl im Wok erhitzen und die Garnelenwürfel darin 2 Minuten unter ständigem Rühren braten. Das Gemüse zufügen und untermischen. Die Soja- und die Fischsauce einrühren. Nach Belieben salzen und pfeffern. Das Basilikum zufügen und alles auskühlen lassen.

5. Die Teigblätter auf der Arbeitsfläche auslegen und jeweils etwas Füllung in die Mitte setzen. Die Ränder mit Eiweiß bestreichen und die Füllung so einschlagen, dass kleine Päckchen entstehen. Darauf achten, dass die Füllung nicht austreten kann. Jedes Päckchen mit 1 Lauchstreifen zubinden.

6. Für die Sauce den Knoblauch schälen und fein hacken. Die Frühlingszwiebel putzen und in feine Ringe schneiden. Die Chili- und die Zwiebelringe mit dem Knoblauch und der Sojasauce in einer Schüssel verrühren.

7. Die Päckchen in dem auf 180 °C erhitzten Fett in der Fritteuse ausbacken und je 2 auf einem Teller anrichten. Die Chilisauce separat zu den Garnelenpäckchen reichen.

Wer Frühlingsröllchen mag, wird auch diesen mit Garnelen und Pilzen gefüllten knusprigen Päckchen nicht widerstehen. Dazu wird eine schnell gerührte scharfe Chilisauce gereicht.

Teigtütchen mit gefüllten Garnelen

Die Kanten der Teigblätter mit Eiweiß bestreichen. Je 1 Garnele so auflegen, dass der Schwanz in der Mitte ist.

Frühlingsrollenblatt zu einer Tüte aufrollen. Die auf einer Seite offenen Teigränder umklappen.

Gehackte Minze verleiht Meeresfrüchten wie Garnelen einen wunderbar frischen Geschmack. Und Frühlingsrollenblätter lassen sich auf die unterschiedlichsten Arten füllen. Egal in welche Form sie gerollt oder gefaltet werden, das Ergebnis ist nach dem Frittieren immer ein luftig-krosser Teigmantel. Hier umhüllt er köstliche, mit einer deftigen Farce belegte Garnelen. Ingwer verleiht dieser einen asiatischen Touch.

Gefüllte Garnelen im Teig

24 Garnelenschwänze (Größe 16/20)

Für die Füllung:

80 g Bohnensprossen

2 Knoblauchzehen

150 g Schweinefleisch

80 g Frühlingszwiebeln

1 EL Öl

1 TL fein gehackter Ingwer

Salz, frisch gemahlener Pfeffer

2 EL gehackte Minze

Außerdem:

12 runde Frühlingsrollenblätter (20 cm Durchmesser)

1 Eiweiß, leicht verschlagen

Außerdem:

Pflanzenöl zum Ausbacken

1. Alle Garnelen bis auf das Schwanzsegment schälen und jeweils den Darm entfernen. 16 davon zu »Schmetterlingen« weiterverarbeiten. Dafür jede Garnele von der Rückseite her bis kurz vor den Schwanzfächer durchtrennen.

2. Für die Füllung die restlichen geschälten Garnelen klein hacken. Die Bohnensprossen blanchieren, abtropfen lassen und in etwa 2 cm lange Stücke schneiden. Den Knoblauch schälen und fein hacken. Das Schweinefleisch klein würfeln. Die Frühlingszwiebeln putzen und in dünne Scheiben schneiden.

3. Das Öl in einer Pfanne oder im Wok leicht erhitzen. Ingwer und Knoblauch darin anschwitzen. Fleisch und Zwiebeln zufügen und anbraten. Die gehackten Garnelen zufügen und unter Rühren rosa braten. Salzen, pfeffern und die Mischung abkühlen lassen. Die Bohnensprossen und die gehackte Minze einrühren.

4. Die Frühlingsrollenblätter halbieren. Die Garnelen mit der Füllung belegen und in die Teigblätter einrollen, wie in den beiden Bildern links gezeigt. Die gefüllten und aufgerollten Teigblätter bis zum Frittieren mit einem feuchten Tuch bedecken und kalt stellen.

5. Zum Ausbacken der Garnelen das Öl im Wok oder in der Fritteuse auf 180 °C erhitzen. Die eingepackten Garnelen portionsweise je 3 Minuten darin schwimmend ausbacken. Mit einem Schaumlöffel herausheben, auf mehreren Lagen Küchenpapier gut abtropfen lassen.

6. Die knusprig ausgebackenen Garnelen sofort servieren. Sie schmecken heiß am besten. Zum anschließenden Säubern der Finger ausreichend Servietten oder eine Schüssel mit Zitronenwasser oder beides bereitstellen.

Zarte Meeresfrüchte sollten beim Garen nicht zu lange großer Hitze ausgesetzt sein. Das ist mit ein Grund, weshalb sie sich zum schnellen und kurzen Ausbacken im Teigmantel so gut eignen.

Auf Spieße gesteckte Fischbällchen und Gemüse, mit Yakitori-Sauce bepinselt und gegrillt, sind eine ganz besondere Delikatesse mit japanischem Ursprung.

Gegrillte Fischspießchen

Man bereitet sie mit verschiedenen Fleischsorten oder – wie hier – mit Fisch zu. Dafür eignen sich weißfleischige Fischarten gut, beispielsweise Seehecht, Kabeljau oder Schellfisch. Ob Fisch oder Fleisch – in jedem Fall gehört zusätzlich Gemüse auf die Spießchen. Auch hier gilt: Erlaubt ist, was gefällt. Gewürzt werden die Yakitori mit Shichimi, der Sieben-Gewürze-Mischung, die in der Regel aus zwei scharfen und fünf aromatischen Gewürzen besteht.

Fisch-Yakitori

600 g weißfleischige Fischfilets
1 Ei, 3 EL Sojasauce
10 g frische Ingwerwurzel
1 TL Salz
2 TL Sesamsamen
1 EL Zucker

Für das Gemüse:

180 g rote Paprikaschote
50 g Zuckerschoten
80 g Stangensellerie
80 g Möhren
60 g frische Shiitake-Pilze
60 g Zwiebel

Für die Shichimi-Mischung:

1 TL Leinsamen
2 TL Sesamsamen
1 TL getrocknete Orangenschale
1 TL Mohnsamen
4 kleine getrocknete Chilischoten
2 TL Ao-nori (getrocknete Seetangflocken)
etwas Sansho (japanischer Pfeffer)

Für die Yakitori-Sauce:

100 ml Sojasauce
200 ml Mirin (süßer Reiswein)
100 ml Sake, 15 g Zucker
1 TL Shichimi

1. Das Gemüse waschen und putzen beziehungsweise schälen und für die Spieße zurechtschneiden, wie im Folgenden beschrieben, dabei die Gemüseabschnitte aufheben.

2. Die Paprikaschote halbieren, Stielansatz, Samen und Scheidewände entfernen und das Fruchtfleisch in Rauten schneiden. Die Zuckerschoten schräg und den Stangensellerie in 3 cm lange Stücke schneiden.

3. Die Möhren nach Belieben längs einkerben und schräg in Scheiben schneiden. Von den Shiitake-Pilzen die Stiele entfernen. Die Zwiebel schälen und in Achtel schneiden.

4. Fischfilets waschen, trockentupfen, würfeln und in eine Schüssel geben. Ei, Sojasauce, Ingwer, Salz, Sesam, Zucker und Gemüseabschnitte mischen, zum Fisch geben, 5 bis 10 Minuten kühl durchziehen lassen.

5. Die Zutaten für die Shichimi-Gewürzmischung in einer Kaffeemühle fein vermahlen. Alle Zutaten für die Yakitori-Sauce zum Kochen bringen. 10 Minuten bei geringer Hitze köcheln. Abkühlen lassen.

6. Den marinierten Fisch aus dem Kühlschrank nehmen und mit der Marinade durch die feine Scheibe des Fleischwolfs drehen. Die Fischmasse nochmals gut durchmischen und aus dem Teig 24 kleine, je etwa 30 g schwere Bällchen formen.

7. Gemüsestücke, Pilze und Fischbällchen in beliebiger Reihenfolge auf Holzspieße stecken. Die Spieße auf den vorgeheizten Grill legen und grillen, bis sie halb gar sind, dabei häufig wenden.

8. Die Spieße vom Grill nehmen und mit der Yakitori-Sauce bepinseln. Dann erneut auf den Grill legen und diesen Vorgang nochmals wiederholen. Darauf achten, dass die Sauce nicht verbrennt, sie schmeckt sonst bitter. Die Yakitori mit asiatischem Reis servieren.

Die markierte Rolle in einzelne Teigstücke schneiden. Die Teile zu dicken Platten von je 8 x 5 cm formen.

Je einen halbierten Zitronengrasstängel in die Mitte legen und den Teig darüber klappen.

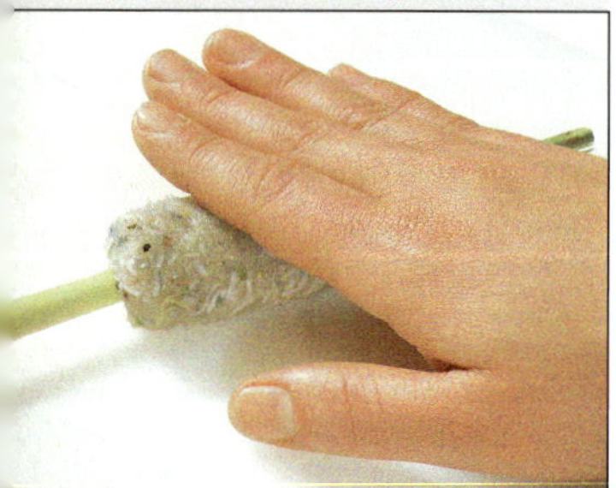

Die Stängel umwickeln. Dafür den Teig rund rollen oder zwischen den Händen rund formen.

Alle Spieße fertig stellen, bevor sie portionsweise im heißen Öl rundum gebraten werden.

Seafood-Spieße mit Zwiebelsauce

Aus Fischfilet und Garnelen wird eine zarte Masse bereitet, die die Grundlage für diese Seafood-Rollen ausmacht. Zwei bis drei Stück davon reichen durchaus als Hauptgericht, wenn man einen kleinen Salat dazu serviert. Einzeln sind die Rollen ideale Snacks für zwischendurch. Der Pfiff an diesen Röllchen sind die Spieße an sich: Statt der üblicherweise verwendeten Bambusstäbchen dienen hier die unteren Teilabschnitte des Zitronengrases als Spieße. So steuern sie auch noch Zitronenaroma bei.

Seafood-Spieße

300 g Zackenbarschfilets, ohne Haut und Gräten, 300 g Garnelen, geschält

3 grüne Chilischoten

50 g frisch geriebene Kokosraspel

1 TL Garnelenpaste, 1 TL Salz

1/2 TL grob gemahlener schwarzer Pfeffer

2 TL brauner Zucker

6 Stengel Zitronengras

100 ml Pflanzenöl

Für die scharfe Zwiebelsauce:

je 1 frische rote, grüne und gelbe Chilischote

100 g Zwiebeln, 4 Knoblauchzehen

3 EL heller Reisessig, 6 EL Wasser

3 EL Reiswein

6 EL Öl, Salz

Außerdem:

Koriandergrün zum Garnieren

1. Zuerst die Zwiebelsauce zubereiten. Dafür die Chilischoten längs halbieren, Stielansätze, Samen und Scheidewände entfernen und das Fruchtfleisch sehr fein hacken. Die Zwiebeln schälen und klein würfeln. Den Knoblauch schälen und in eine Schüssel pressen.

2. Chilischoten und Zwiebeln zum Knoblauch geben. Essig und Wasser aufkochen, dann mit dem Reiswein über die Chili-Knoblauch-Mischung gießen. Das Öl unterrühren. Salzen und alles gut durchmischen. Die Sauce kalt stellen.

3. Für die Seafood-Spieße das Fischfilet und die Garnelen in Stücke schneiden und im Mixer fein pürieren. Die Masse in eine Schüssel geben. Die Chilischoten halbieren, Stielansätze, Scheidewände und Samen entfernen und das Fruchtfleisch fein hacken. Mit der Kokosraspel, der Garnelenpaste, Salz, Pfeffer und Zucker unter die Fisch-Garnelen-Masse mischen. Alles zu einem glatten Teig verarbeiten, zu einer Rolle formen und 12 Teile markieren, wie oben links in der Bildfolge gezeigt.

4. Für die Spieße vom Zitronengras das Wurzelende und so viel von dem oberen Teil der Blätter abschneiden, dass etwa 20 cm lange Stängel übrig bleiben, die äußeren welken Blätter entfernen. Das Zitronengras der Länge nach halbieren.

5. Weiterverfahren, wie in der Bildfolge links gezeigt. Das Öl in einer entsprechend großen Pfanne erhitzen. Die Spieße nacheinander in 2 bis 4 Portionen darin unter ständiger Bewegung rundherum in 4 bis 5 Minuten braten. Mit der Zwiebelsauce auf Tellern anrichten und mit Koriandergrün garnieren.

Bestes Fischfilet und Garnelen sind die Basis für eine zarte Fischmasse, die zu Rollen geformt und anschließend auf Zitronengrasstängel gesteckt wird. Die gebratenen Seafood-Spieße werden mit einer kalten, scharfen Zwiebelsauce serviert.

Austern asiatisch gewürzt

Austern lassen sich nicht nur roh schlürfen, wie vielleicht mancher Feinschmecker meinen könnte, nein, sie schmecken auch gebraten ganz vorzüglich, wie die beiden folgenden Rezepte beweisen: Kurkuma, Chilischoten und Limettensaft geben den gebratenen Muscheln ihren Geschmack.

Austern mit Currysauce

24 Austern, Salz

24 hauchdünne Scheiben luftgetrockneter Speck

Für die Currysauce:

20 g Schalotte

1 kleine rote Chilischote, getrocknet

5 schwarze Pfefferkörner

je 1/4 TL Kümmel und Kreuzkümmel

1/2 TL gemahlene Kurkuma

1/4 TL edelsüßes Paprikapulver

10 g Butter

1/2 TL Kaffir-Limettensaft, etwas abgeriebene Kaffir-Limettenschale

120 ml Fischfond, 80 ml Weißwein

80 ml Sahne

Salz nach Belieben

Außerdem:

24 Zahnstocher

50 g Butter

1 EL gehackte glatte Petersilie

Petersilienblättchen zum Garnieren

1. Die Austern mit einem Tuch so festhalten, dass die gewölbte Seite nach unten zeigt. Mit einem Austernmesser am Scharnier der Muscheln einstechen und dieses durchtrennen. Mit dem Messer rundherum fahren und die obere Austernschale abheben. Das Fleisch vorsichtig aus der unteren Schale lösen und das Austernwasser auffangen. 100 ml davon abmessen und beiseite stellen. Leicht gesalzenes Wasser zum Kochen bringen, das Austernfleisch einlegen und kurz anziehen lassen. Herausnehmen und gut abtropfen lassen.

2. Die Speckscheiben von Schwarte und Knorpel befreien. Jeweils 1 Auster in eine Speckscheibe wickeln. Diese mit einem Zahnstocher feststecken und kühl stellen.

3. Für die Currysauce die Schalotte für die Sauce schälen und sehr fein hacken. Die Chilischote halbieren, Stielansatz und Samen entfernen. Die Schoten mit den Pfefferkörnern, dem Kümmel und Kreuzkümmel in einem Mörser zerstoßen. Die zerstoßenen Gewürze mit Kurkuma und Paprikapulver mischen.

4. Für die Sauce die Butter zerlassen und die Schalottenwürfel darin hell anschwitzen. Die Würzmischung kurz mitbraten. Limettensaft und Limettenschale einrühren. Fond, Wein, Sahne und Austernwasser zugießen. Die Sauce um ein Drittel einkochen lassen, bis sie leicht cremig ist, salzen und warm halten.

5. Die Butter zerlassen und die Austern darin rundum etwa 2 Minuten braten. Herausnehmen und die Zahnstocher entfernen. Mit der Sauce anrichten, mit gehackter Petersilie bestreuen und mit Petersilienblättern garnieren. Dazu passt Reis gut.

Austernspieße

36 Austern (Fines de Claires)

Für die Marinade:

5 g frische Ingwerwurzel,
1 Knoblauchzehe

2 EL Fischsauce, 2 EL helle Sojasauce

1 TL gehacktes Koriandergrün

frisch gemahlener Pfeffer

1 TL abgeriebene Limettenschale

Für die Sauce:

1/2 TL Maisstärke

1 rote Chilischote, ohne Samen, in Ringen

30 g Frühlingszwiebel, in Ringen

2 g Kurkumawurzel, geschält, gerieben

1/2 TL Limettensaft, 2 EL Reiswein,
1/2 TL brauner Zucker

Salz, frisch gemahlener Pfeffer

Außerdem:

12 kurze Bambusspieße, 3 EL Pflanzenöl

1. Austern öffnen, das Fleisch auslösen, wie links beschrieben. 200 ml Austernwasser auffangen, beiseite stellen. Für die Marinade Ingwer und Knoblauch schälen, fein hacken. Mit Fisch- und Sojasauce mischen. Koriander, Pfeffer, Limettenschale unterrühren. Austern darin wenden, 30 Minuten zugedeckt kühl stellen.

2. Austernwasser etwas reduzieren. Stärke mit Wasser anrühren, Austernwasser damit binden. Chilli, Zwiebeln, Limettensaft, Kurkuma, Reiswein, Zucker, Salz und Pfeffer zufügen und die Sauce 4 bis 5 Minuten köcheln lassen.

3. Austern aus der Marinade nehmen. Bei mittlerer Hitze ohne Fett anschwitzen. Jeweils 3 Stück aufspießen, knapp 1 Minute im heißen Öl braten. Mit Sauce anrichten.

In Speck gewickelt, gebraten und in einer dezent-würzigen Currysauce serviert: So werden Austern – mit einem Löffel Reis – zu einem köstlichen Snack.

Fruchtige Tomatensauce, würzige Salami und aromatische Kräuter sind der Belag (oben) für diese kleinen, handlichen Pizzen.

Mini-Pizzen auf die Hand

Mini-Pizzen

Für 24 Stück
Für den Hefeteig:
300 g Mehl
1/2 Würfel frische Hefe (20 g)
1/8 l lauwarmes Wasser
2 EL Olivenöl, 1/2 TL Salz
Für die Tomatensauce:
500 g Tomaten, 100 g Zwiebeln
1 Knoblauchzehe
4 EL Olivenöl
2 EL Tomatenmark
1/2 TL Salz, frisch gemahlener weißer Pfeffer
Für den Belag:
150 g gelbe Paprikaschote
100 g weiße Zwiebeln
50 g schwarze Oliven ohne Stein
2 grüne Peperoni
250 g italienische Salami, in dünne Scheiben geschnitten
2 EL gehackte Kräuter (Petersilie, Basilikum, Thymian, Oregano, Rosmarin)
100 g frisch geriebener Greyerzer
Außerdem:
Öl für die Bleche
Mehl für die Arbeitsfläche

1. Für den Teig das Mehl in eine Schüssel sieben und in die Mitte eine Mulde drücken. Die Hefe hineinbröckeln, mit dem Wasser auflösen und dabei etwas Mehl vom Rand mit untermischen. Den Ansatz mit Mehl bestäuben, die Schüssel mit einem Küchentuch bedecken und den Teig an einem warmen Ort gehen lassen, bis die Oberfläche Risse zeigt. Öl und Salz zum Vorteig geben und alles zu einem glatten Teig verkneten. Den Teig zu einer Kugel formen und erneut zugedeckt gehen lassen, bis er das Doppelte seines Volumens erreicht hat.

2. In der Zwischenzeit für die Sauce die Tomaten blanchieren, häuten und vierteln, die Samen entfernen und das Fruchtfleisch in feine Würfel schneiden. Zwiebeln und Knoblauch schälen und fein hacken. Das Öl erhitzen, Zwiebeln und Knoblauch darin anschwitzen. Das Tomatenmark einrühren, die Tomaten zufügen und die Sauce bei mittlerer Hitze etwas einkochen lassen. Mit Salz und Pfeffer würzen.

3. Für den Belag die Paprikaschoten von Stielansätzen, Samen und Scheidewänden befreien und das Fruchtfleisch würfeln. Die Zwiebeln schälen, längs halbieren und in dünne Scheiben schneiden. Die Oliven halbieren. Die Peperoni von Stielansätzen befreien. Das Fruchtfleisch in Ringe schneiden, dabei die Samen entfernen.

4. Zwei Bleche mit etwas Öl ausstreichen. Den Teig noch einmal durchkneten, auf einer bemehlten Arbeitsfläche etwa 5 mm dick ausrollen und Kreise von 8 cm Durchmesser ausstechen. Die Teigkreise auf die Bleche legen, an einigen Stellen mit einer Gabel einstechen und 10 Minuten gehen lassen.

5. Die Tomatensauce auf die Teigfladen verteilen und mit Paprika, Zwiebeln, Salami, Oliven und Peperoni belegen. Die Mini-Pizzen mit den Kräutern und dem Käse bestreuen. Die Pizzen bei 200 °C im vorgeheizten Ofen etwa 15 Minuten backen.

→ Tipp

Mini-Pizzen können für jeden Geschmack hergestellt werden – von einfach bis üppig. Am schlichtesten sind die Pizzen nur mit Tomatensauce bestrichen und mit Käse bestreut. Eher anspruchsvoll dagegen, aber nicht jedermanns Sache, sind die Pizzen, wenn sie mit verschiedenen Meeresfrüchten statt der im Rezept angegebenen Zutaten belegt werden.

Frisch geröstete gehobelte Mandeln schmecken generell zu Brokkoli sehr fein. So auch zu diesen Törtchen, bei denen der Kohl in eine zarte Eiercreme gebettet ist.

Kleine Törtchen mit Brokkoli

Die Brokkolitörtchen sind eine feine Vorspeise oder ein kleiner Imbiss zu einem Glas Wein. Die Füllung für die Törtchen kann auch aus einer Mischung aus Brokkoli- und Blumenkohlröschen bestehen. Stattdessen eignet sich ebenso in Ringe geschnittener Lauch.

Brokkolitörtchen

Für den Teig:

250 g Mehl

1 Ei, Salz

125 g Butter

1 EL Wasser

Für die Füllung:

300 g Brokkoliröschen

30 g Schalotten

1/2 Knoblauchzehe

20 g Butter

Salz, frisch gemahlener Pfeffer

Für den Sahneguss:

4 Eier, 1/4 l Sahne

frisch geriebene Muskatnuss

Salz, frisch gemahlener Pfeffer

Außerdem:

8 Quicheförmchen von je 12 cm Durchmesser

Backpapier und Hülsenfrüchte zum Blindbacken

80 g frisch geriebener Emmentaler

40 g Mandelblättchen, geröstet

1. Das Mehl auf eine Arbeitsfläche häufen, in die Mitte eine Mulde drücken. Ei, Salz und Butter hineingeben und mit einem Messer zusammenhacken. Mit dem Wasser schnell zu einem glatten Teig kneten. Diesen in Folie wickeln und 1 Stunde kühl stellen.

2. In einem großen Topf Salzwasser zum Kochen bringen und die Brokkoliröschen darin etwa 5 Minuten blanchieren. Dann abgießen und kalt abschrecken. Die Schalotten und die Knoblauchzehe schälen und fein hacken.

3. In einer Pfanne die Butter zerlassen und die Schalotten- und Knoblauchwürfel darin hell anschwitzen. Den gut abgetropften Brokkoli zugeben, alles durchschwenken und auskühlen lassen. Mit Salz und Pfeffer würzen.

4. Auf einer bemehlten Arbeitsfläche den Teig etwa 5 mm dick ausrollen. Die Förmchen damit auslegen, die Ränder mit einer Kugel aus Teigresten andrücken und die überstehenden Ränder abschneiden.

5. Die Törtchen blindbacken. Dafür den Teig mit einer Gabel einstechen, das Backpapier einlegen und die Hülsenfrüchte einfüllen. Die Törtchen im vorgeheizten Ofen bei 200 °C etwa 8 Minuten blindbacken. Papier und Hülsenfrüchte wieder entfernen.

6. Für den Sahneguss alle Zutaten miteinander verrühren. Das Gemüse in die Förmchen verteilen, mit dem Käse bestreuen und den Sahneguss gleichmäßig eingießen. Die Törtchen bei 200 °C im vorgeheizten Ofen 25 bis 30 Minuten backen, eventuell die letzten 10 Minuten abdecken. Mit den gerösteten Mandelblättchen bestreuen und lauwarm servieren.

→ Tipp

Statt der Mini-Törtchen lässt sich aus den Zutaten auch ein großer Kuchen backen. Dafür ist dann eine Form von 26 cm Durchmesser nötig. Vom Mürbteig wird etwa ein Drittel übrig bleiben, das aber für andere Zwecke einige Zeit im Kühlschrank aufbewahrt oder sogar eingefroren werden kann.

Zwiebelkuchen im Miniformat

Feine französische Küche und deutsche Deftigkeit: Im Elsaß vereinigten sich beide schon früh zu einer eigenen Kochkunst. Die Zwiebelkuchen sind aus dieser und der angrenzenden badischen Küche, nicht wegzudenken. Als kleine Portionskuchen gebacken, sind sie praktisch zu essen und zudem sehr saftig. Und als Begleiter dazu ist ein junger Wein, auch Sauser oder Federweißer genannt, ein unbedingtes Muss. Die herzhaften Häppchen schmecken übrigens am allerbesten, wenn sie lauwarm sind.

Zwiebelküchlein mit Speck

Für den Teig:

200 g Mehl

100 g weiche Butter, 1/4 TL Salz

4 EL Wasser

Für die Füllung:

600 g Zwiebeln

150 g durchwachsener Speck

20 g Butter

100 ml Crème fraîche, 100 ml Sahne

4 Eier, Salz, frisch gemahlener weißer Pfeffer

geriebene Muskatnuss

Außerdem:

8 Förmchen von 10 cm Durchmesser

Schnittlauchröllchen zum Bestreuen

1. Das Mehl auf eine Arbeitsfläche sieben, die Butter in Stückchen schneiden und auf das Mehl legen. Mehl und Butter rasch mit den Händen bröselig zerreiben. Dann Salz und Wasser zugeben und alles schnell zu einem glatten Teig verkneten. Diesen zur Kugel formen, in Folie wickeln und 1 Stunde kühl stellen.

2. Für die Füllung die Zwiebeln schälen und in dünne Scheiben schneiden. Den Speck in schmale Streifen schneiden und in einer Pfanne auslassen. Die Zwiebelscheiben hinzufügen und glasig anschwitzen. Die Butter zugeben, alles zur Seite stellen und die Zwiebel-Speck-Mischung leicht abkühlen lassen.

3. Die Crème fraîche mit der Sahne und den Eiern verquirlen, unter die abgekühlte Zwiebelmasse mischen und alles kräftig mit Salz, Pfeffer und Muskat würzen.

4. Den Teig auf einer bemehlten Arbeitsfläche zu einer 4 mm dicken Platte ausrollen und 8 Kreise von reichlich 10 cm Durchmesser ausstechen. Die Förmchen mit dem Teig auslegen, dabei die Ränder mit einer Kugel aus Teigresten andrücken. Die überstehenden Ränder abschneiden.

5. Die Füllung auf die Törtchen verteilen und bei 200 °C im vorgeheizten Ofen in 20 bis 25 Minuten goldbraun backen. Herausnehmen und mit Schnittlauch bestreuen.

Knuspriger Mürbteig mit herzhafter Füllung – diese Zwiebeltörtchen sind nicht nur köstlich, sondern auch einfach praktisch, weil man sie sofort aus der Hand essen kann.

Glossar

ABSCHRECKEN: Speisen mit kaltem Wasser übergießen oder darin eintauchen, um ein Kleben zu verhindern (z. B. bei Reis und Nudeln), damit sich Eier besser schälen lassen oder der Garprozess gestoppt wird (etwa bei Gemüse).

ÄHRENFISCHE: Kleine Fische wie Heringe und Sardinen. Schmecken am besten frittiert. So zubereitet werden sie auch üblicherweise in Spanien und Portugal angeboten. In Italien werden sie als »latterini in saor« zubereitet: Die Fische werden dafür zuerst in Essig und Öl mariniert und dann in der Pfanne gebraten.

ANTIPASTI: Häppchen, die in Italien als Vorspeise gereicht werden, beispielsweise Crostini, in Essig und Öl eingelegte Gemüse oder nur kleine aromatische Pizzaecken.

BLANCHIEREN: Rohes Kochgut kurz mit kochendem Wasser übergießen oder hineintauchen. Entweder, um die Farbe zu erhalten (Gemüse), um Verunreinigungen zu entfernen (Fleisch, Innereien), um leichter schälen zu können (Tomaten, Mandeln), um vorzugaren (Pommes frites) oder auch zur Vorbereitung für das Tiefkühlen (Gemüse).

BOUQUET GARNI: Würz- oder Kräutersträußchen aus verschiedenen Kräutern, Gemüsen und Gewürzen zur Verfeinerung von Brühen, Fonds und Saucen.

CHEDDARKÄSE: Aus Kuhmilch hergesteller britischer Käse, der durch den orangefarbenen, natürlichen Farbstoff Annatto gefärbt sein kann.

CHILISCHOTEN: Sie verleihen vielen südamerikanischen, mexikanischen und asiatischen Gerichten die Schärfe. Die Auswahl ist riesig. Man unterschiedet sie nach Größe, Farbe (rot oder grün) und Trocknungsgrad und natürlich nach Schärfe.

CHORIZO: Rote spanische Paprikawurst. Besteht grundsätzlich aus Schweinefleisch, Schweinefilet, Knoblauch und Paprikapulver.

COURT-BOUILLON: Sud aus aromatischen Gemüsen und Kräutern, häufig mit Essig oder Wein versetzt, zum Ansetzen von weißem Fleisch, aber auch von Meeresfrüchten oder Fisch.

CROSTINI: Geröstete Brotscheiben mit würziger Paste bestrichen. Wird in Italien gern als Antipasti gereicht.

DÄMPFEN: Auf einem Dämpfeinsatz (Sieb oder Gitter) im zugedeckten Kochgeschirr garen, ohne dass die Speisen direkt mit der Flüssigkeit in Berührung kommen. Sehr schonende Garmethode, weil Nährstoffe weitestgehend erhalten bleiben.

DÜNSTEN: Garen im geschlossenen Topf mit wenig Flüssigkeit bei etwa 100 °C, meist unter Zugabe von etwas Fett. Die Flüssigkeit kann zugesetzt sein oder aus dem Gargut kommen.

EMPANADILLAS: In heißem Öl ausgebackene Teigtaschen in Halbmondform mit herzhafter Hackfleisch- oder Gemüsefüllung. Der Snack stammt ursprünglich aus der spanischen Küche.

ENTFETTEN: Gegarte Speisen lassen sich durch verschiedene Methoden von überschüssigem Fett befreien. Erstarrtes Fett von der Oberfläche erkalteter Brühen abheben, flüssiges Fett (etwa von Suppen) mit einer flachen Kelle abschöpfen oder Frittiertes mit Küchenpapier abtupfen.

FOND: Entfettete Grundbrühe aus lange gekochten Fleischabschnitten, Knochen, Gemüsen und Kräutern. Fonds bilden eine gute Grundlage für Suppen und Saucen.

FRITTIEREN: Fleisch-, Fisch- oder Gemüsestücke in heißem Fett (140 bis 190 °C, häufig bei 180 °C) im Einsatz eines Frittiergeschirrs goldbraun ausbacken.

KAFFIR-LIMETTE: Wird in Südostasien, Afrika und Mittelamerika kultiviert. Die Blätter und die dünn abgriebene Schale der Kaffir-Limette werden dort als Würzmittel verwendet. Erkennbar ist diese Limettensorte an ihrer runzlig wirkenden Schale. In asiatischen Lebensmittelläden erhältlich. Ersatzweise kann man auch eine andere Limette nehmen.

KAFFIR-ZITRONENBLÄTTER: Die dunkelgrünen, glänzenden Blätter duften und schmecken sehr intensiv nach Zitrone. Sie werden entweder im Ganzen mitgeocht oder klein gehackt zum Schluss über das Gericht gestreut.

KALMAR: Wird hierzulande häufig mit dem gemeinen Tintenfisch [Sepia] verwechselt. Im Gegensatz zu diesem haben Kalmare einen schlanken, langen, torpedoartigen Körper. Der Kopf mit den Tentakeln ist ebenfalls lang gestreckt. Der sackartige Körper lässt sich hervorragend füllen.

MARINADE: Mit Kräutern und Gewürzen versehene Flüssigkeit zum Würzen, Haltbarmachen und Mürbewerden von Fleisch und Fisch. Auch Salatsaucen werden als Marinaden bezeichnet. Marinieren bedeutet das Einlegen eines Lebensmittels in Marinade.

PEPERONCINI: Kleine scharfe Paprikaschoten heißen in Italien Peperoncini, die milden dagegen Peperoni.

PLATTIEREN: Eine Scheibe Fleisch mit dem Plattiereisen [am besten zwischen Folie] oder dem Beil flachklopfen.

POCHIEREN: Schonende Garmethode, bei der das Gargut in viel Flüssigkeit knapp unterhalb des Siedepunkts sanft gart. Bevorzugt angewendet bei empfindlichen Lebensmitteln wie Fisch, Klößen und Eiern.

PÜRIEREN: Zerkleinern von weichem Gemüse, Obst, aber auch Fisch [z. B. Tunfisch] mit oder ohne zusätzlicher Flüssigkeit von Hand, im Mixer oder mit dem Stabmixer zu Püree, Mus oder Brei.

REDUZIEREN: Bratensaft, Brühe, Fond bei starker Hitze einkochen lassen, um ein im Geschmack intensives Konzentrat zu erhalten.

SATÉ: Fleisch-, Wild-, Geflügel- oder Gemüsestückchen, auf Bambus- oder Holzspieße gesteckt und nach asiatischer Rezptur zubereitet.

SEPIOLA: Kleine Tintenfischart, die im Mittelmeer vorkommt.

SOJASAUCE: Salzige Würzsauce aus Sojabohnen, Salz, geröstetem Weizen und Hefe. Sojasauce ist in der asiatischen Küche unentbehrlich. Es werden mehrere Sorten angeboten: Helle Sojasauce schmeckt am feinsten und ist in von hellbrauner Farbe. Dunkle Sojasauce ist meist mit karamellisiertem Zucker versetzt und süßer. Ketjap Manis, eine indonesische Sojasauce, ist dickflüssig und besonders süß. Tamari- oder japanische Sojasauce ist auffallend würzig und dunkel.

STOCKFISCH: Luftgetrocknete und ungesalzene Magerfische ohne Kopf und ohne Innereien, beispielsweise Kabeljau und Schellfisch.

TAPAS: Häppchen, die üblicherweise in großer Auswahl in Spanien in der Bar zu Sherry oder Weißwein angeboten werden. Beliebte Tapas sind in Würfel geschnittene Kartoffeltortilla oder Champignons in Knoblauchöl.

TOMME DE SAVOIE: Ein kleiner runder Käse aus Kuhmilch, der ursprünglich aus Savoyen [Frankreich] stammt. Er ist von einer grauen, bräunlichen Rinde überzogen, die vor dem Verzehr entfernt werden muss.

TRANCHIEREN: Ein Fleisch- oder Geflügelstück bzw. Fisch mit einem Tranchiermesser in dünne Scheiben schneiden.

ZESTEN: Hauchdünn abgeschnittene Schale von Zitrusfrüchten. Die Früchte dafür gründlich unter heißem Wasser waschen, trockenreiben und die Schale mit einem Zestenreißer oder einem scharfen kleinen Küchenmesser dünn abschneiden.

ZISELIEREN: Gemüse oder Zitrusfrüchte mit einem speziellen Ziseliermesser oder einem kleinen Messer einkerben.

Register

Warenkundliche und küchentechnische Begriffe sind kursiv geschrieben.

A

Aal, gebackener Aal 215
Ährenfische, frittierte 212
Antipasti 31
Artischocken:
 Artischocken mit Eiersauce 175
 Artischocken mit Tomaten 51
 Artischocken, gefüllte 230
 Carciofi alla romana 64
Auberginen:
Auberginen 16
 Auberginen mit Tzatziki 192
 Gebackene Auberginen 121
 Gegrillte Auberginen mit Paprika 90
Austern: 21
 Austern, gratiniert 218
 Austern mit Currysauce 306
 Austernspieße 307
Avocado:
 Avocado mit roter und grüner Salsa 172
 Avocado mit Tunfisch 233

B

Basilikum 19
Bataviasalat 13
Blanchieren 29
Blumenkohl, frittierter 170
Bohnen:
 Bohnen mit Tomatensauce 169
 Bohnensalat mit Rosmarin 51
 Crêpes mit Gemüsefüllung 185
 Weiße Bohnen mit Peperoni 57
Brokkoli:
 Brokkolischnitten 105
 Brokkolisülze 275
 Brokkolitörtchen 311
Bruschette mit Tomaten 43

C

Camembertwürfel mit Johannisbeersauce 283
Carciofi alla romana 64
Carpaccio mit Basilikumsauce 68
Catalogna 13
Champignons, gefüllte 267
Chili-Prawns 147
Cicorino, grüner 13
Cicorino, roter 13
Cigalas, marinierte 97
Cima alla genovese 77
Cocktailtomaten 14
Crabcakes mit Pak-Choi 148
Crêpes mit Gemüsefüllung 185
Crostini mit Geflügelleber 47
Crostini mit Milzpaste 44
Crostini mit Olivenpaste 45
Crostini mit Ziegenkäse und Gurke 45
Cuore di bue 14

D

Dämpfen 37
Dim sum mit Pilzfüllung 165
Dolmeh 252
Dünsten 36

E

Eichblattsalat, glatter 13
Eierrollen 134
Eierstich mit Kräutern und Steinpilzen 71
Eissalat, grüner 13
Eissalat, roter 13
Entenleber, Weißbrot mit 246
Erdnusssauce 129
Essigsorten 10 f.
Estragon 19
Exotischer Salat mit Schweinefleisch 160

F

Feigen mit Mascarpone 279
Fenchel 16
Filoteig mit Fisch und Meerrettich 280
Fingerfood 38 f.
Fisch, Garmethoden 36
Fisch:
 Filoteig mit Fisch und Meerrettich 280
 Fisch-Yakitori 303
 Frittierte Ährenfische 212
 Frittierte Sardinen 214
 Gebackener Aal 215
 Gefüllte Gurken 228
 Gefüllte Sardinen 72
 Marinierte Sardellen 94
 Mousse vom Räucherlachs 235
 Rape a la gallega 102
 Rape al sésamo 103
 Sardelle ripiene 217
 Stockfischkroketten 101
Flaschentomaten 14
Fleischbällchen im Reismantel 262
Fleischbällchen in Tomatensauce 86
Fleischröllchen mit Tomatensauce 256
Frisée, grüner 13
Frisée, mit gelbem Herz 13
Frittieren 37
Frittierte Ährenfische 212
Frittierte Sardellen und Tintenfische 74
Frittierte Sardinen 214
Frittierte Sepiolas 98
Frittierter Blumenkohl 170
Frühlingsrollen mit Geflügel und Gemüse 132
Frühlingsrollen mit Gemüsefüllung 131

G

Gado Gado 155
Garnelen und Scampi:
 Chili-Prawns 147
 Garnelen 20 f.
 Garnelen in knuspriger Teighülle 145
 Garnelenragout auf Weizen-tortillas 223
 Garnelenschwänze 20
 Gefüllte Garnelen im Teig 300
 Lauwarmer Spargel mit

Scampi 237
Mais-Empanadas 225
Marinierte Cigalas 97
Meeresfrüchtesalat 208
Nigiri-Zushi mit Garnelen 139
Prawn rolls 298
Quiches mit Garnelen 241
Garnituren 27
Gebackene Auberginen 121
Gebackener Aal 215
Gebackener Käse 283
Geflügel:
Crostini mit Geflügelleber 47
Frühlingsrollen mit Geflügel und Gemüse 132
Geflügelkroketten 101
Geflügel-Saté 128
Hähnchenspieße 141
Salat mit Entenbrust 158
Saté mit Hähnchen 126
Spieße mit Hähnchenfleischbällchen 142
Weißbrot mit Entenleber 246
Gefüllte Artischocken 230
Gefüllte Champignons 267
Gefüllte Garnelen im Teig 300
Gefüllte Gurken 228
Gefüllte Kartoffelküchlein 273
Gefüllte Mini-Paprika 251
Gefüllte Sardinen 72
Gefüllte Tomaten 195
Gefüllte Zucchini 255
Gefüllte Zucchiniblüten 178
Gefüllte Zwiebeln 268
Gefüllter Kalmar auf gegrilltem Fenchel 238
Gefüllter Stangensellerie 270
Gegrillte Auberginen mit Paprika 90
Gegrillte Sepiolas (Tintenfische) 98
Gegrillter Spargel 196
Gemischtes Gemüse (mit Tapenade) 118
Gemüse im Kartoffelkörbchen 199
Gemüse richtig garen 28
Gemüsefüllung, Frühlingsrollen mit 131
Gemüsefüllung, Mürbteig mit 280
Gemüsequiche 205
Glatte Endivie 12
Gratinierte Jakobsmuscheln 220
Grillen 37
Gurken, gefüllte 228

H

Hähnchenspieße 141
Heuschreckenkrebse 20
Hirsch, Saté vom, und gegrillte Wachteln 129
Hopfentriebe, junge 13

I

Insalata Caprese mit Zwiebeln und Oliven 58

J

Jakobsmuscheln 20
Jakobsmuschelgratin 113
Jakobsmuscheln, gratinierte 220
Jamón serrano 22

K

Kalbfleisch:
Cima alla genovese 77
Vitello tonnato 67
Kalmar, gefüllter, auf gegrilltem Fenchel 238
Kaninchen in Öl mariniert 79
Kaninchenfilet mit Radicchio 61
Kartoffelküchlein, gefüllte 273
Kartoffelkörbchen, Gemüse im 199
Käse:
Camembertwürfel mit Johannisbeersauce 283
Crostini mit Ziegenkäse und Gurke 45
Gebackener Käse 283
Insalata Caprese mit Zwiebeln und Oliven 58
Spinattoast mit Manchego 106
Kichererbsen:
Kichererbsenbällchen mit Gurken-Joghurt 287
Tortillitas de camarones 114
Kleine Spinat-Pies 201
Knoblauch 14 f.
Kopfsalat 13
Kopfsalat, roter 13
Kreuzmuster-Teppichmuscheln 21
Kürbisterrine mit Paprikasauce 188

L

Lammfleisch:
Empanadillas 108
Lammfleischspieße 290
Lammfleischtaschen 297
Paillard vom Lamm 249
Langusten 32
Lauwarmer Spargel mit Scampi 237
Leberspieße mit Feldsalat 259
Lollo bionda 13
Lollo rossa 13
Löwenzahn 13

M

Mais-Empanadas 225
Maki-zushi 34
Maki-Zushi mit Reis und Tofu 136
Mandeln, geröstete 32
Mangold:
Mangoldroulade mit Blattsalaten 186
Torta cappucina 82
Marinierte Cigalas 97
Marinierte Pilze 53
Marinierte Sardellen 94
Marinierte Ziegenfleischspieße 292
Marinierte Zucchini 53
Mayonnaise 26
Meeresfrüchtesalat 208
Miesmuscheln 21
Miesmuscheln in Sherry 93
Migas mit pochiertem Ei 116
Mini-Paprika, gefüllte 251
Mini-Pizzen 309
Mittelmeer-Dreiecksmuscheln 21
Mousse vom Räucherlachs 235

Mozzarella-Tomaten-Spieße 279
Mürbteig mit Gemüsefüllung 280
Muscheln:
Austern gratiniert 218
Austern mit Currysauce 306
Austernspieße 307
Gefüllte Artischocken 230
Gratinierte Jakobsmuscheln 220
Meeresfrüchtesalat 208
Miesmuscheln in Sherry 93
Muschel-Burger 226
Muscheln in Tomatensauce 211
Muschelsalat 208
Schwertmuscheln in Weißwein 93
Tarteletts mit Meeresfrüchten 242

N

Nigiri-Sushi 34
Nigiri-Sushi mit Garnelen 139
Nigiri-Sushi mit Tunfisch 138

O

Olivenöl 8 f.
Ölrauke 13
Omelett mit Tapenade und Tomaten 182
Oregano 18

P

Paillard vom Lamm 249
Paprika:
Gefüllte Mini-Paprika 251
Gegrillte Auberginen mit Paprika 90
Paprika mit Knoblauch 48
Paprikasalat 89
Paprikaschoten mit Brotfüllung 80
Paprikaschoten mit Feta-Füllung 176
Paprikaschoten, marinierte 32
Paprika-Tunfisch-Crostini 47
Paprika-Tunfisch-Crostini 47
Ziegenkäse-Paprika mit Minzesalat 289
Parmaschinken 22
Patties mit Gemüse 295
Patties mit Käse überbacken 295
Peperoncini 16
Peperoni 16
Peperoni in Öl 48
Peperonisalat 89
Pfifferlinge im Teigsäckchen 181
Pilze, marinierte 53
Pilze:
Dim sum mit Pilzfüllung 165
Eierstich mit Kräutern und Steinpilzen 71
Gefüllte Champignons 267
Marinierte Pilze 53
Pfifferlinge im Teigsäckchen 181
Pochieren 36
Polentaspieße mit Tomatensauce 284
Pomelosalat 162
Pork-Patty-Salad 260
Prawn rolls 298

Q

Quiches mit Garnelen 241

R

Radicchio di Treviso 12
Radicchio alla pancetta 61
Radicchio Lucia 12
Radicchio: Kaninchenfilet mit Radicchio 61
Rape a la gallega 102
Rape al sésamo (Seeteufel) 103
Räucherlachs, Mousse vom 235
Rauke, wilde 13
Rindfleisch:
Carpaccio mit Basilikumsauce 68
Rindfleisch auf Kopfsalat 156
Rindfleischsalat euro-asiatisch 264
Romana 13
Romana, ovale Sorte 13
Rosmarin 18
Rotwein-Schalotten 54

S

Sägegarnelen 20
Salat mit Entenbrust 158
Salbei 19
Salsa al dragoncello 43
Salzmandeln 32
San Daniele mit Mascarpone-Feigen 63
San-Daniele-Schinken 22
Saté mit Hähnchen 126
Saté vom Hirsch und gegrillte Wachteln 129
Schinken:
San Daniele mit Mascarpone-Feigen 63
Schnecken in Tomatensauce 111
Schweinefleisch:
Exotischer Salat mit Schweinefleisch (Papaya) 160
Patties mit Gemüse 295
Patties mit Käse überbacken 295
Pork-Patty-Salad 260
Schwertmuscheln in Weißwein 93
Seafood-Spieße 304
Sellerieschieben mit Eiersauce 190
Sepiolas, Frittierte 98
Sepiolas, gegrillte 98
Sott'aceti 31
Sott'oli 31
Spargel:
Gegrillter Spargel 196
Jakobsmuschelgratin 113
Lauwarmer Spargel mit Scampi 237
Spargelkuchen 202
Spieße mit Hähnchenfleischbällchen 142
Spinat:
Tomates rellenos 123
Spinat-Pies, Kleine 201
Spinattoast mit Manchego 106
Stangensellerie, gefüllter 270
Strauchtomaten 14
Sushi:
Maki-Sushi mit Reis und Tofu 136
Nigiri-Sushi mit Garnelen 139
Nigiri-Sushi mit Tunfisch 138

Sushi 34 f.
Sushi-Reis 138
Sushi-Reis, Grundrezept 35

T

Tapas 32 f.
Tarteletts mit Meeresfrüchten 242
Teigtaschen mit Tofu-Gemüse-Füllung 151
Thymian 18
Tintenfisch:
Frittierte Sardellen und Tintenfische 74
Frittierte Sepioalas 98
Gefüllter Kalmar auf gegrilltem Fenchel 238
Meeresfrüchtesalat 208
Tofu:
Teigtaschen mit Tofu-Gemüse-Füllung 151
Tofu mit Wasserspinat 152
Tomaten:
Bruschette mit Tomaten 43
Gefüllte Tomaten 195
Insalata Caprese mit Zwiebeln und Oliven 58
Omelett mit Tapenade und Tomaten 182
Tomaten 14 f.
Tomates rellenos 123
Tortillitas de camarones 114
Tunfisch:
Avocado mit Tunfisch 233
Nigiri-Sushi mit Tunfisch 138
Paprika-Tunfisch-Crostini 47

V

Venusmuscheln, Strahlige 21
Vinaigrette 26
Vitello tonnato (Tunfisch) 67

W

Wachteln, gegrillte, Saté vom Hirsch und 129
Weinblätter siehe Dolmeh
Weißbrot mit Entenleber 246
Weiße Bohnen mit Peperoni 57

Y

Yakitori, Fisch- 303
Yakitori, gegrillte Spieße 141

Z

Ziegenfleischspieße, Marinierte 292
Ziegenkäse-Paprika mit Minzesalat 289
Zucchini, gefüllte 255
Zucchini, marinierte 53
Zucchini:
Gefüllte Zucchiniblüten 178
Marinierte Zucchini 53
Zucchiniblüten, gefüllte 178
Zwiebelküchlein mit Speck 312
Zwiebeln, gefüllte 268

Impressum

VERLAG	© 2003 TEUBNER Grillparzerstr. 12, D-81675 München TEUBNER ist ein Unternehmen des Verlagshauses GRÄFE UND UNZER, GANSKE VERLAGSGRUPPE Teubner-Leserservice@graefe-und-unzer.de
PROJEKTLEITUNG	Claudia Bruckmann
REDAKTION	Redaktionsbüro Cornelia Klaeger, Adriane Andreas
BILDREDAKTION (ASSISTENZ)	Maren Richter
FOTOGRAFIE	Teubner Foodfoto, Füssen
REZEPTE	Teubner Foodstudio, Füssen
TITELBILD	Teubner Foodfoto
UMSCHLAGGESTALTUNG	Independent Medien Design
BASISLAYOUT	Independent Medien Design
HERSTELLUNG	Susanne Mühldorfer
SATZ	Johannes Kojer, München
REPRODUKTION	Repromayer GmbH & Co. KG, Reutlingen-Betzingen
DRUCK	Appl, Wemding

ISBN 3-7742-5802-3

Auflage:	5	4	3	2
Jahr:	2007	2006	2005	2004

GRÄFE UND UNZER

Ein Unternehmen der
GANSKE VERLAGSGRUPPE